中公新書 2457

JN150469

瀧浪貞子著

光明皇后

平城京にかけた夢と祈り

中央公論新社刊

はしがき

毎年紅葉が色づくころ、奈良国立博物館で公開される正倉院《しょうそういん》の宝物（正倉院展）は、古都奈良の秋の風物詩となっている。光明《こうみょう》皇后（藤原光明子《ふじわらのこうみょうし》）が夫であった聖武《しょうむ》天皇の遺愛の品々を東大寺《とうだいじ》の大仏に奉納したのが、正倉院御物《ぎょぶつ》のはじまりである。生前に使用していたとされるベッドや椅子《いす》・楽器などの日常品から、遠く中央アジアやインドから伝来した美術工芸品など、まさに天平《てんぴょう》文化の粋である。

光明皇后には、二つのイメージが定着しているように思われる。ひとつは、風呂《ふろ》を造り貧しい人びとの垢《あか》を流したという伝承に代表される、慈悲深い信仰心の篤《あつ》い女性、いまひとつはそれとは逆の、政治権力を握った中国（唐）の則天武后《そくてんぶこう》に比せられるような存在である。ひと言でいえば信仰面では美化され、政治面では悪評高い光明子の実像と虚像、それらがない交ぜとなっている。

しかし光明子が置かれた境涯とその立場を考えると、光明子の生涯は、私たちが想像する以上に複雑で苦渋に満ちたものであった。光明子には皇后としての、いわば公の立場と、もうひとつは藤原氏の娘としての、いわば私《わたくし》の立場という二面性があったからである。光明子は生涯、その二面性の使い分けに心を砕かねばならず、それが政争の火種と表裏の関係にあったという宿命を背負わされていたのである。

これまでほとんど関心をもたれなかったのが不思議でさえあるが、光明子と聖武は七〇一年生まれの同い年である。この年は「大宝《たいほう》」の元号が定められ、国家の基本法典「大宝律令《りつりょう》」が完成、また三十年ぶりに遣唐使《けんとうし》が任命、発遣されるなど、わが国にとって記念すべき年であった。偶然とはいえ、歴史の不思議さを感じる。また、この二人は幼なじみでもあった。聖武の生母である藤原宮子《みやこ》が聖武を出産して以後重い鬱病《うつびょう》にかかり、そのために宮子の父不比等《ふひと》が引き取って聖武を育てている。光明子の生母、県犬養《あがたいぬかいの》橘《たちばなの》三千代《みちよ》は養母のごとき存在となって、光明子とともに養育したのである。

そんなことから光明皇后の前半生は、何不自由のない穏やかな生活であったと思われるが、それが後になるほど政争に巻き込まれていく。そのひとつが自身の立后《りっこう》である。当時の法令では、皇后になれるのは皇族（内親王《ないしんのう》）に限られていたから、臣下の娘である光明子の立后は異例中の異例であった。

光明子の立后について、通説では、将来女帝にするためであったと理解されているが、わが国では皇族以外の人物が即位した例はなく、根拠に乏しい。それよりも立后の前年、光明子は聖武との間に生まれた長男基王《もといおう》を、満一歳に満たないうちに亡くしている。基王は、聖武にとっても藤原氏にとっても待望の皇子で、生後一ヵ月余りで皇太子に立てられていた。その基王の死と入れ代わるように、藤原氏以外のキサキから聖武の皇子（安積《あさか》親王）が誕生したのである。立后は、この後、皇子が光明子に生まれた場合、その皇子を、安積親王を抑えて確実に皇太子にするための条件作りであった。光明子には武智麻呂《むちまろ》、房前《ふささき》、宇合《うまかい》、麻呂《まろ》という四人の兄弟がいたが、兄弟たちは光明子に皇子誕生を期待し、藤原氏の権力基盤の確立を託したのである。

また光明子は、ひ弱な優柔不断の聖武に比して、男勝りで気が強いといったイメージで受け取られることも多い。それは多分に、聖武が、生母の宮子や光明子が藤原氏出身であることから、藤原氏に遠慮して育ち、即位後も権力をもった光明皇后の傀儡《かいらい》となり、天皇として主体性をもつことがなかったと理解されてきたからである。そのうえで、光明皇后は皇太后《こうたいごう》となって置かれた紫微中台《しびちゅうだい》（皇太后宮職《こうたいごうぐうしき》の唐名）という機関を中心に独裁権を振るったとして、則天武后に比せられる。天平勝宝《てんぴょうしょうほう》などの四字年号なども光明子のしたこととして、則天武后呼ばわりされるが、実際はそうではない。甥《おい》の仲麻呂《なかまろ》の権力掌握の手段に利用されていたというのが実情で、むしろ光明子自身には政治的関心は薄かったと、わたくしは考える。一貫していたのは、仏教への深い帰依と、夫聖武や娘阿倍《あべ》内親王（のちの孝謙《こうけん》女帝）に対する愛情であったと思う。

光明子は病人に薬を与える施薬院《せやくいん》とか、貧しい人びとを救う悲田院《ひでんいん》、あるいは国分寺《こくぶんじ》、国分尼寺《にじ》などの建立といった仏教活動を盛んに行っている。生い立ちも無関係ではないが、光明子の生涯を振り返ってみると、そこには肉親の死が大きな影を落としているように思われて仕方がない。

光明子ほど数多くの肉親の死を見送った人も数少ないのではないか。ことに天然痘の流行により四人の兄弟を四ヵ月の間にすべて失った衝撃は大きく、仏教への傾斜を強めていったようであるが、一番のきっかけは皇太子基王の死であった。皇太子となりながら即位せずに亡くなったわが子基王が、同じく皇太子のままで没した厩戸《うまやど》皇子（のちの聖徳太子《しょうとくたいし》）と重ねあわされたに違いない。これもほとんど注目されていないが、わが国の太子信仰はこの光明皇后の聖徳太子（法隆寺《ほうりゅうじ》）への帰依に始まると、わたくしは考えている。三千代の念持仏と伝えられる法隆寺の阿弥陀《あみだ》三尊像も、三千代没後に光明子が献納したものであろう。

幼なじみの夫聖武を支え、最大の理解者となったのが光明子であった。また聖武没後は、女帝となった娘孝謙の行く末に心を砕いている。光明子の生涯は、まさに奈良時代の政治、社会、文化、宗教に大きく関わる、というより時代を動かす原動力となったといえる。皇后の生涯を説き明かすことは、奈良時代の歴史そのものを解明することでもある。

本書ではそれを、肉親の死という切り口から考えてみたい。これは、おそらくだれも試みなかった視点であり、光明子の実像と虚像が明らかになるだけでなく、これまで見過ごされてきた奈良時代のさまざまな諸相が浮かび上がってくるに違いない。

光明皇后を多角的に分析し、奈良時代をダイナミックに描き出してみたい。

目次

略年譜作成・木本久子
図版製作・関根美有

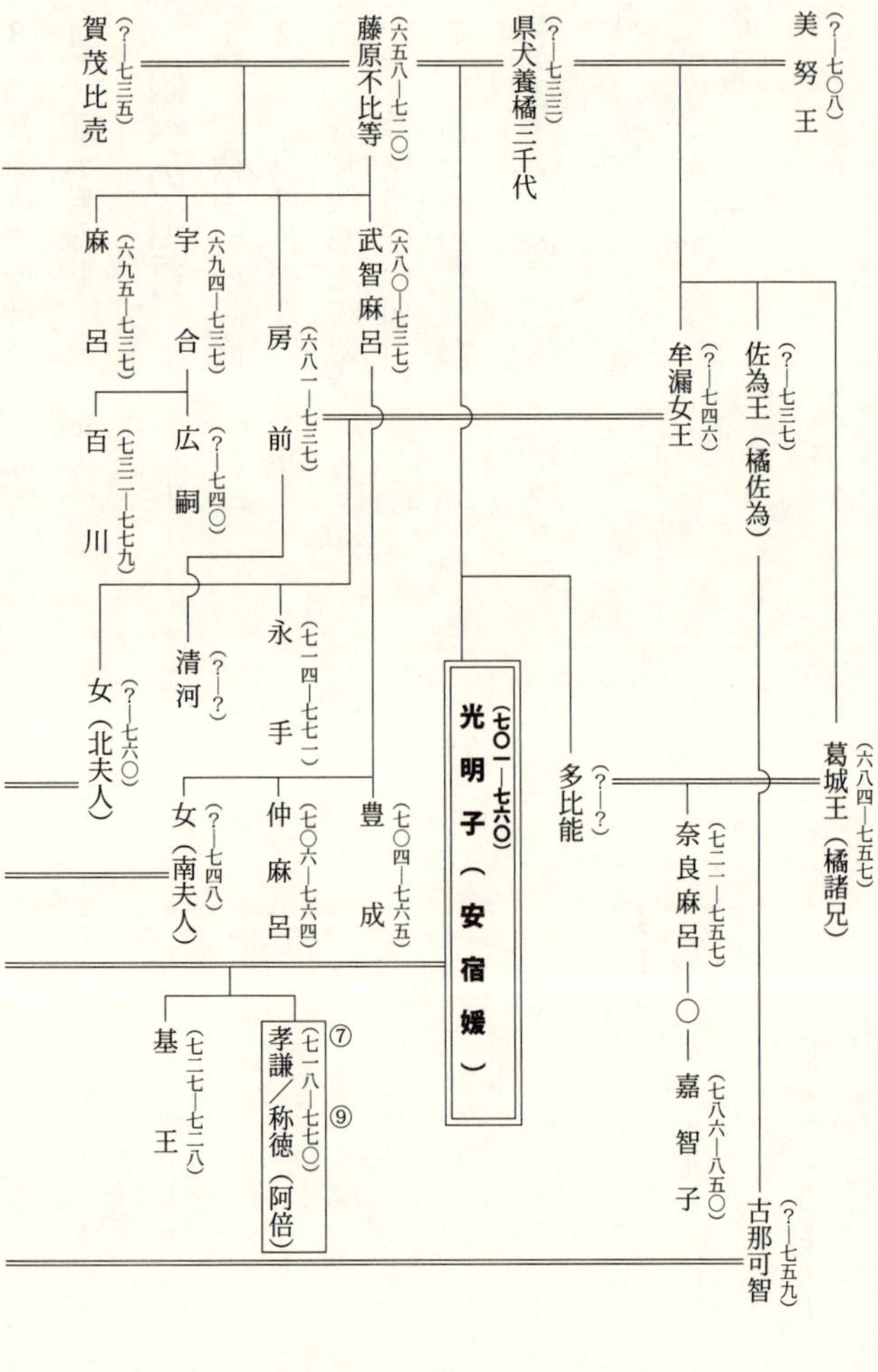
美努王（？―七〇八）
県犬養橘三千代（？―七三三）
藤原不比等（六五八―七二〇）
賀茂比売（？―七三五）
佐為王（橘佐為）（？―七三七）
牟漏女王（？―七四六）
葛城王（橘諸兄）（六八四―七五七）
武智麻呂（六八〇―七三七）
房前（六八一―七三七）
宇合（六九四―七三七）
麻呂（六九五―七三七）
広嗣（？―七四〇）
百川（七三二―七七九）
永手（七一四―七七一）
清河（？―？）
女（北夫人）（？―七六〇）
光明子（安宿媛）（七〇一―七六〇）
多比能（？―？）
奈良麻呂（七二一―七五七）
豊成（七〇四―七六五）
仲麻呂（七〇六―七六四）
女（南夫人）（？―七四八）
孝謙／称徳（阿倍）（七一八―七七〇）⑦⑨
基王（七二七―七二八）
〇
嘉智子（七八六―八五〇）
古那可智（？―七五九）

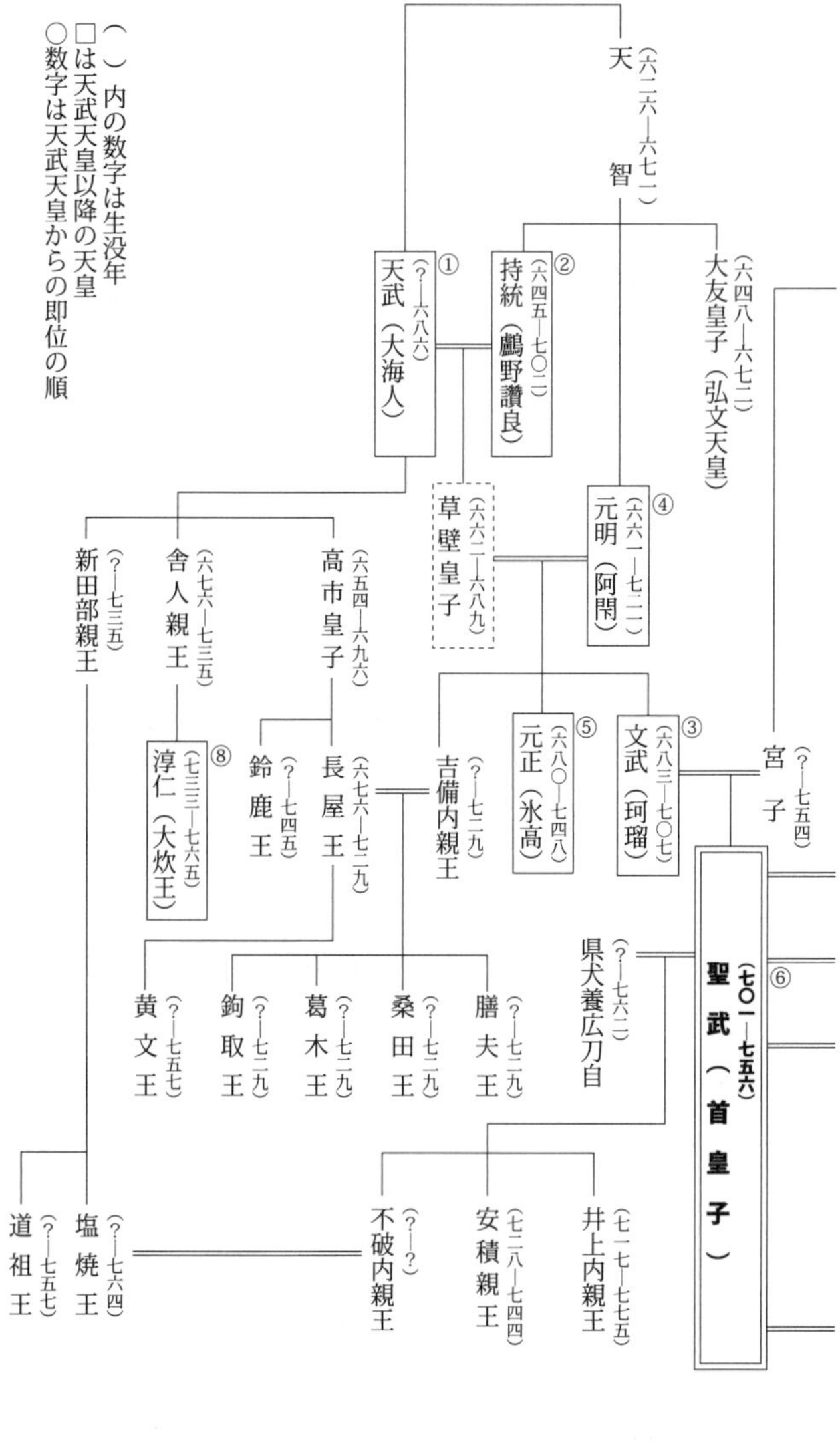

天智（六二六—六七一）
大友皇子（六四八—六七二）（弘文天皇）
②持統（鸕野讃良）（六四五—七〇二）
①天武（大海人）（?—六八六）
④元明（阿閇）（六六一—七二一）
草壁皇子（六六二—六八九）
宮子（?—七五四）
③文武（珂瑠）（六八三—七〇七）
⑤元正（氷高）（六八〇—七四八）
吉備内親王（?—七二九）
高市皇子（六五四—六九六）
舎人親王（六七六—七三五）
新田部親王（?—七三五）
長屋王（六七六—七二九）
鈴鹿王（?—七四五）
⑧淳仁（大炊王）（七三三—七六五）
⑥聖武（首皇子）（七〇一—七五六）
県犬養広刀自（?—七六二）
膳夫王（?—七二九）
桑田王（?—七二九）
葛木王（?—七二九）
鉤取王（?—七二九）
黄文王（?—七五七）
井上内親王（七一七—七七五）
安積親王（七二八—七四四）
不破内親王（?—?）
塩焼王（?—七六四）
道祖王（?—七五七）
（ ）内の数字は生没年
□は天武天皇以降の天皇
○数字は天武天皇からの即位の順

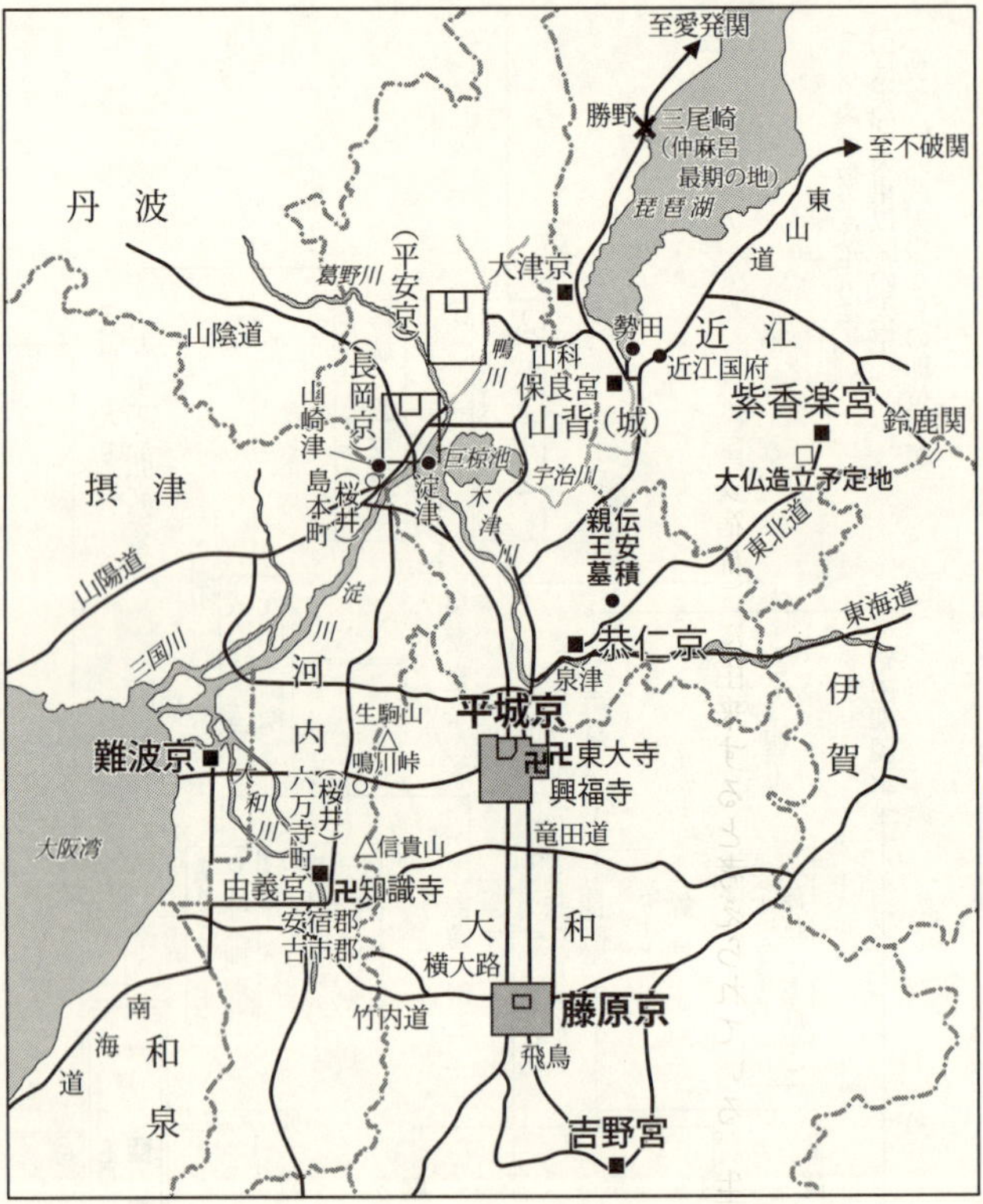

至愛発関
勝野
三尾崎
（仲麻呂
最期の地）
至不破関
琵琶湖
丹　波
東
山
道
大津京
（平安京）
葛野川
勢田
近　江
山陰道
鴨川
近江国府
山科
保良宮
（長岡京）
紫香楽宮
山背（城）
鈴鹿関
山崎津
巨椋池
宇治川
大仏造立予定地
摂　津
（桜井）
島本町
淀津
木津川
親王墓
伝安積
東北道
山陽道
淀川
東海道
三国川
恭仁京
河
泉津
伊
生駒山
平城京
内
賀
難波京
鳴川峠
東大寺
興福寺
大和川
（桜井）
六万寺町
竜田道
大阪湾
信貴山
由義宮
知識寺
大
和
安宿郡
古市郡
横大路
藤原京
竹内道
南
海
道
和
泉
飛鳥
吉野宮

第一章　父不比等と母三千代

（1）幼なじみ

安宿媛の名前

安宿媛《あすかべひめ》こと光明子が、藤原不比等と県犬養橘三千代《あがたいぬかいのたちばなのみちよ》との間に生まれたのは藤原京《ふじわらきょう》の時代、大宝元年（七〇一）である。幼名を安宿媛といったが、[1] 一般に、その名は大和《やまと》の飛鳥《あすか》ではなく、河内《かわち》の飛鳥（河内国安宿郡《あすかべ》）に由来すると考えられている。生母三千代の本貫地《ほんがんち》（河内国古市郡《ふるいち》）が安宿郡に隣接することから、その河内の飛鳥（安宿郡）にちなんで名づけられたというのである。[2]

しかし、河内飛鳥の安宿郡との関係をいうのであれば、三千代よりも父の不比等のほうを重視すべきではないか。不比等には娘の光明子だけでなく、孫（不比等の娘と長屋王《ながやおう》との間の子）

にも安宿《あすかべ》王と名づけられた男子がおり、関係の深さを思わせるからである。

じじつこの安宿郡は、古くから田辺史《たなべのふひと》一族の本拠地であった。かつて幼少の不比等の養育にあたったといわれる田辺史大隅《おおすみ》らの一族で、不比等（史）の名も一族のカバネ「史」にちなんで名づけられたと伝えている。(3) 不比等が養育された大隅の家は山背国《やましろ》（平安《へいあん》遷都後に山城国《やましろ》の文字に改めている）山科《やましな》にあったが、一族の本拠地は河内国安宿郡であった。いまも田辺《たなべ》の地名が残り、氏寺であった田辺廃寺跡（現大阪府柏原《かしわら》市田辺。春日《かすが》神社境内）も確認されて、盛時の姿を彷彿《ほうふつ》とさせる。

渡来系の氏族であるこの一族は、中国の律令制度や古典などにも通暁した能吏であり、律令官人としての不比等の才幹は、養育時、この一族から受けた影響が大きいとみられる。いわば不比等を世に出し、それを支えた氏族であった。のち、不比等を中心とする大宝律令の制定にも、田辺史から二人（田辺史百枝《ももえ》・田辺史首名《おびとな》）がメンバーに加わっている。また、一族の者が「知宅事《ちたくじ》」や「家令《かれい》」(4)（ともに家政機関の職名）として、不比等の子や孫たちに近侍していたことも知られているから、不比等が子どもたちの乳母や教育係を田辺史に委《ゆだ》ねたことも、十分に考えられる。

田辺史一族と不比等（家）との、公私にわたるこのような関係からすれば、安宿媛や安宿王の名は、通説とは違い、田辺史の本貫地にちなむものであり、「安宿」の呼称には、田辺史一族に対する不比等の想《おも》いといったものが込められているように思われる。不比等は三千代との間に生まれた娘に、その「安宿媛」の名をつけたのである。
そこで安宿媛の父不比等と、母三千代について述べることから始めたい。

父の不比等

不比等は知られるように、中大兄皇子《なかのおおえのおうじ》（のちの天智天皇《てんじ》）とともに、乙巳《いっし》の変（六四五年、大《たい》化改新《かいしん》）によって蘇我《そが》本宗家を倒した中臣鎌足《なかとみのかまたり》の息子として、斉明《さいめい》天皇四年（六五八）に生まれている。(5)鎌足、四十五歳（数え年。以下同）のときである。ただし長男ではない。次男である。長男の真人《まひと》は皇極《こうぎょく》天皇二年（六四三）の生まれであるから、十五歳の年齢差があった。ちなみに兄弟の生母については所伝が錯綜《さくそう》し、研究者の間でも意見が分かれるが、一般には車持《くるまもちの》君与志古娘《きみよしこのいらつめ》を母とする同母兄弟と考えられている。(6)

この真人は白雉《はくち》四年（六五三）、十一歳のときに出家し、貞恵《じょうえ》（定恵《じょうえ》とも）と改名している。そして、この年五月に学問僧として入唐《にっとう》、天智天皇四年（六六五）九月に帰国したが、その三ヵ月後、同年十二月、わずか二十三歳の若さで没している。「貞恵伝」（『藤氏家伝《とうしかでん》』上の末尾に収められた貞恵の伝記）には、帰国途次に立ち寄った百済《くだら》に滞在中、詩一韻を誦《しょう》したが、その才能を妬《ねた》んだ百済の士人によって毒殺されたと記す。むろん、真相は明らかでないが、「聡明《そうめい》好学」で、父の鎌足がわが子ながら非凡の人物であると驚いたとも伝えているから、誇張があるにせよ、有能な人物と目されていたことは確かなようだ。留学で学んだ知識や経験をほとんど生かすことなく没してしまったのは、運命のいたずらとしかいいようがない。父の鎌足にしても、無念であったろう。

不比等が生まれたのは、この兄貞恵の在唐中であり、貞恵が帰国したとき、わずか八歳の少年にすぎなかった。しかもその兄は三ヵ月後に亡くなってしまったから、不比等の生涯において兄の存在がどの程度意識されていたか、まったくわからない。また帰国して亡くなるまでの間、兄と対面したとしても、八歳の少年だったことを考えると、不比等の脳裏に兄の面影といったものはほとんど残っていなかったろう。

ともあれ、そんなことから不比等が鎌足の跡を継いだのである。しかし不比等は、父鎌足が天智天皇（近江《おうみ》朝廷）と関係が深かったことから、壬申《じんしん》の乱（六七二年）で近江朝廷が敗北して以来、永らく雌伏を余儀なくされることになる。不比等が天武《てんむ》朝の政界で重用された形跡は、まったくない。

その不比等が活躍するのは、持統《じとう》朝に入ってからである。すなわち天武天皇没後、皇后であった持統は息子草壁《くさかべ》皇子の即位に向けて邁進《まいしん》し、ライバルの大津《おおつ》皇子を抹殺（六八六年）するが、その三年後、皮肉にも草壁皇子は急逝、そこで持統が描いた構想は、草壁皇子の嫡子珂瑠《かる》皇子（持統の孫。のちの文武《もんむ》天皇）への皇位継承と、藤原京の造営・遷都の実現であった。それは亡き夫天武天皇の遺志であり、とくに藤原京の造営・遷都は天皇を中心とする律令国家形成のうえで不可欠の政治的措置だったからである。そのために持統は高市《たけち》皇子（天武天皇の長子）

を太政大臣《だいじょうだいじん》に任じて、政界のトップの座に据えたのである。ところが藤原京に遷都して二年後の持統天皇十年（六九六）、この高市皇子が亡くなってしまう。代わって抜擢《ばってき》されたのが不比等であった。

当時の不比等は、官職すら明らかでない立場であったが、このとき、持統から破格の扱いを受けている。不比等の父鎌足が、持統の父天智天皇のブレーンだったということが、親近感を抱かせたように思われる。

藤原宮跡　向こうに見えるのが耳成山

持統が当初不比等に期待したのは高市皇子没後の藤原京の造営推進であった。不比等はこの藤原京の造営と整備を通して、持統の信頼を確固たるものにしたのである。

母の三千代

一方、母の三千代の出自は県犬養氏である。父は従四《じゅし》位《い》下県犬養東人《あずまひと》であるが、東人の事蹟《じせき》については一切わからない。母は不詳である。

県犬養氏は、前述したように河内国古市郡を本拠とする中小豪族で、稚犬養《わかいぬかい》氏・海犬養《あまのいぬかい》氏らとともに番犬を飼育して朝廷の門・倉庫などの守衛・管理にあたる伴《ともの》

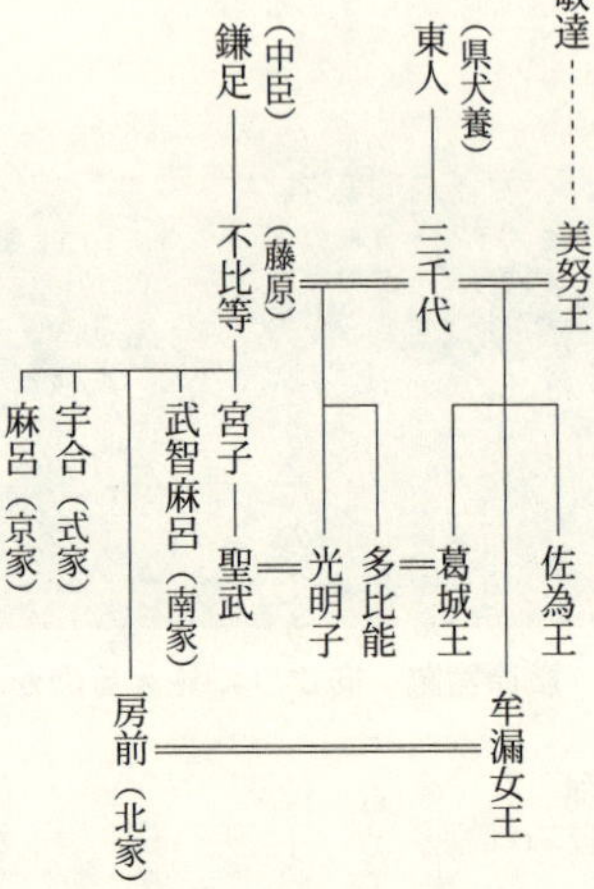

不比等と三千代関係図

造《みやつこ》氏族であった。一族の大伴《おおとも》（大侶《おおとも》とも）が壬申の乱で大海人《おおあま》皇子（のちの天武天皇）に近侍して功績を挙げたことから、天皇家との絆《きずな》を深め政界進出の足場を固めていた。三千代が後宮に出仕するようになったのも、大伴との縁故によるものと思われる。

その三千代は最初、美努《みぬ》王の妻となっている。王は敏達《びだつ》天皇（推古《すいこ》女帝の夫）の玄《げん》孫《そん》[7]で、王との間に葛城《かずらき》王（六八四年生まれ。のちの橘諸兄《たちばなのもろえ》）・佐為《さい》王（生年不詳）・牟漏女王《むろじょおう》（生年不詳）を生んでいる。不比等とは再婚であるが、安宿媛を出産した時期（七〇一年）から単純に計算すれば、三千代が夫美努王と離婚して不比等と再婚した時期は文武天皇代（六九七〜七〇七年）、正確にいえば文武天皇時代初期ということになる。三千代は文武天皇の祖父天武天皇の時代から女官・命婦《みょうぶ》として出仕し、持統朝では絶大な信任を得て、後宮を抑えていた。不比等の娘、宮子（安宿媛の異母姉）を文武天皇に入内《じゅだい》させることができたのも、三千代の尽力によるものであり、すでにその時点で不比等と再婚していたとみられる。

ちなみに三千代は、その後、不比等との間にもう一人娘を生んでいる。安宿媛の妹で、それが多比能《たひの》（生没年不詳）だといわれるが、このことについては確証があるわけでない。というのも、この多比能は葛城王と結婚しているが、これが事実とすれば葛城王の生母は三千代であるため、結婚は同母兄妹の近親婚となるからである。そんなことから、多比能の母を藤原宮子と同母、賀茂比売《かものひめ》とみる理解もあって、意見が分かれている。

なお、三千代と離婚した後の美努王は、大宝元年（七〇一）すなわち安宿媛が誕生した年に造大幣司《ぞうたいへいし》長官（時に美努王は正五位下）に任じられたあと、左京大夫《さきょうだいぶ》、摂津《せっつ》大夫、治部卿《じぶきょう》などを歴任し、和銅《わどう》元年（七〇八）五月に没している。

和銅元年といえば、前年六月、文武天皇が母の元明《げんめい》に後事を託して、二十五歳の若さで亡くなっている。そして後述するように、三千代は翌年十一月、すなわち美努王が亡くなって半年後に、元明女帝の大嘗祭《だいじょうさい》の宴で「橘宿禰《たちばなのすくね》」を賜姓され、元明の絶大な信任を得ている。三千代の夫、不比等の主導によって平城《へいじょう》遷都が実現したのは、その二年後であったから、三千代・不比等の夫妻がそれぞれの立場で皇室との絆を深め、権力基盤を築きつつあった、そんな時期に美努王は亡くなったのである。

美努王の死について『続日本紀《しょくにほんぎ》』には、「従四位下美努王卒《しゅっ》す」と記すだけである。中級貴族としてひっそりと生涯を終えている。すでに政界で重きをなしていた三千代は、この前夫の死をどのような思いで受け止めたのであろうか、多少、気になるところではある。

同い年

安宿媛こと光明子が生まれた大宝元年（七〇一）、のちに夫となる聖武も文武天皇の嫡子として生まれている。生母は藤原宮子、すなわち不比等の娘であり、したがって光明子の異母姉にあたる。『続日本紀』には、「是歳《このとし》、夫人《ぶにん》藤原氏（宮子）皇子を誕ずるなり」と記すだけで、月日を詳《つまび》らかにしないが、光明子と聖武は同い年ということになる。

光明子と聖武が生まれたこの年は、三月には対馬《つしま》からはじめて金が産出されたのを祝って、「大宝」の年号が用いられ、八月には「大宝律令」が完成するなど、わが国にとって記念すべき年であった。天智朝以来、三十余年ぶりに遣唐使が任命された（派遣は翌年）のもこの年で、唐に対してはじめて「日本」を名乗ったのもこのときであったという。(8) いわば律令元年である。偶然とはいえ、そんな年に光明子と聖武という、時代を背負う二人が生まれているのは不思議な気さえする。まるで歴史が二人を八世紀という時代に送り出したかのようである。

ちなみに七〇一年は干支《かんし》でいうと辛丑《かのとうし》の年、すなわち二人はともに丑年生まれということになる。

宮子の病気

幼少期の光明子の生活環境やその状況などは、ほとんど明らかでない。それは首皇子《おびと》（聖武天皇）についても同様である。ただ首皇子の場合、確かなことは誕生後、母の宮子が疎隔され、その母から隔離して養育されたという事実である。宮子が病気だったからである。
母宮子について、『続日本紀』（天平九年〔七三七〕十二月二十七日条）は次のように記す。

是の日、皇太夫人藤原氏（宮子）皇后宮に就《つ》きて、僧正玄昉《そうじょうげんぼう》法師を見る。天皇（聖武）も亦《また》皇后宮に幸《みゆき》したまう。皇太夫人幽憂《ゆうゆう》に沈み久しく人事を廃するが為《ため》に、天皇を誕《あ》れましてより曽《かつ》て相見《あいまみ》えず。法師一たび看《み》て慧然《けいぜん》と開晤《かいご》す。是に至りて適《たまたま》天皇と相見《まみ》えたり。

（この日、皇太夫人藤原宮子は皇后宮に赴いて、僧正玄昉を引見した。聖武天皇もまた皇后宮に赴いた。皇太夫人は長期にわたって暗く沈んだ精神状態に陥り、常人らしい行動をとれなかった。そのために出産以来、一度も聖武と会ったことがなかった。それが玄昉法師が一たび看病するや、正常の状態に戻り、この日はじめて天皇との対面が実現したのである）

「幽憂に沈む」とは、極度に抑圧された精神状態に陥ることをいう。おそらく、聖武の出産が引き金になって生じた鬱病の類と思われるが、そのために「久しく人事を廃」したというから、宮子は人と接触できないような状態が長期間に及んでいたのである。正常な日常会話すらできなくなっていたのであろう。それが玄昉によって快癒し、この日はじめてわが子聖武天皇との対面を果たしたというのである。
時に聖武天皇は三十七歳であった。信じがたいことではあるが、聖武天皇はこの年齢になるまで、母の顔を知らずに育ったことになる。それは光明子についても同様で、物心がついて以来、光明子もまた姉の顔を一度もみることはなかったろう。

医学的にみて、出産後、宮子が陥ったような精神的不安は珍しくはない。俗にマタニティブルーと呼ばれるが、宮子の場合は重い鬱病《うつびょう》だったと考えられている。けだし皇子の出産に、父の不比等をはじめとする藤原一族の命運がかかっていたとすれば、出産が宮子に必要以上の重圧を与えていたことは間違いない。

不比等邸での養育

そんなことから、首皇子は誕生後、母の宮子のもとから引き取られて養育されたのである。その養育場所を、当時の婚姻習俗から宮子の生家、賀茂比売（宮子の生母）の居宅（大和国葛城といわれる）とみる意見もあるが、そうではない。不比等は文武天皇の外舅《がいきゅう》であると同時に、宮子が生んだ首皇子が皇位につけば、その外祖父となる立場にあった。その首皇子を不比等が手放したとは思えない。ましてその場所が、大和国内とはいえ、かなり南に離れた葛城などとは考えがたい。首皇子は、不比等の邸宅で育てられたとみるべきである。

そして光明子もまた幼少時、その不比等邸で育てられていた。不比等の妻妾《さいしょう》のなかでも光明子の母の三千代が正妻的立場を占め、不比等と生活をともにしていたと思われるからである。

これについては、長屋王の例が参考になる。というのは発掘調査の結果、長屋王邸内には正妻の吉備《きび》内親王のほか、王の妻妾やその子どもたちも住んでいたと推測されている。不比等の場合も、三千代以外の妻妾が同居していて不思議はないが、首皇子の宮ともなった不比等邸に、だれでも住めるというものではないはずである。おそらくここに住んだのは、三千代・光明子の母子だけであったろう。

してみれば光明子と首皇子とは、建物は違っていたとしても同じ邸内に住み、いってみれば早い時期から生活空間を共有した、同い年の幼なじみであった。幼いころから、お互い、顔見知りの間柄だったということである。不比等・三千代夫妻によって育てられたこの二人は、思えば生まれたときから行く末が定められていたような、そんな不思議さを感じる。

城東第

それはさておき、二人が幼少期を過ごした不比等邸は、藤原京のどこにあったのか。内裏《だいり》の東に構えられたという「城東第《じょうとうだい》」がそれである。

『扶桑略記《ふそうりゃっき》』慶雲《けいうん》三年(9)（七〇六）十月条に、「淡海公《たんかいこう》（不比等）、城東第にて、初めて維摩法会《ゆいまほうえ》を開く」とみえる。維摩（法）会とは維摩像の前で『維摩経』を講じる法会で、鎌足が山階寺《やましなでら》で始めたが、没後途絶えていたのを、不比等が再興したという。再興にあたって鎌足の正忌《しょうき》日《にち》（十月十六日）を結願《けちがん》とするなど、鎌足を崇敬する重要な行事となり、そうした維摩会が行われたのは、当然不比等の本宅だったはずである。右の記事によれば、それが「城東第」(10)であった。この呼称は、文字通り藤原宮の東に営まれていたことによるものであり、内裏とは至近距離にあったとみてよい。

のちの平城京や平安京でも城東の地（左京一～二条）が宮城に近く、参内にも至便であったことから、上層貴族の宅地として班賜《はんし》されたことを考えると、そこに当時政界の主導権を握っていた不比等邸があって不思議ではない。しかし、不比等の政治的な立場を考えると、藤原（京）遷都の当初からその場所に邸宅を構えていたとは、思えない。城東第を構えることができたのは、不比等が権勢の座に近づいて以後のこととみるべきである。

その時期は、娘宮子の入内前後のこととみて、ほぼ間違いないと思われる。

光明子が首皇子とともに幼少期を過ごしたのは、おそらくこの「城東第」であった。首皇子の養育のために拡充整備されたということも、考えられる。その結構や規模を物語ってくれるものは何ひとつ伝わらないが、「城東第」という呼称は、首皇子を迎え入れ、皇子宮となった邸第を呼ぶにふさわしい。

物心ついたときから光明子の側《そば》には首皇子がいた。将来、その首皇子のキサキになることを当然のように受け止めていたとしても、不思議はない。

（2）首皇子の立太子

首皇子の祖母、元明天皇の即位

慶雲四年（七〇七）六月、首皇子の父、文武天皇が二十五歳の若さで亡くなっている。光明子が身近な人の死に直面したのは、これがはじめてではなかったか。

翌七月、元明女帝が即位した。文武天皇の母、すなわち首皇子の祖母である。

文武天皇は前年ころから体調の不調を訴え、母の元明に譲位の意向を漏らしている。しかし元明は、「朕《ちん》は堪えじ」といって、これを固く辞退していた。時に首皇子は七歳、即位はおろか、立太子するにも幼すぎた。それどころか、首皇子は天武天皇の曽孫であり、世代からいえば当時、天武天皇の諸皇子たち、天武天皇により近い皇子たちが、なお数多く存在していた。その首皇子が即位できる可能性は皆無に近かったろうが、かれらを抑えて優位に立てるとすれば、ただひとつ、「草壁皇子の嫡子《ちゃくし》である文武天皇の嫡子」ということだけであった。

首皇子の行く末を案じていた文武天皇にとって、こうした状況のなか、将来を託せるのは母の元明と、岳父不比等以外にはいなかったろう。はじめのうちこそ辞退していた元明も、「遍《たび》多く日重ねて」の申し出に動かされ、文武天皇が亡くなる直前、これを承諾している。おそらく不比等の積極的な勧めもあってのことであろう。

しかし、天皇の母が即位するというのは前例がない。しかも、それまでの女帝がいずれも即位前は皇后であったのに比して、元明は草壁皇子の妃《きさき》でしかなく、そのうえ、草壁皇子は立太子はしたが即位せずに亡くなっている。その点では女帝としての政治的立場は弱く、元明が

「朕は堪えじ」といって文武天皇からの譲位を躊躇《ちゅうちょ》したのは、偽らざる気持ちであった。そんな元明に即位を決断させたのが不比等であったことは間違いない。

元明天皇は、文武天皇の祖母持統女帝の異母妹である。すなわち姉妹の父は天智天皇であり、その天智天皇のブレーンとなったのが不比等の父、鎌足であった。そんな両者の関係から、元明天皇も持統と同様に、不比等に対して多大の信頼を寄せ、協力を求めたことは容易に想像できよう。

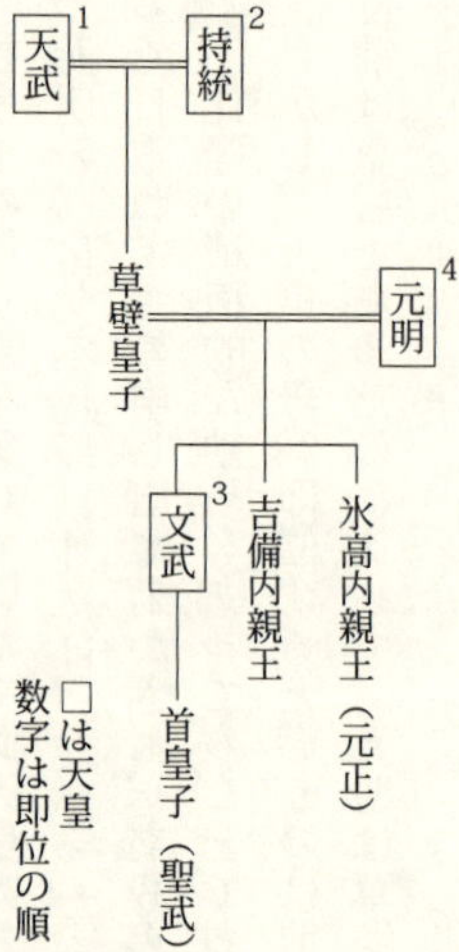

元明女帝の立場

元明天皇が即位した翌年（七〇八）三月の人事で、正二位大納言《だいなごん》の不比等が右大臣に任命されている。このとき正二位石上麻呂《いそのかみのまろ》も右大臣から左大臣に昇叙されているから（両者は大宝元年〔七〇一〕以来、同位階）、不比等が政権の座についたわけではない。しかし、麻呂は六十九歳の老齢であったから（不比等は五十一歳）、不比等が事実上政界のトップに立ち元明天皇を補佐したことを示している。

可能性の低い首皇子の即位を実現するために、みずからの立場が不安定であることを承知で即位した元明女帝、その女帝を不比等は、後宮世界を押さえた妻の三千代とともに補佐したのであった。

元明が即位したとき、光明子はまだ七歳の幼子であったが、こうした両親の政治的立場や役割の重さは光明子にも緊張感を与え、ひそかに幼心を震わせていたに違いない。

平城遷都

幼少期の光明子にとって最大の出来事は、なんといっても平城遷都ではなかったか。それまでの生活環境を一変させることになったからである。

平城遷都は文武天皇のとき、提唱されたものである。すなわち亡くなる四ヵ月前、慶雲四年（七〇七）二月、貴族たちに遷都について議論させているのがその最初であるが、この決断を促したのも不比等であった（後述）。

藤原京に遷都したのが持統天皇八年（六九四）、それからわずか十三年しか経《た》っていない。しかも藤原京では、不比等の主導による造営工事が進行中であった。にもかかわらず、莫大《ばくだい》な費用と人力を投入しなければならない遷都を計画するというのはどういうことか。

じつは、藤原京で実施された新しい試みのひとつが、官人を京中に集住させて都市貴族化を図るということであった。遷都に先立ち持統天皇五年、藤原京ではじめて本格的に実施された宅地班給《たくちはんきゅう》はそのための手段で、官人を京中に常住させ、役所への出仕を義務づけるという狙《ねら》いがあったのである。にもかかわらず藤原京内に存在する邸宅がほとんど確かめられないというのは、長い間「みやこ」であった飛鳥への人びとの哀惜の念が強かったことを示している。

藤原京と飛鳥とは指呼《しこ》の間にある。為政者の思惑とは裏腹に、飛鳥から離れなくとも藤原京への出仕は可能であった。そうした人びとに飛鳥からの離脱を強いるには、大和盆地の北部にまで一挙に北上する必要があったのである。

くどいようであるが、飛鳥を基盤としてきた古代氏族の在地性を断ち切り、都市民化させることによって律令体制の具現化を図るためには、首都の形成・整備が不可欠の条件であった。それが平城遷都であった。

文武天皇が亡くなったことで遷都問題は一時中断したが、元明天皇が即位して半年余り後、和銅元年（七〇八）二月に詔《みことのり》が下され、遷都が正式に決定されている。

工事の開始

元明天皇が下した詔の真意は、遷都は必ずしも自分の本意ではないが、貴族たちによる「衆議《しゅうぎ》」すなわち勧めに従って行うのだということを強調する点にあった。その「衆議」とは前年二月、文武天皇が提唱して以来形成されてきた世論であり、むろんその「衆議」形成を進めた人物がいたことはいうまでもない。不比等であった。

先に述べたように、不比等が右大臣に任命され事実上政界のトップに立ったのが、この詔が下された翌月（三月）である。このとき左大臣に任じられた石上麻呂は、のち遷都したおり、旧都藤原京の留守官となっており、遷都の推進者が不比等であったことは明らかである。また同日、大伴宿禰手拍《たうち》が造宮卿《ぞうぐうきょう》に任命されている。宮殿の造営を担当する造宮省の人選もこれを機に、不比等によって着手されたと思われる。

九月十四日、元明天皇は菅原《すがわら》の地（平城宮地）にはじめて行幸《ぎょうこう》し、その地形を視察している。同三十日、造平城京司が任命され、十二月早々には地鎮祭が行われた。これが事実上、遷都工事の開始であった。

平城宮跡　数多くの政争が繰り広げられた。復元された大極殿

それから一年有半、和銅三年（七一〇）三月、都は藤原京から平城京に遷《うつ》っている。光明子と首皇子は十歳になっていた。ちなみに『扶桑略記』によれば藤原京は、翌年（七一一年）焼失したようで、これを機に急速に廃頽《はいたい》していったと思われる。

こののち光明子と首皇子が、藤原京に戻ることはない。

不自然な出っ張り

こうして平城宮（京）が、これからの光明子の生活の場となっていくが、その復元図（奈良文化財研究所）でだれしも不自然に思えるのが宮城の東側であろう。一条から二条にかけて東へ張り出しており、そのために宮城が四角形

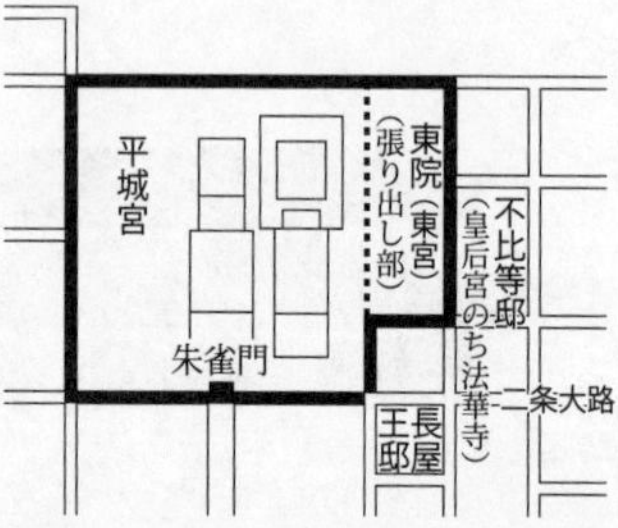

平城宮・東院（東宮）と不比等邸

ではない。しかもそれが大路《おおじ》（二坊坊間大路）ひとつを隔てて、東の不比等邸（のち法華寺《ほっけじ》となる）と隣接しているのが、じつに違和感を抱かせる。

　平城京の不比等邸については、遷都以前からすでに存在していたもので、不比等は最初から自邸の西隣に新都（平城京）を誘致する計画であった、との意見が出されている。(11) 平城遷都の推進者が不比等であったことは確かであるが、しかし、だからといって不比等自身が自邸に隣接させるために新都を誘致するなどといったことは、とうてい考えられない。

　これは首皇子の生活環境と密接に関わる事情によるものであった。前述したように、首皇子は母宮子が〝病気〟だったために、藤原京時代、不比等邸（城東第）で光明子と一緒に養育された。生まれてすぐに不比等・三千代夫妻に引き取られ、したがって母宮子の顔を知らずに育っている。しかも七歳のとき、父文武天皇を失っている。そういう首皇子の環境を考えれば、平城京に遷ってからも引き続き不比等邸で、夫妻の手によって育てられたとみるべきであろう。

　そこでわたくしが注目したいのは、平城京に設けられた不比等の邸宅の位置である。藤原京時代の不比等邸が「城東第」と呼ばれ、平城京でもそれと類似した位置関係が認められるからである。

藤原京時代の「城東第」がどこに設けられたものなのか、具体的な場所はわからないが、藤原宮の東に営まれたことにちなむ呼称だったことは明らかである（一一頁）。そして首皇子が幼少期を過ごしたのが、その「城東第」であった。

その不比等に対して、平城京でも城東という格別の地に宅地が班賜されたのは、決して偶然ではない。引き続き、首皇子の養育にあたるという大義名分によるものであった。むろん、光明子も建物は違っても、首皇子とともにその不比等邸で生活をともにしている。

それよりも問題は、その不比等邸が復元図にみるように、宮城に隣接していることの不自然さである。それに、わが国では、どの時代の宮城でも左右対称を原則としている。そんなことから、遷都時には、宮城の東への出っ張りが存在していなかったのではないか、すなわち平城宮は、当初、藤原宮と同様、左右対称の整形であったと、わたくしはみる。そうだとすれば宮城の東端と不比等邸も接してはおらず、かなりの空間があったはずである。

平城宮は遷都後のある時期、東側に出っ張りが造られ、その結果、不比等邸と隣接するようになったのである。それは、首皇子の立太子に関わる措置だった。

くっついた？　東宮と不比等邸

平城京に遷都して四年目、和銅七年（七一四）六月、首皇子が立太子、ついで元服している。

十四歳であった。首皇子はそれまで過ごした不比等邸（宮城の東）から東宮に移っている。

立太子から四ヵ月後の十月、造宮省の史生《ししょう》（下級職員）が六人増員され、十四人になっている。ほぼ倍増されたのである。造宮省は遷都後、平城宮の造営・修造にあたっているが、時期からいってこのときの増員は、首皇子の立太子にともなう東宮の造営工事のためとみられる。

その工事というのが平城宮の出っ張り、すなわち東張り出し部（いわゆる東院《とういん》地区）であり、出っ張りは首皇子のために用意された「東宮」だったというのが、わたくしの理解である。

くどいようであるが、首皇子の母宮子が〝病気〟であったことから、不比等は、平城京に遷ってからも宮城の東に邸宅を貰《もら》い受け、首皇子の養育にあたってきた。しかし首皇子が成人して皇太子となり、その立場が公的存在となった以上、東宮が用意されることになったのは当然であり、不比等邸（私邸）での生活は許されなかったろう。そこで不比等はその東宮を宮城の東に張り出して造り、自分の邸宅と隣り合わせとなるようにしたのであった。

新室の宴

このことに関連して留意したいのは、天平勝宝八歳（八年、七五六）六月の『東大寺献物《とうだいじけんもつ》帳《ちょう》』にみえる「横刀一口」についての注記である。

右一口は、太政大臣の家に新室《にいむろ》の宴を設ける日、天皇親《みずか》ら臨み、皇太子舞を奉るに、太政大臣寿贈す。

この横刀は不比等（太政大臣）の邸宅が新築されたおりの祝宴において、天皇臨席のもと、その天皇を前に舞を舞った皇太子（首皇子）に、不比等が「寿贈」したものであったというのである。不比等邸の新築が、改築なのか、それとも邸内に新しい建物を造ったのかはわからない。またその間の事情をはじめ祝宴の行われた時期など、一切明らかでないが、皇太子首皇子に刀を贈るのは、よほどのことがあったとみなければならない。

ちなみに、この「新室」を不比等邸内に設けられた光明子と皇太子の新婚生活のための居所とみて、その新築祝いに天皇が臨御し、不比等からムコの皇太子に横刀が寿贈されたとの理解があるが、(12)それはありえない。繰り返すことになるが、首皇子が皇太子として公的立場、公的存在となった以上、いかな不比等でも、その私邸を生活場所に提供するなど、できるわけがなかったからである（平安時代なら、藤原良房《よしふさ》をはじめその事例はいくらでもあるが）。

断定はできないが、ここにみえる新室の宴とは、東宮の新造にともない不比等邸が改造されたときに催された可能性が高いと、わたくしは考えている。そんなことから、不比等邸に臨御した天皇というのは首皇子の祖母、元明天皇とみてよいであろう。

ともあれ宮城の東側に出っ張りが造られた結果、不比等邸と東宮とが隣接するようになった。むろん、これは不比等の権勢あって実現できたことである。しかしそれと同時に、〝病気〟の宮子（不比等の娘）を母とする孫首皇子への憐憫《れんびん》の情が、東宮との隣接という形を決断させたことを理解すべきであろう。

こうして光明子は、首皇子が立太子し東宮を居所とするようになって以後も、生活環境はほとんど変わることなく、首皇子を身近に感じながら日々の生活を送っていたと思われる。それは光明子の生涯において、もっとも平穏で幸せに満ちた歳月ではなかったろうか。

（3）皇太子妃

東宮傅武智麻呂

首皇子が皇太子に立てられたのは和銅七年（七一四）六月のことであった。立太子した首皇子は、ついで元服している。十四歳であった。翌八年元旦《がんたん》の朝賀は、首皇子が皇太子として「始めて礼服を加えて（着用して）」の参列であっただけに、はじめて鉦鼓《しょうこ》が使用されるなど、盛大なものであった。

このとき東宮傅《とうぐうふ》として首皇子の教育にあたったのが、不比等の嫡男武智麻呂、光明子の異母兄である。

『武智麻呂伝』（『藤氏家伝』下に収められた武智麻呂の伝記）には、元服を終えた首皇子を「血気漸《ようや》く壮《さかん》なり」といい、そのため東宮の教導にさいして、武智麻呂は文学すなわち漢詩・漢

東宮近侍のメンバー

従五位上　佐為王	「風流の侍従」と呼ばれた教養人
従五位下　伊部王	
正五位上　紀男人	武人
正五位上　日下部老	武人
従五位上　山田三方	僧として新羅に留学、帰国後還俗。文章道の学者
従五位下　山上憶良	万葉歌人
従五位下　朝来賀須夜	
従五位下　紀清人	文章道の師範、国史撰修に関与、「文雅（文芸に秀でた者）」と称された
正六位上　越智広江	明経道の師範、「宿儒（経験豊かな学者）」と称された
正六位上　船大魚	
正六位上　山口田主	算道の師範
正六位下　楽浪河内	文章道の師範、恭仁京、紫香楽宮の造営にも携わる
従六位下　大宅兼麻呂	
正七位上　土師百村	
従七位下　塩屋吉麻呂	明法道の師範、「宿儒」と称された
従七位下　刀利宣令	

文などの学問や、淳朴《じゅんぼく》な風俗の教化に重点を置いたので、首皇子は武芸よりも学問に身を入れるようになり、即位後は善政を行い仏教にも篤い信仰心をもったと記している。

『武智麻呂伝』は、武智麻呂の息子の仲麻呂が編纂《へんさん》したものであり、誇張があるにしても、武智麻呂が皇太子首皇子の教育を事実上担っていたことは間違いない。養老《ようろう》五年（七二一）正月、十六人の官人たちを、執務を終えて退出後、皇太子首皇子に近侍するよう命じている。その顔ぶれは歌人として知られた山上憶良《やまのうえのおくら》など多士済々であり、それも武智麻呂の采配《さいはい》によるものであった。[13]

もっとも不比等は前年、養老四年

に亡くなっていた。しかし、これらは武智麻呂が父の不比等の教育方針を受け継いで実行したものと思われる。

不比等亡きあと、その立場と役割は嫡男の武智麻呂に継承されていく。皇太子教育もそのひとつであるが、それが首皇子や光明子のその後の生涯や人格形成に及ぼした影響には計り知れないものがあった。それは、おいおい、明らかになろう。

光明子と広刀自

話が光明子の夫、首皇子の立太子にまで及んでしまったが、時間を戻したい。

光明子が皇太子首皇子の妃として入内したのは、立太子の二年後、霊亀《れいき》二年（七一六）のことである。光明子は十六歳、首皇子も十六歳であった。

ただしこの前後、首皇子には光明子のほかにもう一人、県犬養広刀自《あがたいぬかいのひろとじ》が入っている。だれしも気になるのは広刀自が、光明子の母県犬養橘三千代の同族であり、三千代の勧めで入内したとみられることである。もとより光明子の父、不比等も承知のうえでの入内であった。当然予想されるように、広刀自が皇子を生めば、光明子が生むであろう皇子のライバルにならないとも限らない。

しかしこの入内に対して、光明子の両親が不安を抱いていた形跡はみられない。それどころか、むしろ積極的にこれを進めたように思われる。

広刀自の父、唐《もろこし》は讃岐守《さぬきのかみ》で、従五位下を極位《ごくい》とする下級貴族であった。県犬養氏といえば壬申の乱に舎人《とねり》として従った一族の大伴が功を挙げ、大海人皇子（のちの天武天皇）の信任を得て政界進出の足場を固めた氏族である。前述したように、三千代が天武天皇の後宮に出仕するようになったのも、その縁故によるもので、女官・命婦として持統・天武朝では絶大な信任を得て後宮を抑えていた。

しかし政界での県犬養一族の地位は高くはなく、唐をはじめ多くは五位止まりであった。その点で、不比等の娘である光明子と唐の娘広刀自との立場の違いは、歴然としていた。かりに広刀自が皇子を生んだとしても、光明子の脅威にはならないと判断したのである。

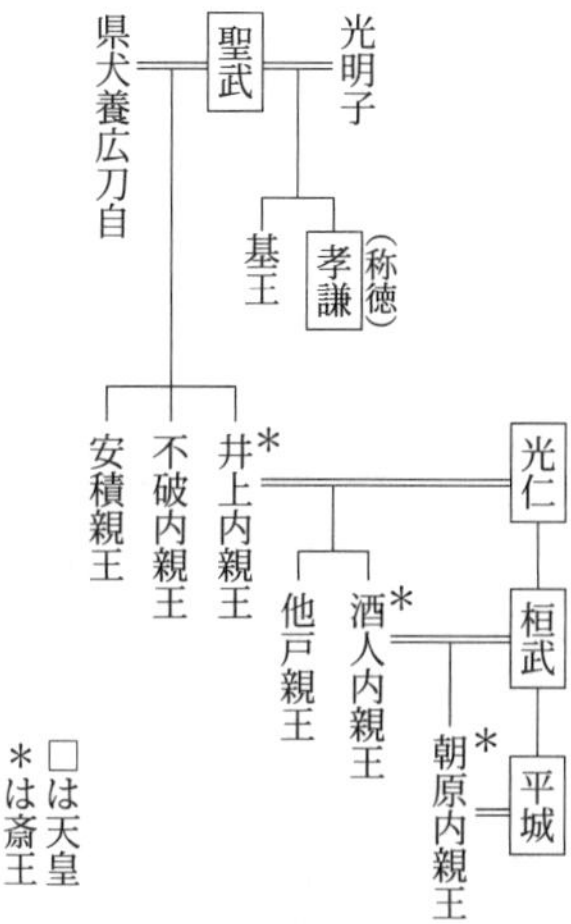

県犬養氏と斎宮

斎王を生むためのキサキ

光明子と相前後して広刀自を首皇子に入内させた不比等・三千代夫妻の真意は、キサキとしての役割分担にあった。端的にいえば、藤原氏出身の光明子が「皇太子を生むためのキサキ」なら、広刀自に期待されたのは「斎《さい》王《おう》を生むためのキサキ」という立場であった。[14]

そう思うのは広刀自の娘、井上《いのえ》内親王は聖武朝の斎王に、井上のあとその娘、酒人《さかひと》内親王が光仁《こうにん》朝の斎王に、孫の朝原《あさはら》内親王が桓武《かんむ》朝の斎王というように、県犬養出自の母子三代が、三人の天皇の斎王として奉仕しているからである。斎王の歴史において母子二代はむろんのこと、三代が奉仕するというのは前後に例をみない。そうした事実からわたくしは、広刀自が当初から斎王のために選ばれたキサキであったと考える。

　ここでいう斎王とは、天皇の御杖代《みつえしろ》として伊勢《いせ》神宮に奉仕する未婚の皇女のことで、天皇の代始《だいはじ》めに選ばれて伊勢に下った。六七二年の壬申の乱後、天武天皇が伊勢神宮の整備の一環として制度化したもので、初代の斎王に選ばれたのが天武天皇の皇女大来《おおく》（大伯）であった。

　その斎王が首皇子の父、文武朝では三人も入れ代わって派遣されており、しかもいずれの斎王も文武天皇の娘ではなかった。十五歳で即位した文武天皇にはまだ皇女がいなかったからである。文武天皇の場合、十五歳という異例の幼い即位であっただけに、その立場を宗教的に権威づけるうえで、斎王の派遣は不可欠の要件とされた。文武天皇一代の間に三人もの皇女が交代しているのもそうした事情によるもので、この時期、伊勢斎王に対する特別の配慮がうかがわれる。そうした経験から十四歳で立太子した首皇子の場合も、斎王下向のことが早くから準備されたのである。それが、光明子と相前後して広刀自を入内させた理由である。

文武天皇の斎王

斎王	父	卜定年
当耆（託基・多紀）皇女	天武天皇	文武2年（698）
泉皇女	天智天皇	大宝1年（701）
田形皇女	天武天皇	慶雲3年（706）

なお広刀自が選ばれたのは、県犬養氏が伊勢と関わりをもつ氏族であったことも無関係ではなかろう(15)。そして、首皇子の即位に向けてこれほど慎重に準備がなされたのは、その皇位継承には文武天皇以上に困難な条件が重なっており、即位できるという保証はほとんどなかったからである（後述）。

ともあれ、光明子からは「皇子」が、広刀自からは「皇女」の誕生が期待されたのであった。むろん、都合よくそれぞれに皇子（光明子腹）と皇女（広刀自腹）が生まれるとは限らない。これはまったくの偶然性に依存するものであった。

光明子は入内にさいして、首皇子を取り巻く政治的環境や立場、広刀自の役割など、因果を含めて言い聞かされたはずである。十六歳に成長していた光明子は、そうした両親の想いを重く受け止めたに違いない。

阿倍内親王と井上内親王

さて、ほぼ同時期に首皇子に入内した光明子と広刀自であったが、広刀自は養老元年（七一七）、井上内親王を出産、一方の光明子は翌養老二年に阿倍内親王を生んでいる。二人の皇女が生まれた月日はわからない。

光明子は期待された「皇子」ではなかったが、広刀自は、「皇女」を出産したのであった。

案の定、この井上内親王は、父首皇子がまだ皇太子であった養老五年九月、伊勢神宮の斎王に卜定《ぼくじょう》され、ただちに「北池辺新造宮」に移り、潔斎の生活に入っている。時に五歳の幼子であった。ちなみに「北池辺新造宮」については平城宮の北側にある松林宮《しょうりん》（苑《えん》）付近とも、平城宮の東、春日《かすが》あたりともいわれるが、明らかではない。

井上内親王の卜定は、十四世紀まで続いた斎宮《さいくう》の歴史のなかでも異例であった。というのも、第一に、卜定が父天皇の皇太子時代であったこと、第二に、卜定されたときが五歳という幼年齢だったこと、である。これ以前、十歳未満の斎王はいなかった。そうしたことから、井上を皇位継承の第一人者とみて首皇子から遠ざけ、皇位継承の圏外に追いやるために藤原氏がとった策略との意見も出されているが(16)、それは違う。それならば三千代が広刀自の入内を進めるわけがない。

早々と井上を卜定したのは、文武朝の斎王から得た経験によるもので、首皇子の場合も早くから斎王派遣が準備されており、前述したように、広刀自の入内はそのためになされた措置だったのである。

繰り返していうと、井上の卜定は誕生したときから予定されていたものであり、それは皇太子首皇子の立場を宗教面から確かなものにするためであった。

広刀自を入内させた目的は、こうして順調に達成された。一方、光明子が両親の期待に応《こた》えるまでには、もう少し時間を要したが、阿倍内親王を出産したこの時期の光明子は、首皇子とともに穏やかな日々を過ごしていたのではなかろうか。

第二章　父、逝く

(1)　不比等の死

年歯幼稚

十四歳で立太子した首皇子が、皇太子として過ごした歳月は十年に及ぶ。その間皇位は、元明天皇から娘の氷高《ひだか》内親王（元正《げんしょう》天皇）に譲られている。すなわち首皇子が立太子した翌年（和銅八年〔七一五〕）九月、元明天皇は元正に譲位したのであった。元明天皇の在位は九年、時に五十五歳であり、元正は三十六歳であった。

『続日本紀』に収める譲位の詔で、元明天皇は、「この神器を皇太子に譲らんとすれども、年《ねん》歯《し》幼く稚《わか》くして未《いま》だ深宮を離れず、庶務多端にして、一日に万機あり」（霊亀元年九月二日条）と述べている。皇太子首皇子に皇位を譲りたいが年少すぎる、君主として行わなければならい政務を担うには無理だというのである。

首皇子はこのとき十五歳、父の文武天皇が即位したのも十五歳である。そんなことから年齢的に支障はなかったはずとみて、首皇子には精神的・人格的な欠陥があるために即位が憚《はばか》られ、元正に譲位されたとする意見が出されている。また譲位を、首皇子の皇位を願う不比等の野望を阻止するための元明天皇の策とみる意見もあるが、いずれも皮相で、短絡した見方というべきであろう。

天皇の即位年齢

神武	52	反正(古)	56	皇極*	49
綏靖	52	允恭	40	孝徳	?
安寧	20	安康(古)	53	斉明**	62
懿徳	44	雄略	39	天智	43
孝昭	22	清寧	?	弘文	24
孝安	36	顕宗(古)	36	天武	?
孝霊	53	仁賢	40	持統	46
孝元	60	武烈	49	文武	15
開化	51	継体	58	元明	47
崇神	53	安閑	66	元正	36
垂仁	42	宣化	69	聖武	24
景行	47	欽明	?	孝謙*	32
成務	48	敏達	?	淳仁	26
仲哀	44	用明	?	称徳**	47
応神	70	崇峻	67	光仁	62
仁徳	?	推古	39		
履中	65	舒明	37		

『日本書紀』『続日本紀』による。(古)は『古事記』による
*は重祚した天皇

詳しい説明は省略するが、文武天皇以前では、天皇の年齢は少なくとも三十歳以上というのが即位の要件とされていた[1]。幼帝の即位は暗黙裏に避けられてきたのである。大王や天皇が諸豪族を統括し執政するうえで、成人天皇であることが不可欠だったからで、文武天皇の即位はあくまでも特殊事情のなかで実現されたものであった。「年歯幼稚」は若すぎる、未熟であるとの意であり、そのために首皇子は皇太子に据え置かれたのである。

むろん不比等にすれば、一刻も早く首皇子の即位を実現させたかったに違いない。そして、

当時の不比等の権勢をもってすれば、決して不可能ではなかったはずである。しかし、不比等はあえてそれを強行しなかった。十五歳で即位した文武天皇は前代未聞のことであり、そのために祖母の持統は太上天皇《だいじょう》（上皇）として文武天皇を後見し、共治体制をとらねばならなかったからである。

いうまでもなく上皇（持統）の政治的関与は天皇（文武）の権限を制約することであり、皇権の安定を図るうえで、それが決して好ましいものではなかったはずである。そのことは不比等はもとより、貴族官人たちの共通した認識であったといってよい。不比等はあくまでも天皇を中心とする、律令国家体制の確立をめざしていたのである。

この時期、元明と不比等らのめざすところは、首皇子の即位を急ぐより、皇太子としての立場を固め、その環境を作ることにあった。すべては首皇子の即位に向けて、周到に計画された施策であったと考える。むろん、それを中心に進めたのは不比等、すなわち光明子の父であったことはいうまでもない。

長屋〝親王〟の立場

首皇子の即位に向けて、不比等が打ち出した措置のなかでもうひとつ見逃せないことは、長屋王一家の待遇である。『続日本紀』には、首皇子が立太子した八ヵ月後、霊亀元年（七一五）二月、元明天皇の勅《みことのり》により、「三品《さんぼん》吉備内親王の男女を皆皇孫《こうそん》の例に入れたまう」とある。

吉備内親王は、天武天皇の嫡子草壁皇子と元明との間の娘で、氷高内親王（元正天皇）の同母妹にあたる。天武天皇の孫、長屋王と結婚していた。したがって皇孫（二世王）である長屋王との間に生まれた四子（膳夫《かしわで》王・桑田《くわた》王[2]・葛木《かつらぎ》王・鉤取《かぎとり》王）は、当然皇曽孫《こうそうそん》（三世王）扱いであったが、それを特別に皇孫待遇にしたというものである。

これが、長屋王に対する政治的配慮であったことは明白である。子どもが皇孫（二世王）扱いにされるのであれば、父の長屋王の立場は当然「親王」（一世王）待遇を受けることになるからである。長屋王とその子どもたちの地位の格上げである。

こうした王に対する厚遇策から、皇位継承における長屋王の立場が強化されたと考える見方がある。とくに「長屋親王」と書かれた木簡《もっかん》が出土したことが、その見方を補強する結果を生み出し、長屋王は権勢欲の持ち主であったとする意見が有力視されている。しかしその一方で、「長屋親王」の木簡については「長屋王」「長屋王子」「長屋皇」など表記にばらつきがみられ、比率からみれば「長屋親王」の表記はむしろ少なく、主として王家の家政に関わるなかで使用されたもので、過大評価は慎むべきである、との見方も出されている。[3]

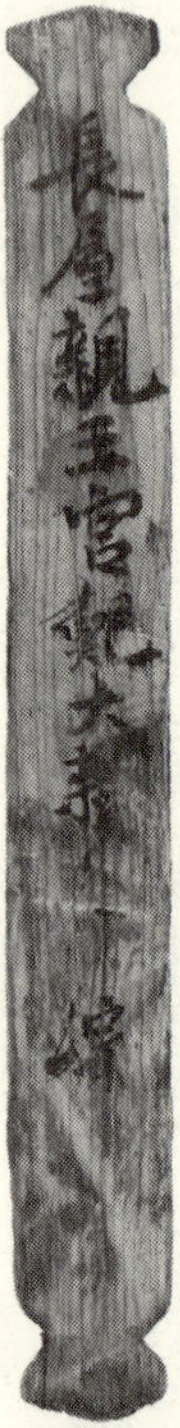

「長屋親王」木簡「長屋親王宮鮑大贄（あわびおおにえ）十編」と記す（写真・奈良文化財研究所）

「親王」の呼称が家政内だけに通用するものであったのか、それとも公的称号として用いられたのかはさておき、大事なのは、「親王」の呼称を用いて不都合でない条件は、むしろ天皇側から与えられたという点であり、そのことを理解すべきである。用いても僭称《せんしょう》というものではない。

首皇子の即位実現を使命とする元明と不比等にとって、もっとも危惧《きぐ》したのが皇位をめぐる争いである。そうしたなかにあって、天武天皇の孫である長屋王や、王と吉備内親王との間に生まれた子どもらは血統上、無視できない存在であった。長屋王一家に対してとった厚遇策は、王に対してミウチ意識を高めさせ、いわば「首皇子の藩屏《はんぺい》」として位置づけるための措置であったと考える。それは同時に、皇位継承権の放棄を求めたものでもあった。そして、元明の勅を受け入れた長屋王（一家）もまた、それを了承した、というのがわたくしの理解である。

改めて述べるまでもなく、こうした配慮が必要だったのは、首皇子が立太子したとはいえ、この時期の皇位継承者としての首皇子の立場が、決して安定したものではなかったからである。天皇側と不比等が打ち出した、これら首皇子に関する一連の措置は、その意味できわめて巧妙な政治的対策であった。

不比等死す

しかし、不比等は首皇子の即位をみることなく、この世を去っている。

養老四年（七二〇）八月一日、不比等は重態に陥った。具体的な病状などは一切明らかでないが、『尊卑分脈《そんぴぶんみゃく》』に記す「不比等伝」に、「四年秋、患意快からず。旬日（十日ほど）の後に気力漸く微《かす》かなり」とあり、容体は急速に悪化していったようである。『続日本紀』によれば元正天皇は詔を下し、「朕、（不比等の）疲労を見て、心に惻隠《そくいん》す（痛ましく思う）。その平復を思うに、計《はかり》出さん所なし（為《な》す術《すべ》がない）」と述べて、得度者三十人を与え、天下に大赦し、廃疾などの自活できない者には賑恤《しんじゅつ》し、湯薬を給している。翌二日には平城京にある四十八ヵ寺で『薬師経《やくしきょう》』を読経させ、官戸《かんこ》（官有の奴婢《ぬひ》。雑役に従った）十一人を良民とし、奴婢十人の身分を官戸に昇格させている。あらゆる功徳を施すことによって、不比等の命を救おうとしたのである。それは元明・元正、あるいは不比等の妻三千代をはじめ子どもたち、そして光明子・首皇子らの必死の願いであった。

しかしその甲斐《かい》もなく、八月三日、ついに不比等は亡くなった。正二位右大臣として六十三歳（『公卿補任《くぎょうぶにん》』は六十二歳）の生涯を閉じている。このとき光明子は二十歳、皇太子妃となって四年目のことである。

不比等邸の相続

『公卿補任』（養老四年〔七二〇〕条）によれば、不比等は十月八日、遺教に従って佐保山《さほやま》推山岡で火葬されたというが、[4] 具体的なことはほとんどわからない。

それから二週間後の十月二十三日、大納言正三位長屋王と中納言《ちゅうなごん》正四位下大伴旅人《おおとものたびと》が「右大臣の第」に遣わされ、太政大臣正一位を追贈するという元正天皇の詔を伝えている。「右大臣の第」とは、むろん平城宮の東隣にあった不比等の本宅である。光明子が、首皇子が立太子するまでの間、一緒に過ごした屋敷である。

不比等没後、この邸宅を相続したのは光明子である。のち光明子が立后したときには、ここに皇后宮《こうごうぐう》（職《しき》）が置かれ、さらにその後改修されて法華寺となっている。

ちなみに光明子が受け継いだのは邸宅だけではない。父不比等が賜った土地や資人《しじん》・封戸《ふこ》など、莫大な財産を継承したとみられている。もっとも光明子が継承したとする見方には異論もあるが、わたくしは不比等の財産の多くは光明子に継承されたと考える。じじつ、のち光明子（光明皇后）が行った施薬院・悲田院などの慈善事業や社会的活動を支えたのは、父から受け継いだ莫大な経済力であった。

父不比等の死は、光明子が身内としてはじめて味わった悲しみであり、それだけに受けた衝撃の大きさは計り知れないものがあったろう。しかし、悲しみのなかにも受け継いだ財産を経済源とし、父不比等が構想した社会システムや救済事業を継承することこそがみずからの使命と考えたことは、間違いない。その意味で財産の相続は、その後の光明子の生き方に少なからず影響を与えたと、わたくしは思っている。

興福寺北円堂　八角の円堂。不比等を偲ぶモニュメントとなっている（写真・奈良市観光協会）

興福寺北円堂

不比等の死に関わることとして、もうひとつ述べておきたいのが興福寺《こうふくじ》の北円堂《ほくえんどう》である。北円堂は元明太上天皇と元正天皇が、不比等のために右大臣長屋王に命じて建立させたもので、不比等が亡くなった年（養老四年〔七二〇〕）の十月十七日、「造興福寺仏殿司《ぞうこうふくじぶつでんし》」が置かれている。じつは、これが正史『続日本紀』に登場する興福寺の初見であり、仏殿司は北円堂造立のための役所として設置されたものであった。不比等の追善供養を目的とする「仏殿」の造営が国家的事業として行われているところに、生前の不比等の役割・立場が示されている。

北円堂は養老五年八月三日、不比等の一周忌に完成し、仏像を安置して周忌法会が営まれている。また、これとは別に妻の県犬養橘三千代も（中）金堂に弥勒浄土変《みろくじょうどへん》を安置して不比等の一周忌供養を行っているから、境内の金堂も、このときまでには出来上がっていたものと思われる。

こうしてみると興福寺の伽藍《がらん》造営は、不比等の周忌法会がきっかけとなって始められた可能性が強いと、わたくしは考えている。

モニュメント

改めて述べるまでもなく、興福寺は藤原氏の氏寺であり、不比等が主導した平城遷都にともなって移転建立されたものと考えられている。しかし不比等の生前、造営工事は着手されず、皮肉にもその死がきっかけとなって工事が始められたのである。そしてこのあと、およそ一世紀を要して平安時代初期、藤原冬嗣《ふゆつぐ》による南円堂《なんえんどう》の建立をもって、寺院としての伽藍が完成したのであった。(5)

興福寺が建立されたのは京中ではない。平城京の東側、外京《げきょう》の左京三条七坊である。外京とは東側の一条から五条において三坊分の張り出しがあり、それを外京と呼ぶことがある。ただし、これは明治以降に使用された呼称である。

この張り出し部については、のちに追加造成されたと考えられてきたが、近時は遷都当初から存在したともいわれている。計画的な設計による張り出し部だったというわけであるが、考えてみれば、春日山麓の高台にあるこの地は平城京を見下ろす、いわば一等地ではないか。しかも興福寺が対峙《たいじ》する元興寺《がんごうじ》は、蘇我氏の氏寺、法興寺《ほうこうじ》（飛鳥寺《あすかでら》）が移転された寺院である。

そもそも元興寺は、蘇我本宗家の滅亡（六四五年の乙巳の変）とともに廃寺されるべきところ、仏教興隆に対する功績が大きいとして官寺《かんじ》とされたもので、いわば氏寺（私寺）から国家管理の寺院に切り換えられ、存続されてきたのであった。興福寺を、そうした伝統をもつ元興寺と向き合って創建するという発想は、不比等以外には考えられない。おそらく平城遷都の当初から、不比等が構想、計画し、実現しようとしたものではなかったろうか。それは、平城京の東側一帯を仏教による鎮護国家の地に仕立てるということであったように思われる。

ちなみに北円堂は興福寺境内の西端に位置するが、春日山《かすがやま》・若草山《わかくさやま》から張り出した丘陵の最前面に建つ。こんにち、高層建築が多くなり眺望はきかなくなってしまったが、当時はその場所から平城京が一望できる一方、平城京からも屹立《きつりつ》する北円堂の佇《たたず》まいが遠望できた。しかもその丘陵部には盛り土がなされた形跡があるというから、場所といい眺望といい、すべてが計算されての造成だったことが知られるのである。

その意味で、北円堂は不比等を供養するのにうってつけの場所であり、平城京の人びとにとっても不比等を偲《しの》ぶ最高のモニュメントとなったに違いない。

（2）聖武天皇の即位

皇親体制の強化

不比等が没した翌日、新たな人事が発表され、舎人《とねり》親王と新田部《にいたべ》親王がそれぞれ知太政官事《ちだいじょうかんじ》と知五衛及授刀舎人事《ちごえおよびじゅとうとねりじ》に任命された。ともに天武天皇の皇子で、天武天皇の皇子はこの二人だけとなっていた。

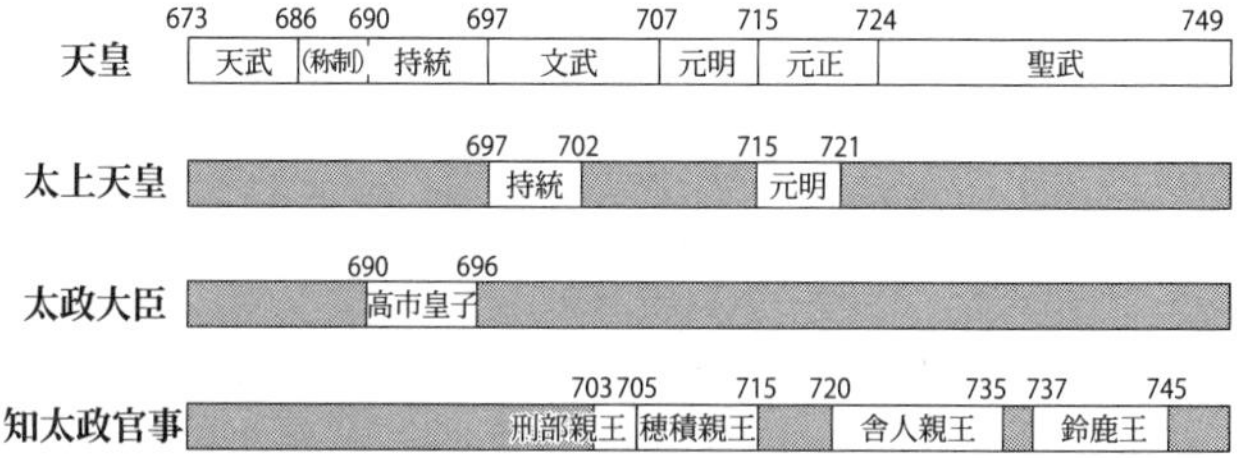

太上天皇と知太政官事

知太政官事についてはこれ以前、持統太上天皇が没した直後に刑部《おさかべ》親王が、刑部没後は穂積《ほづみ》親王が任じられている。その役割は親王（皇室の藩屏）として太政官の政務を総知することであるが、刑部の就任時期から知られるように、明らかに持統太上天皇の死が意識されている。この事実は、知太政官事と太上天皇の立場や役割が共通していることを示しており、太上天皇と連携しつつ天皇の後見を果たすという存在であった。いわゆる皇親政治であり、皇親体制の一環として存在したのが特徴である。

舎人親王の場合は元明太上天皇が健在なので事情は異なるが、新田部親王が就任した五衛府と授刀舎人事は、いわば朝廷の軍事・警察権を皇親が掌握した点では舎人親王と一連のもので、二人の任命には、明らかに皇親体制の復活・強化が意図されている。しかもその就任が、不比等の死と入れ代わるような形で実現されているところに、元明・元正天皇側の意を読み取ることができるのである。

明けて養老五年（七二一）正月の除目《じもく》は大人事であった。長屋王が右大臣に昇任され首班の座につき、不比等の嫡男武智麻呂が従三位《じゅさんみ》に叙せられて中納言に任命されている（時に正四位下式部卿《しきぶきょう》）。武智麻呂が議政官《ぎせいかん》（国政審議官）のメンバーに加えられたのである。武智麻呂はこれ以前、東宮傅に任ぜられ、首皇子の教育係・後見役として、名実ともに不比等の後継者の立場にあったが、議政官だったわけではない。中納言任用（議政官の仲間入り）は、むろん不比等の衣鉢《いはつ》を継がせるためである。

房前の抜擢

ただし気になることがある。このとき弟の房前《ふささき》も従三位に昇叙されているのである。しかも、武智麻呂の二階（正四位下→従三位）に対して、房前は一挙に三階（従四位上→従三位）も昇叙されており、その結果、兄弟は位階上、同等となった。房前重視の雰囲気を嗅《か》ぎ取ることができるが、じつは房前の抜擢はこのときがはじめてではなく、これ以前からみられたことである。

不比等生前のことであるが養老元年（七一七）十月、房前は元正天皇の「参議《さんぎ》」に任じられている。ただし房前の場合、のちに公卿の末端に位置づけられる参議、すなわち大臣・大納言などと国政を審議するという立場ではない。この時期の「参議」は、あくまでも天皇の下問に対して意見を具申する、いわば天皇のブレーンという個人的な性格をもつ存在である。

抜擢の背景には、継母の県犬養橘三千代の働きかけがあったと思われる。というのも、三千代と前夫美努王との間に生まれた牟漏《むろ》女王を、房前に嫁がせているからである。三千代にとって房前は義理の息子というだけでなく、娘聟《むすめむこ》でもあるという、二重の親子関係にあった。

知られるように当時の慣例では、政界でポストが保証されるのは一氏族から一人というのが暗黙の了解であった。原則として嫡男だけが地位を得ることができたのである。したがって不比等の子どもといえども、次男の房前が政界で活躍する機会はほとんどなかったといってよい。そうした房前を三千代が引き立てようと働きかけたとしても、不思議はない。ただし、すべては夫の不比等も承知したうえでの引き立てであったことを見逃してはいけない。

不比等の四人の息子たちのうち、不比等の後継者として、その地位と立場を約束されていたのは、むろん嫡男の武智麻呂である。一般に、武智麻呂は凡庸で無気力な貴公子であったのに対して、房前の政治的才能は抜群で、武智麻呂を陰で操っていたのが房前であるとみられているが、[6]それは正しい理解ではない。武智麻呂が首皇子の東宮傅となって不比等路線を継承したように、不比等の後継者は、間違いなく武智麻呂であった。それが不比等の政治方針であった(前述)。

繰り返すことになるが、房前の「参議」任命は、天皇家を私的側面からサポートする役割を負わせたもので、三千代の肩入れを不比等が承知したのも、そうした意味での抜擢であった。公的側面から補佐する武智麻呂と協力しながら、藤原氏の役割を全うするというのが不比等の考えであったと、わたくしは思っている。

ただし、これはあくまでも不比等が存在して成り立つ体制であり、兄弟関係であることを見逃すべきではなかろう。

嫡男武智麻呂と次男房前とは一歳違いであり、それまでは位階上、武智麻呂が上位にあったが、同等となった。中納言に任命されたとはいえ、房前は「参議」という立場を保持している。しかも、それが三千代を介しての個人的な抜擢であったことが、武智麻呂の反発を招くであろうことは容易に察せられる。

案の定、不比等の没後、政局は波瀾《はらん》含みとなっていく。当然のことながら、光明子もその影響を受けないわけにはいかなかったろう。

元明の遺言

この年（養老五年〔七二一〕）五月ころから病気を伝えられていた元明太上天皇は十月十三日、右大臣長屋王と参議房前を枕頭《ちんとう》に召してみずからの葬送について指示、ついで二十四日、房前を内臣《うちつおみ》に任じて「内外を計会《はから》」い、「帝業を輔翼《ほよく》し永く国家を寧《やすん》ずべし」といい、元正天皇を補佐するように命じている。

内臣は房前の祖父、鎌足が乙巳の変（六四五年）後、天智天皇から任じられたのが最初で、律令に規定された地位ではなく、いわば天皇の私的ブレーン、直属の最高顧問である。その立場を不比等の嫡男武智麻呂ではなく次男の房前に求めたのは、むろん元明に考えあってのことである。

元明は不比等の補佐と協力を得ながら、首皇子の即位実現に向けて邁進してきた。首皇子を皇太子に据え置き、元正天皇に譲位したのも不比等の助言に従ってのことである。しかし不比等が亡くなって以後、元明・元正天皇らの不安は東宮傅武智麻呂の専権化であった。そこで案出されたのが房前を皇室側に取り込み、皇親体制の強化を確立する一方で、政界での武智麻呂（藤原氏）の孤立化を図るというものであった。それが房前の抜擢であり、右大臣長屋王の政治的パートナーとして弟の房前を内臣に任じた理由である。

それは武智麻呂の立場をないがしろにしたものであった。

元明はそれから一ヵ月余り後、十二月七日に没している。不比等が亡くなったのが前年八月、不比等のあとを追うかのように六十一歳の生涯を閉じたのであった。

外祖父不比等についで祖母元明を失った首皇子、その皇子を支えていくことになった光明子は、元明の死をどのような思いで受け止めたのであろうか。

それでも、光明子にはまだ手を差しのべてくれる母三千代がいた。母の存在は大きく、心丈夫であったに違いない。しかし元明による房前の抜擢については、藤原氏一門の分裂の危機を予感していたかもしれない。

譲位の奉告

元正天皇が首皇子への譲位を決意したのは、母元明の一周忌を迎えた前後のことである。

吉野川の激流　吉野宮は右手、台地上にあったという。奈良県吉野郡吉野町宮滝

養老六年（七二二）十二月、一周忌を終えた元正天皇は六日後（十二月十三日）、祖父母にあたる天武・持統両天皇のために弥勒像と釈迦《しゃか》像を造らせている。天武天皇が亡くなってすでに三十六年（六八六年没）、持統でも二十年（七〇二年没）が経つ。そうした時間的経過を考えると、造像の背景に元正天皇の強い決意が込められていたことは、容易に想像がつく。

それは元明の一周忌を機に、母との約束——首皇子即位への実現に踏み出すことを意識しての発願《ほつがん》ではなかったか。

果たせるかな、翌七年五月九日、元正天皇は芳野宮《よしののみや》（吉野《よしの》宮）に行幸している。吉野は壬申の乱にさいし、天武・持統がここから挙兵したいわば原点であり、天武天皇没後は知られるように、持統女帝がことあるごとに行幸している。[7] しかしその後、文武天皇が二度行幸（大宝元年〔七〇一〕・翌二年）しただけで、元明は一度も行幸していない。元正天皇の行幸は文武天皇以来、じつに二十一年ぶりになる。

行幸したのは、首皇子への譲位を奉告するためであった。草壁皇子を亡くしたあと、その子珂瑠《かる》皇子（のちの文武天皇）の即位実現が持統の執念となった。首皇子はその文武天皇の嫡子であり、即位は持統のみならず天武天皇にとっても悲願であったはずだ。それに応えるための譲位の奉告は、天武・持統ゆかりの地、吉野をおいてほかにはなかったのである。

元正天皇は四日間吉野に滞在し、十三日に平城宮に戻っている。

即位の宣命

明けて神亀《じんき》元年（七二四）二月四日、首皇子が即位した。待ち望まれた聖武天皇である。立太子して十年、その間、首皇子の外祖父不比等も祖母の元明もすでに亡くなっていた。

この日出された即位の詔（宣命《せんみょう》）が『続日本紀』にみえるが、それが留意されるのは、元正天皇の言葉を引用する形で即位に至る経緯が述べられているからである。元正天皇の立場や役割を強調することで、聖武天皇の即位を語り、その正統性を表明することに力点が置かれているのである。引用された元正天皇の言葉は次のように要約される。

①この天下は、文武天皇が首皇子に賜るはずのものであった。

②しかし首皇子が年少のため、重大な任務にたえられないと思い、文武天皇は朕（元正）の母元明に授けられた。

③その元明が朕（元正）に譲位したとき、皇位は「不改常典《ふかいじょうてん》」に随《したが》って間違いなく首皇子

に授けるようにと厳命された。

元正天皇の言葉が持ち出されたその意図は、本来、皇位は文武天皇から首皇子へ授けられるべきものであり、それこそが「不改常典」にかなう行為で、元明と元正はそれを実現するための中継ぎであったことを述べる点にあったのだ。

「不改常典」についてはさまざまな説が出されているが、ひと言でいえば天智天皇が定めたとされる皇位継承法（法文化されたものではなく、口勅《こうちょく》の類）であり、具体的には天智天皇の子、大友《おおとも》皇子の即位実現のための方便であった。それを拠《よ》りどころとして譲位し、年少の文武天皇の即位を実現させたのが持統女帝である。そのさい、天武―草壁―文武が正系であること、すなわち嫡系の男子が正統な皇位継承者であると強調されたのが特徴である[8]。

首皇子の場合、即位できるという確証はほとんどなかった。唯一の強みは、文武天皇の嫡子という点だけであった。そこで「不改常典」が持ち出され、ことさら文武天皇の嫡系であることが強調されたのだが、留意されるのはその結果、持統以後の女帝は男子の即位を実現するためだけの存在となっていたことである。元明・元正はそのことを承知のうえで、だから自分たちの役割は首皇子が即位するまでの中継ぎにあるのだ、と言明したのである。

以上が、聖武天皇の即位の詔でありながら、聖武天皇よりも譲位する元正の言葉に力点が置かれた理由である。聖武天皇の正統性を表明するための詔であった。

さらに、右の即位の詔について付け加えていうと、元正天皇は養老を神亀と改元したうえで聖武天皇に譲位している。譲位の前に改元しているのである。

わが国の代始め改元は元明に始まり、以来、中国と同様、改元と即位は不可分のものとなっている。ことに譲位による禅譲の場合、即位と同日に改元されるが、前帝の威徳を尊重して即位式を終えたあとに行われるのが通例となっている。それを元正天皇は、改元したうえで譲位しており、それが聖武天皇の即位に威厳を備えるためであったことは、いうまでもない。聖武天皇への橋渡し役に徹しようとした元正の想いが伝わってこよう。

皇太子妃から聖武夫人へ

皇太子妃であった光明子は、首皇子が即位した日、県犬養広刀自とともに昇格し、聖武天皇の夫人《ぶにん》となっている。

ちなみに、光明子と広刀自だけが聖武天皇の後宮に入っていたわけではない。その他武智麻呂の娘、房前の娘、橘佐為《さい》（三千代の息子）の娘など、『続日本紀』から知られるだけでも三人が入内している。それ以外にも『万葉集《まんようしゅう》』には、志貴《しき》親王の娘海上《うなかみ》女王や穂積親王の孫酒人女王との間に歌のやり取りがあり、とくに海上女王とは深い関係を思わせる（巻四―五三〇・五三一）。また聖武没後であるが、『続日本紀』には、「聖武の寵愛《ちょうあい》を受けながら、その後心変わりして他の男性と関係をもった」との理由で矢代《やしろ》女王が位階を剝奪《はくだつ》されており（天平宝字《てんぴょうほうじ》二年〔七五八〕十二月八日条〕、女王がキサキに準じる立場にあったことがうかがえる。

こうした聖武天皇の後宮についてわたくしが興味深く思うのは、光明子や広刀自など正式に入内したキサキが民間人であったのに対して、これらの女性がいずれも王族（女王）だったことである。それが偶然であったのか、それとも聖武天皇が意識してのことであったのかはわからないが、文武天皇以来、皇族を後宮に入れようとしなかった藤原氏の政治的思惑に、聖武天皇自身が逆らってのことであったようにも思われる。

むろん、生まれたときから一緒に育てられ生活してきた光明子は、そうした聖武天皇の性格を十分に知り尽くしていたはずである。光明子にとって、聖武天皇はどんなときでもかけがえのない存在であったろう。こうした聖武天皇の女性関係が、光明子の地位や立場を揺るがすものでなかったことは、いうまでもない。

ともあれ、光明子は父不比等を亡くしていたとはいえ、聖武天皇の夫人として順風満帆の人生を歩みはじめたのである。

(3) 長屋王政権

首班は長屋王

聖武天皇が即位したその日〔神亀元年〔七二四〕二月四日〕、議政官らに授位益封が行われている。

一品舎人親王（知太政官事）には加増、二品新田部親王（知五衛及授刀舎人事）には一品が与えられ、二人の親王が廟堂《びょうどう》で最高位となった。

注目されるのは従二位右大臣長屋王で、この日正二位が与えられたうえ、左大臣に任じられている。品位《ほんい》では舎人親王の下であるが、舎人がついた知太政官事の季禄《きろく》は右大臣に準じられ、したがって職階では長屋王がトップとなり、名実ともに首班の座についたことになる。

繰り返していうと、不比等没後、舎人・新田部ら皇親が重視され、長屋王を首班とする「皇親体制」が強化されたのである。それが元明・元正ら天皇側の意図するところであった。聖武天皇即位のこの日の人事は、その総仕上げともいうべき叙位任官であった。

人事を終えた聖武天皇は三月一日、芳野（吉野）宮に出かけている。滞在は四日間、五日に平城京に戻っている。即位後はじめての行幸が吉野であったところに、聖武天皇もまた天武天皇へ連なるとの深い思いを抱いていたことが知られよう。『続日本紀』に記述はないが、このときの行幸には光明子も従ったと思われる。

天武天皇と持統にとって吉野が「はじめ（元）」のところ、原点であったように、聖武天皇と光明子にとっても吉野は出発点だったのである。

宮子の称号

聖武天皇が吉野から帰って二週間ばかり経ったころ、三月二十二日、左大臣長屋王らが聖武天皇に対して意見書を提出している。これ以前、即位したばかりの聖武天皇が母の藤原宮子（文武天皇の夫人）を尊んで「大夫人《だいぶにん》」と称せ、と勅命していたことについてであった。すなわち『続日本紀』によれば、長屋王らの申し出は、「律令の規定では天皇の母となった『夫人』は『皇太夫人』と称すべきであります、勅命に従えば『皇』の文字が欠けるし、といって律令に従えば違勅になります、どうすればよろしいか、天皇の判断を仰ぎたい」というものであった。そこで聖武天皇は即日、改めて詔を下し、文書では「皇太夫人」と書き、言葉では「大御祖《おおみおや》」と称せ、と命じ、先の勅を撤回している。「大御祖」は「大夫人」のことである。これが、いわゆる宮子称号一件である。

この一件については、これを聖武天皇と長屋王の対立とみるのが通説で、長屋王らの批判によって撤回を余儀なくされた聖武天皇は、まさに煮え湯を飲まされ、屈辱感を抱かされたというのである。しかし、見落としていけないのは、申し入れの効果があって聖武天皇は称号を改めているのは事実であるが、結局のところ改めたのは文字面だけのことであって、天皇は自分の初志（大夫人＝大御祖と呼ぶこと）を貫いているという点である。

長屋王の申し入れは、両様の解釈（違令か違勅か）に対して聖武天皇の判断を仰いだもので、批判したものではない。そして聖武天皇も文書のうえでは法令によることにし、言葉のうえでは勅によることを命じたのであった。

聖武天皇の〝母〟

それにしても知りたいのは、生母宮子の称号について、なぜ聖武天皇が「皇」の字をつけずに、「大夫人」にこだわったのかということである。むろん、律令に従えば母を皇太夫人と呼ぶべきことを、聖武天皇は百も承知であった。じじつ、宮子をそう呼んで法的に何の不都合もない。

結論だけをいえば、聖武天皇にとっては元明・元正こそが皇統上の〝母〟であり、〝祖母〟、すなわち「皇（王）祖母（スメミオヤ）」であった[9]。両女帝が聖武天皇を「わが子」と呼び、中継ぎ天皇に徹することによって、聖武天皇の即位は実現したのである。それを承《う》けて即位した聖武天皇は、実母宮子を差し置いても元明・元正を顕彰し、報謝の意を表さなければならなかった。それが、実母宮子を「皇（＝現天皇の）」太夫人と呼ぶわけにはいかなかった理由のすべてである。すでに没していた元明はともかく、現に〝母〟と仰ぎ、皇位を授けてくれた元正のほかに、「天皇」の母（＝皇太夫人）と呼ぶべき女性はいなかった。

宮子を「大御祖（オオミオヤ）」＝大夫人と呼称したのは、「皇祖母（スメミオヤ）」と仰ぐ元正に対する配慮によるものというのが、わたくしの考えである。聖武天皇にとって、皇統の継承がいかに重みをもっていたかということが知られよう。こうした皇統意識は、いわば「不改常典」の申し子として育てられた聖武天皇には、骨の髄まで染み込んでいたように思われる。しかし、それ以上に留意されるのは、聖武天皇の剛直さである。自分の意志を貫くためには超法規的な行動をとることも意に介さないところがある。この剛直さは、聖武天皇の生き方を特徴づけるものとなるが、そのことをいちばん理解していたのはキサキの光明子であった。これについては、その都度言及することにしたい。

聖武天皇のブレーン

聖武天皇が狩猟好きだったことは、皇太子時代、東宮傅であった武智麻呂が東宮（聖武）に、狩りをやめて学問に身を入れるように進言したという『武智麻呂伝』のエピソードから知られるが、その一方で詩賦の宴や曲水の宴などもしばしば行っているのが目につく。これには当代随一の文化人、長屋王の存在が大きかったように思われる。

長屋王といえば、自邸や佐保《さほ》宅（平城京の北、佐保の地にあり作宝楼《さほろう》とも呼ばれた）に貴族官人たちを招き詩宴を催しているが、聖武天皇も元正太上天皇とともに佐保宅に招かれ、詩宴のひとときを過ごしている。『万葉集』（巻八―一六三八）に収める次の歌はそんなおり、聖武天皇が詠んだと伝えられるものである。

あをによし　奈良の山なる黒木もち　つくれる室は　ませどあかぬかも

（奈良山の黒木で作ったこの部屋は、いつまでいても飽きないところである）

黒木造りというから素朴な建物であり、そこでのいわば脱俗的な雰囲気に魅せられたものであろう。じじつこの佐保宅には大きな庭園があり、詩宴に参加した藤原宇合《うまかい》はその光景を、あたかも「仙境」のようであったと『懐風藻』に載せる詩に詠んでいる。長屋王はそうした文人たちのパトロンの役割を果たしたといえるが、聖武天皇もまた王の風流を享受していたことがうかがえる。

信頼関係

しかし、『万葉集』に収める歌（巻六―九四九）の詞書《ことばがき》は、聖武天皇の別の一面を物語る。要約すると次のような内容である。

神亀四年（七二七）正月、数人の王子や諸臣の子らが春日野《かすがの》に集まって打毬《うちまり》を楽しんでいたところ、にわかに雷雨があったが、宮中には侍従も侍衛もいなかった。そこで聖武天皇はかれらを刑罰に処し、授刀寮《じゅとうりょう》に禁足して自由に外に出られないようにした。歌は、禁足を命じられた者が外へ出ることもできず、不平に思って作ったものである。

節度をわきまえず打毬に興じた若者たちに、灸《きゅう》を据えようとした聖武天皇の厳しさが読み取れる。

『日本《にほん》霊異記《りょういき》』(上—第三十二)にも、同年九月のこととして同類の話を伝えている。聖武天皇が大和国添上郡《そえかみ》山村《やまむら》に狩猟したおり、追われた鹿《しか》が里の百姓の家に飛び込んだので、何も知らない家人はその鹿を殺して食べたが、のちにこれを聞いた聖武天皇は怒り、その家人を捕らえて拘禁したというのである。

聖武天皇が激怒したのは天皇として、自分の取り逃がした鹿を庶民が殺したという、君臣の理を越えた行為が許せなかったからである。むろん史実か否かは不詳であるが、ここにも聖武天皇の厳しい一面が垣間見《かいまみ》られよう。しかしこうした聖武天皇の性格は、宮子称号一件で意見を提出した長屋王とも共通するものがあったように、わたくしには思われる。

長屋王については官人に対する勤勉実直の奨励、違反者の厳罰など規律を求めたことから、堅苦しい硬骨漢のイメージが強いが、それも聖武天皇と重なりあうものがあり、そればかりか、二人の間には強い信頼関係があったとみられる。長屋王は聖武天皇より二十五歳年長であるが(王の生年については天武天皇五年〔六七六〕説と同十三年説があるが、本書では五年説に従っておく)、聖武天皇のよき理解者であり、〝父〟あるいは〝兄〟のような存在ではなかったか。それはキサキの光明子にとっても同様で、とくに不比等没後は王の立場と役割が重みを増し、聖武天皇・光明子の二人にとっては、欠くことのできない存在となっていたように思う。

第三章　皇太子の早世

(1)　基王の誕生

待望の皇子誕生

神亀四年（七二七）閏《うるう》九月二十九日、光明子が「太政大臣邸（不比等邸）」で待望の皇子を出産した。阿倍内親王（のちの孝謙天皇）以来九年ぶりの出産で、はじめての皇子であった。名を基王《もとい》（『本朝皇胤紹運録《ほんちょうこういんじょううんろく》』に「諱《いみな》は基王」とある。ただし『帝王編年記《ていおうへんねんき》』には「某親王」とみえ、「基王」は「某王」の誤りではないか、との説もあるが、本書では「基王」とする）といった。光明子が二十七歳のときである。

聖武天皇も不比等の娘を母とするから、この基王は藤原氏の血を濃密に受けて誕生したことになる。聖武天皇はむろんのこと、不比等を七年前に失っていた藤原氏にとっても待ちに待った皇子であった。光明子にとって、皇子出産を期待されていただけに、責任を果たせた喜びと安堵感《あんどかん》は一入《ひとしお》であったろう。

十月五日、七夜の産養《うぶやしな》いには天下に大赦を行うとともに、皇子と同日に生まれた諸国の子どもには布や綿・稲を与えている。また翌六日には親王以下、太政大臣家の資人《しじん》・女孺《にょじゅ》(下級女官)に至るまで物を賜っており、その喜びの大きさをうかがわせる。

この基王が十一月二日、早々と皇太子に立てられている。生後三十三日目の立太子である。『続日本紀』によれば、この日太政官と八省から基王に「玩好物(おもちゃ)」が献上されたといい、これに応えて賜宴が行われているが、そのおり、次のような詔が下されている。

朕、神祇《じんぎ》の祐《たすけ》に頼《よ》りて宗廟《そうびょう》の霊を蒙《こうむ》り、久しく神器を有《たも》ちて新たに皇子を誕《う》めり。立てて皇太子とすべし。百官に布告して、ことごとく知らせ聞かしめよ。

(朕は神祇の助けにより宗廟の霊の加護を蒙って、久しく皇位のしるしである神器を守り、新たに皇子の誕生を得た。この皇子を皇太子に立てることにするので、このことを百官に布告して、すべての者に知らせよ)

一歳未満の立太子は、平安時代に降れば清和《せいわ》天皇(八ヵ月)や冷泉《れいぜい》天皇(二ヵ月)などにみられ珍しくはないが、この時代、生後一ヵ月の皇太子というのは、まったく前例がない。なぜこれほどまでに急がれたのか、だれしも疑問を抱くであろう。

立太子の正当性

このことに関してわたくしが注目したいのは、基王の立太子の当日、「累世の家の嫡子」のうち五位以上のもの、つまり貴族の家の嫡子に対して、特別に絁《あしぎぬ》十疋《じっぴき》を賜与していることである。

立太子の喜びを貴族と分かち合うという、慶祝の意味があったことはいうまでもないが、こうした場合、対象は普通、「五位以上（もしくは五位以下）の者」である。それがここでは五位以上の者の「嫡子」、しかもそれが単なる家の嫡子でなく、「累世の家」の嫡子であるのは、世代を重ねて家を継承する嫡子の立場を重視することで、基王こそ累世の家としての皇室の嫡子たることを表明したものといってよい。したがって、これは単なる慶祝行事というにとどまらず、皇室の嫡子＝皇太子としての正当性を表明した、きわめて政治性の強い措置であったと考えねばならない。

基王の皇位継承者としての地位は、生まれたときから約束されたも同然であった。それは第一に、聖武天皇のときと違ってその立場をおびやかすライバルがいなかったことであり、第二に、皇太子の地位そのものが、聖武天皇の十年間に及ぶ皇太子時代を通じてほぼ固まっていたことである。しかし、現実に皇位継承者の地位が保証されるためには、立太子が先決であった。

生後一ヵ月の立太子はいかにも早いが、聖武天皇の即位から数えればすでに足かけ四年も経っている。その間皇太子が空位であったのは、ひたすら嫡男の誕生を待っていたためである。その嫡男基王が誕生したいま、皇太子位をそのまま放置することは、それまでの時間を無にすることであり、何よりも天武天皇から草壁皇子を経て文武―聖武と継承されてきた皇統の正当性が崩壊しかねなかった。

基王の立太子は早過ぎるどころか、四年越しの、待たれた立太子であり、誕生の時点で予定された行動であったのだ。当然、これを推し進めたのは藤原氏（武智麻呂）側であったと考えるが、聖武（皇室）側にとっても基王の立太子に異論のあろうはずはなかった。それは皇室の藩屛に徹してきた長屋王とて、望むところであったろう。

ただし、先述の宮子の称号一件から知られるように、法律通の長屋王が前例のない幼児の立太子を黙過していたのかどうか、これは疑問である。といって聖武天皇に意見書を提出したとも思えないが、長屋王のそうした心の奥底を聖武天皇も感知しなかったはずはなかろう。だとすれば、後述する長屋王事件の下地は、すでにこのあたりから芽生えつつあったのかもしれない。

生後一ヵ月の皇太子は、こうして誕生した。

基王の死

しかし、基王は翌神亀五年（七二八）九月十三日、誕生日を待たずに亡くなってしまう。『続日本紀』に、「皇太子薨《こう》ず」とあるだけで具体的なことは一切不明である。法令（『養老仮寧《ようろうけにょう》令《りょう》』）では、七歳以下の幼児に対し喪葬礼は行わないことになっていたので、基王の場合、三日間の心喪《しんも》（心の中で喪に服すること）に服したが、京中のすべての官人以下畿内の百姓に至るまで素服《そふく》を着し、諸国の郡司にも挙哀《こあい》（声を発して哀しみをあらわす礼）が命じられている。

那富山墓　聖武天皇皇太子基王の墓。墓標（左下）の丘の上。満１歳の誕生日前に亡くなった

基王の遺骸《いがい》が那富山《なふやま》（奈保山《なほやま》）に葬られたのは、九月十九日のことである。いま奈良市の北、かつてドリームランドがあった小高い丘陵がそれと伝えられる。「天皇、甚《はなは》だ悼《いた》み惜《お》しみたまう」とだけ記すその簡潔な記載に、かえって聖武天皇の悲嘆や光明子の深い悲しみが思われる。

わずか一年で夭折《ようせつ》したことから、基王は生来病弱だったのではないか、といった見方があるが、確かなことはわからない。『続日本紀』によれば八月はじめ、聖武天皇は鷹《たか》の飼養を禁止しており、これが基王の病気に関わる最初の措置とみられている。同月二十一日になると、勅して「皇太子の寝病《みやまい》、日を経れど癒《い》えず。三宝の威力に非《あら》ざるよりは、何ぞ能《よ》く患苦を解き脱《のが》れん」といい、観世音菩薩像《かんぜおんぼさつぞう》百七十七軀《たい》、『観世音経』百七十七巻を造って僧侶《そうりょ》に命じて一日中行道《ぎょうどう》（列を作って読経しながら仏像や仏堂の周りをめぐること）させ、天下に大赦を行うなど、大々的に平癒の祈禱《きとう》を命じている。また二十三日には聖武天皇みずからが東宮に基王を見舞い、使者を派遣して諸陵に奉幣しており、事態の切迫がうかがわれる。この間の光明子の様子は記されておらず、不明であるが、心労は聖武天皇以上のものであったことは想像に余りある。

しかしその祈りもむなしく、基王は短い生涯を閉じてしまう。『続日本紀』には、それから二週間ばかりたった二十九日の夜、長さ二丈ほどの流れ星が赤く光る尾を引き、四つに切れ散じて宮中に堕《お》ちたことを記している。隕石《いんせき》であろう。偶然とはいえ時期が時期だけに、噂《うわさ》が噂を呼んだに違いない。

基王が亡くなって二ヵ月後の十一月三日、聖武天皇は王の冥福《めいふく》を祈るために従四位下智《ち》（珍とも）努《ぬ》王（天武天皇の皇子長《なが》親王の子）を造山房《ぞうさんぼう》長官に任じて山房の造営を命じ、二十八日にはその山房に智行僧《ちぎょうそう》（智恵・徳行にすぐれた僧）九人を住まわせている。通説では、この山房が東大寺の前身、金鐘寺《こんしゅじ》のことといわれている。この金鐘寺については、のちに改めて詳述したい。

また十二月二十八日には、『金光明経《こんこうみょうきょう》』六十四帙《ちつ》六百四十巻を諸国に頒布している。国ごとに十巻を割り当て、「国家をして平安ならしめんが為」に転読を命じている。『大般若経《だいはんにゃきょう》』『仁王経《にんのうきょう》』などとともに、鎮護国家の代表的な経典として珍重された『金光明経』を転読させることで、幼くして逝った基王の菩提《ぼだい》を弔い、聖武天皇と国家の安泰を祈念したのである。

光明子の写経

じつはこの間、光明子が『大般若経』を書写していたことが知られている。『大日本古文書《だいにほんこもんじょ》』（一巻）に収める「写経料紙帳」（写経所の帳簿）を分析した栄原永遠男《さかえはらとわお》氏によれば、光明子による写経は二度にわたるという[1]。一度目は、神亀四年（七二七）三月ころから『大般若経』一部六百巻の写経事業が始められ（完成は神亀五年三月か）、二度目が開始されたのは翌五年九月末ごろであった。繰り返すまでもなく、基王が亡くなったのは、この一度目と二度目の間、神亀五年九月である。

してみれば二度の写経が、いずれも基王に関わってのものであったことは明白である。すなわち一度目の神亀四年三月は基王誕生（閏九月）の七ヵ月前で、懐妊の徴候が表れはじめた時期である。一方、二度目の神亀五年九月末といえば、基王が没した直後のことである。

光明子は男子（皇子）の無事出産を祈願して写経（一度目）を始め、その途中に祈願通り基王が誕生したのである。ところがその基王が翌年に亡くなったので、今度は基王の菩提を弔うために写経（二度目）を始めたということであった。

当時、『大般若経』には鎮護国家や除災招福などの効果があるとされ、それを期待して書写されることが多かったというが、栄原氏が指摘するように、男子出産の祈願も、基王の往生祈願も私的なものではなく、国家的な意味合いをもつものであり、そのために『大般若経』の書写が発願されたことの意義はきわめて重要であったといえよう。

ちなみに、この写経事業を実際に担当したのは光明子家の写経組織であるが、『大般若経』以外にも唯識論《ゆいしきろん》、法花経論、『観世音経』、『阿弥陀経《あみだきょう》』など多種にわたって写経を行っていることが知られる。このうち、もっとも長期間にわたって行われたのがこの『大般若経』の写経であったというが、その理由は以上に述べた通りである。

光明子家の私的機関である写経組織は、光明子の立后後、皇后宮職に引き継がれ、ついで造《ぞう》東大寺司《とうだいじし》の下に置かれて大規模な写経事業を展開することになるが、そのことについてはのちに改めてふれることにしたい。

安積親王の誕生

基王を失った光明子が、哀《かな》しみにうちひしがれていたその前後、聖武天皇のもう一人の夫人県犬養広刀自が皇子を出産した。安積《あさか》親王である。生まれた時期は明確でないが、十七歳で急逝したその没年（天平十六年〔七四四〕）から逆算すると、神亀五年（七二八）に生まれたことになる。すなわち、基王の死と入れ代わるように生まれた、というのがこんにちの大方の見方となっている。

考えてみれば、広刀自にも皇子が生まれることは当然予想されたところであり、先述したような役割分担からいえば、そのこと自体が脅威となる筋合いのものではなかった。しかしそれは、あくまでも基王（光明子腹）の存在を前提としたもので、その死はそうした前提を崩しかねなかった。不比等亡きあとの藤原氏（＝武智麻呂）にとって、基王はまさに掌中の玉だったからである。

むろん、光明子や広刀自だけが聖武天皇のキサキだったわけではない。前述したように、武智麻呂の娘（南夫人《みなみのぶにん》と呼ばれた、名は不詳）、同じく房前の娘（北夫人《きたの》と呼ばれた、名は不詳）、それに橘佐為の娘広岡古那可智《ひろおかのこなかち》の三人が、のちに夫人として入内している（一二六頁系図）。それ以外にも聖武天皇には、女性関係が少なくなかったことが『万葉集』に収める歌のやり取りなどから知られる。しかし、聖武天皇との間に子女が生まれたという記録は見当たらず、基王没後はこの安積親王が聖武天皇の唯一の皇子となっている。そうした状況のなかで、不比等の嫡男武智麻呂は、しだいに焦りと危機感を募らせていった。

（2）長屋王事件

顚末

長屋王の悲劇は、突然に起こった。神亀六年（七二九）二月十二日、聖武天皇から死を賜り、自死した。みずから首をくくったのである。

発端は二日前の十日、左京の人従七位下漆部造《ぬりべのみやつこ》君足《きみたり》と無位中臣宮処連《なかとみのみやこのむらじ》東人《あずまひと》が、時の左大臣長屋王がひそかに「左道《さどう》（邪道）」を学び、国家を傾けようとしていると密告したことにある。その夜ただちに鈴鹿関《すずかのせき》など三関が閉鎖（固関《こげん》）される一方、式部卿藤原宇合をはじめ衛《え》門佐《もんのすけ》・左右衛士佐らが六衛府の兵を率いて長屋王の邸宅を包囲した。翌十一日、知太政官事舎人親王・知五衛及授刀舎人事新田部親王・大納言多治比池守《たじひのいけもり》・中納言武智麻呂らが長屋王邸に赴き、長屋王を窮問、翌日長屋王は弁明の機会を与えられることなく自害させられたのである。妻の吉備内親王と男子四人もその日、長屋王のあとを追って自死している。

法令では謀反の罪の場合、自邸で自害することは許されなかったが、長屋王に対する恩情と配慮から、特例としてこれを認めたのであろう。長屋王と吉備内親王の屍《しかばね》は翌十三日、生駒《いこま》山《やま》に葬られた。ただし勅により吉備内親王に罪はないとして、その葬儀は鼓を鳴らすのを除いて令の規則通りに行うことが許され、長屋王についても見苦しい葬礼にしないように命じている。罪に処しつつも、聖武天皇が最大限の配慮をしているのは、元正や光明子の心中を慮《おもんぱか》ってのことであったのかもしれない。

　ところが十五日になって一転、聖武天皇は勅を下し、長屋王を激しく罵《ののし》っている。長屋王は残忍邪悪な人物であったが、ついに道を誤って馬脚を露《あら》わした。悪の限りを尽くしたので、ついに法の網にかかってしまったのだ、というのである。葬礼に示された配慮とは打って変わった厳しさに驚かされる。常軌を逸したといってもいいほどの強い語気は、長屋王に対する聖武天皇の怒りの凄《すさ》まじさを示している。

（上）長屋王墓　弁明の機会を与えられないまま自害させられた。奈良県生駒郡平群町
（下）吉備内親王墓　長屋王墓の奥、王に寄り添うように眠っている

　この間逮捕者は九十余人もの多きにのぼったが、十七日に至り、上毛野宿奈麻呂《かみつけののすくなまろ》ら七人が王との交友関係で流罪に処されたほかは、すべてが釈放され、翌十八日には長屋王の兄弟姉妹、子孫や妾《しょう》らも全員赦《ゆる》されている。二十一日には先の密告者二人に破格の恩賞が施

され、二十六日には長屋王一族の存命者に対して、従来通りの禄を支給するとの措置が発表された。

以上が『続日本紀』に記す長屋王事件の顚末《てんまつ》である。密告から長屋王の自害までわずか三日間、事後処理までを数えても二週間という手早い処置であった。なお王の妻の一人、不比等の娘長娥子《ながこ》とその子どもらは罪に問われていない。また両親とともに自害した桑田王の曽孫、峯緒王《みねおおう》はのちに臣籍降下して（承和《じょうわ》十年〔八四三〕）高階真人《たかしなのまひと》の姓を賜っている。

公然の秘密

それにしてもこの事件を、太上天皇の元正はどのような思いで受け止めていたのであろうか。夫長屋王のあとを追って自害した吉備内親王は、元正の同母妹（母は故元明天皇）であった。光明子にしても、罪に問われなかったとはいえ長娥子は異母妹である。そのことを考えさせる史料は何ひとつ存在せず、推測するしかないが、その心痛を察するに余りある。

むろん世間では、長屋王一族の自害は驚きであり、そこまで追い詰めなくてもいいのではないか、といった疑念が抱かれていたようだ。『万葉集』に収められた次の歌二首からも、そうした雰囲気がうかがわれる。

神亀六年己巳《つちのとみ》、左大臣長屋王に死を賜ひし後、倉橋部女王《くらはしべのおおきみ》の作る歌一首

大君の　命恐《みことかしこ》み　大殯《おおあらき》の　時にはあらねど　雲がくります（巻三—四四一）
（長屋王はまだお亡くなりになるような年齢ではないのに、天皇のお言葉によってお亡くなりになってしまった）

膳部王《かしわでべのおおきみ》を悲傷《かなし》ぶる歌一首
世間《よのなか》は　空《むな》しきものとあらむとそ　この照る月は　満ち闕《か》けしける（巻三—四四二）
（世の中ははかないものである。その証拠に照っている月も満ちては欠け、それを繰り返している）

後者の膳部（膳夫とも）王は、母の吉備内親王とともに後追い自殺した長屋王の長子であり、長屋王一家への同情といったものが込められていたことが知られよう。

事件の真相の解明は容易でないが、その後の手早い処置に驚かされる。聖武天皇をも巻き込んだ疑獄事件とみて、まず間違いないであろう。

話はそれから九年のちのことになるが、天平十年（七三八）七月、もと長屋王に仕えていた左兵庫少属大伴子虫《さひょうごのしょうさかんおおとものこむし》と、右兵庫頭《うひょうごのかみ》中臣宮処東人とが囲碁をしている間に、話題が長屋王に及んで口論となり、子虫が東人を斬《き》り殺すという事件が起こった。そのことを記す『続日本紀』は、東人を「長屋王の事を誣告《ぶこく》せし人（事実を偽って訴えた人）なり」と記している。この記事を、長屋王の鎮魂を願った藤原氏による偽作とみる人もいるが、そこまで疑うことはないであろう。むしろ『続日本紀』の編者たちは、この事件を奇貨として事の真相を漏らし、長屋王の復権を図ったとみられる。

『続日本紀』が編纂された時代、長屋王が無実の罪を着せられたことは、公然の秘密であった。

長屋王は忍戻昏凶

それにしても、長屋王はなぜ自害に追い込まれたのか。

理解の鍵《かぎ》は、王が自尽して三日後に下された聖武天皇の勅にある。先にも少し述べたが、改めて『続日本紀』（二月十五日条）を引用すると、そのなかで長屋王を次のように指弾している。

左大臣正二位長屋王、忍戻昏凶《じんれいこんきょう》、途《みち》に触れてすなわち著《あらわ》る。悪《いつわり》を尽くして姧《かん》を窮《きわ》め、頓《にわか》に疏《あら》き網に陥《おちい》れり。

（長屋王は残忍で道理に暗く、ついにその凶暴な性格がこのように表れた。しかも王は悪事にはまり、悪の限りを尽くしたので、もともとはゆるやかにしてある法律の網にさえかかってしまったのだ）

身震いするほどの強い語気に、改めて驚かされる。あれほど信任していた長屋王との間に、いったい何があったのか。何がこれほどまでに聖武天皇を激怒させたのか。

皇太子基王の夭死《ようし》以外には考えられない。

基王の死で悲しみに沈んでいるとき、長屋王の写経が、じつは基王を厭魅《えんみ》（呪詛《じゅそ》）するためであったと告げ口をされたら、聖武天皇ならずとも憎しみが噴き出したであろう。

「神亀経」の意味

長屋王が神亀五年（七二八）九月二十三日に終えたという『大般若経』六百巻の写経が、その口実を与えることになったのである。

「神亀経」と通称される願経がそれで、同年五月十五日、長屋王がみずからを「仏弟子」とし、発願主となって王の父母（高市皇子と御名部皇女《みなべ》）の追善と聖武天皇の延命、および歴代天皇の冥福を祈って書写したものであった。御名部皇女が亡くなった年は不明であるが、高市皇子は持統天皇十年（六九六）七月に亡くなっているから没後三十二年、いわゆる三十三回忌供養として発願された可能性が高いと思われる。

写経そのものは、むろん、ごくありふれた行為であるが、どうやらその奥跋《おくばつ》（奥書）が当時の常識に背くものであったようだ。

すなわち奥跋で、王は父母の霊を「登仙《とうせん》二尊の神霊」といい、「登仙の者は浄国に生まれ、

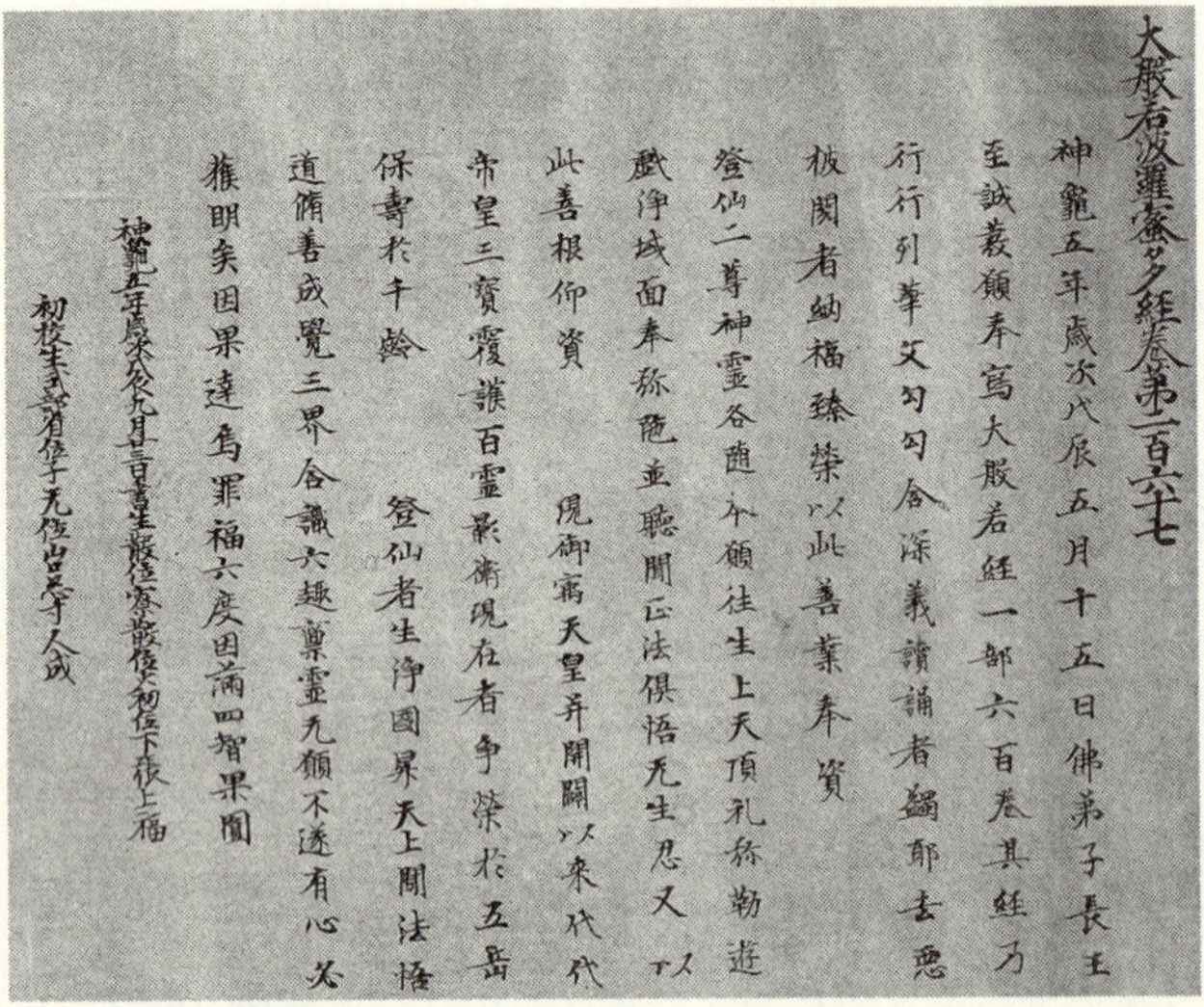
大般若波羅蜜多経巻第二百六十七
神亀五年歳次戊辰五月十五日佛弟子長王
至誠発願奉写大般若経一部六百巻其経乃
行行列華文勾勾含深義読誦者蠲邪去悪
披閲者納福臻栄以此善業奉資
登仙二尊神霊各随本願往生上天頂礼弥勒遊
戯浄域面奉弥陀並聴聞正法倶悟无生忍又以
此善根仰資　現御寓天皇并開闢以来代代
帝皇三宝覆護百霊影衛現在者争栄於五岳
保寿於千齢　登仙者生浄国昇天上聞法悟
道脩善成覚三界含識六趣稟霊无願不遂有心必
獲明矣因果達焉罪福六度因満四智果圓
神亀五年歳次戊辰九月廿三日書生散位寮散位大初位下張上福
初校生式部省位子无位山口忌寸人成

「神亀経」（奥跋）（根津美術館蔵）

天上に昇り、法悟の道を聞き云々《うんぬん》」とも記している。父母は神仙となって昇天し浄土に行ったので、その供養のために写経をするというのであるが、これは呪《じゅ》術《じゅつ》的要素の強い思想で、決して常識的なことではないといわれている。[2] それに、現に在位している天皇（聖武）の延命長寿を願っての写経というのも例が少なく、呪術的な願意が込められたものという。

　こうしたことから判断すると、「神亀経」の跋文《ばつぶん》には、儒教や仏教の教えとは本質を異にする神仙（道教《どうきょう》）思想が顕著であったことは確かである。しかもそこに記された、「（これを）読誦《どくしょう》する者は、耶（邪）を蠲（除）き悪を去る。披閲《ひえつ》する者は、福を納め栄を臻（致）す」という文言も、尋常ではない。当時は、写経という行為そのものに功徳があり、その功徳を期待して写経がなされるというのが一般的だったからである。書写し終えた経（『大般若経』）を読誦し披閲することで邪悪を消除し、福栄をもたらすというのは、道教に通じる思想であろう。長屋王はこれ以前にも、故文武天皇の菩提を弔うために『大般若経』を書写しているが（和銅五年〔七一二〕のこと。これは「和銅経」と呼ばれる）、そのような表現はみられない。その間、仏教思想に対する長屋王の考え方に、明らかに変化が生じたとみなければならない。

王の思想を変化させたものは、いったい何であったのか。

きっかけは神亀元年二月、聖武天皇の即位にともない、長屋王が左大臣に任命され首班の座についたことにあったのではないか、とわたくしは考える。

新川《しんかわ》登《と》亀《き》男《お》氏は、「神亀経」に託された長屋王の世界観は、高市皇子とその妃（御名部皇女）を神霊（最高神）とみて、その神霊が草壁皇統の秩序を護《まも》り導くというものであったと指摘している[3]。すなわち草壁皇統は、この神霊に守護されてはじめて存在すると考えられたといい、氏の意見に従えば、当然のことながら草壁皇統を継承した聖武天皇もまたこの神霊の秩序、現実に即していえば長屋王によって護られるということになろう。

そうだとすれば、亡き元明女帝から「皇室の藩屏」たることを求められ、その地位と立場を与えられた長屋王が、聖武天皇の即位によって首班の座に据えられたことで、（王の両親を含めて）長屋王一家の役割をよりいっそう強く自覚したとしても不思議はない。「皇室の藩屏」として、自身の血脈こそが草壁皇統の継承と聖武天皇の安寧を守護する立場だという自覚である。「神亀経」は、王がそうした思いを全身全霊傾けて書写したものと考える。王に邪心があったとは、思えない。

だが、「神亀経」には長屋王が異端視される要素が十分にあった。しかも「皇室の藩屏」たることを自負する王の考え方そのものが、不遜《ふそん》との誤解を与えかねない思想であったことも確かである。

長屋王と道慈

時期も悪かった。写経を開始した五月といえば、基王の体調に変化が生じはじめた時期であり、完成した九月二十三日は、基王が亡くなって十日後のことである。一方で、そのころ光明子もまた基王の菩提を弔うために、それも国家的事業として『大般若経』の書写を始めている（前述）。長屋王の『大般若経』書写もまた歴代天皇の冥福を祈るという公的意味をもっていたならば、その写経が光明子に対抗する行為と誤解されなくもない。しかもそこに不穏とも取れる言葉があったとすれば、それが長屋王の「左道」としてクローズアップされる可能性は十二分にあった。

じつは長屋王の写経に関して気になる人物がいる。

「神亀経」の奥跋に検校《けんぎょう》の一人として署名している道慈《どうじ》である。養老二年（七一八）に唐から

道慈律師像（奈良国立博物館蔵。画像提供・奈良国立博物館、撮影・森村欣司）

帰国した留学僧（七〇二年に入唐）で、唐の宮廷でも『仁王般若経』を講ずべき義学《ぎがく》の高僧百人に選ばれたと伝えるほどの名声を得た人物であった。奥跋に「藤原寺道慈」とあるから、この時期藤原寺に止住していたものとみられる。藤原寺については、その寺名から判断して藤原氏ゆかりの寺院であったことは確かだが、それ以外は明らかでない。

わたくしが道慈に留意するのは、道慈と長屋王とは仏教に対する姿勢や宗教的理解が異なっており、写経事業へ協力していることに違和感を覚えるからである。

根本誠二《ねもとせいじ》氏[4]によれば、仏典を重視し僧侶の存在を副次的としかみない長屋王に対して、道慈は仏教の功徳を引き出すのは僧尼であり、僧尼の存在を第一とみるもので、両者の宗教的立場は大きく隔たっているという。そうした長屋王が立場の違う道慈をあえて写経の協力者として要請したのは、写経が長屋王の父母の冥福を祈るという私的目的だけでなく、歴代天皇や聖武天皇の宝算《ほうさん》を祈念するという公的要素をもっていたからと考える。そこで王は、藤原氏に縁のある道慈を選んだものと思われる。

しかしそのことが、道慈にいっそう強い反発心を抱かせることになったのではなかろうか。『懐風藻』（五言）に収める道慈の詩が、長屋王に対する姿勢を表しているからである。すなわち、長屋王宅での初春の詩宴に招待を受けた道慈が、自分には詩才がないうえに、僧侶の身のほどを忘れて「嘉会《かかい》」（めでたい風流な会）に参加したならば、修行の道を踏み外してしまうことになるといって、辞退を述べあげている。詩才がないというのは、むろん口実である。井上《いのうえ》薫《かおる》氏によれば、この詩宴は神亀二年（七二五）以後、天平元年（七二九）正月二十四日（すなわち写経を終えた翌年）までの間に開かれたものという(5)。もしこれが天平元年前後のこととすれば、写経を終えた道慈が道教思想に傾斜する長屋王の姿勢に愛想を尽かし、出席を拒否したともみられよう。いわば絶縁状を突きつけたということであるが、むろん断定はできない。

いずれにせよ、長屋王の思想や立場が、道慈を通して藤原氏に漏らされたことは十分に考えられる。武智麻呂の耳に入り、それが曲解されて聖武天皇に伝えられたとしたら、長屋王を断罪するのにこれ以上の材料はなかったろう。

不比等没後、元明が進めた長屋王を中心とする皇親体制によって、藤原氏（＝武智麻呂）の勢力は退勢にあった。武智麻呂にとってそれを挽回《ばんかい》するには、皇親体制を打破する以外に道はなかった。長屋王事件は、そのために武智麻呂によってデッチ上げられたものである。

ちなみに道慈は天平元年十月、律師に任じられている。そして同九年十月以降、すなわち武智麻呂以下藤原四子が没した直後に律師を辞任しており、そうしたことから道慈と藤原氏とは、井上氏が推測するように特別な関係があったとみて、まず間違いないと思われる。

長屋王が無実であったことを、むろん当時、聖武天皇は知るよしもなかった。それに長屋王の立場、とくに吉備内親王との間に生まれた王子たちの存在が、皇位継承資格という点で危険視される要素は十分にあった。そんな長屋王が基王を呪詛したと耳打ちされたとしたら、聖武天皇ならずとも怒りや憎しみが沸き上がったのも無理はない。王が無実であることを知らなかった元正太上天皇や光明子とても、王に対して激しい憎悪を抱いたのは当然であろう。

（3）光明子の立后

武智麻呂政権の成立

長屋王が自害をして三週間ほどのち、神亀六年（七二九）三月四日、光明子の兄の武智麻呂は中納言から大納言へと昇進している。事件後の人事異動はこの一件だけであり、それが特別人事であったこと、しかも事件の中心人物が武智麻呂であったことを物語っている。このとき廟堂には知太政官事の舎人親王と大納言の多治比池守がいたが、ともに老齢の身であったから、

武智麻呂政権（天平６年の廟堂）

官職	位階	名前
知太政官事	一品	舎人親王
右大臣	従二位	藤原武智麻呂
中納言	正三位	多治比県守
参議	正三位	藤原房前
参議	正三位	藤原宇合
参議	従三位	藤原麻呂
参議	従三位	鈴鹿王
参議	従三位	葛城王
参議	正四位下	大伴道足
非参議	従三位	藤原弟貞

この結果武智麻呂が事実上政界の首班となった。

事件の二ヵ月後の四月三日、役人たちがそれまで朝堂では舎人親王に対して下座の礼をとっていたのを廃止している。これも皇親勢力の弱体化を図ったものとみられよう。すべて武智麻呂の思惑通りに事が運んだことになる。

長屋王事件に関連してひと言付け加えておくと、房前が事件に関わった形跡はまったくない。武智麻呂の指示によるもので、武智麻呂は長屋王と親しい関係にあった房前を、意図的にはずしたのであった[6]。

五年後の天平六年（七三四）正月、武智麻呂は従二位となり、父不比等と同じ右大臣に就任した。その結果、武智麻呂は名実ともにポスト不比等の座についたのである。いわゆる武智麻呂政権の誕生である。

即位から六年

長屋王事件から半年後の神亀六年（七二九）八月五日、背中に「天王貴平知百年」と読める文様の亀《かめ》が現れたというので、天平元年と改元された。それから五日後の八月十日、夫人の立場にあった光明子が皇后に立てられている。光明子は霊亀二年（七一六）、皇太子時代の聖武

（首皇子）の妃として入内し、神亀元年二月、聖武天皇の即位とともに夫人になったから、立后までに足かけ六年が経ったことになる。立后が当初、予定されたものでなかったということである。しかも皇后は皇族（内親王）でなければならないという原則を無視して実現したものであった。

こうしたことから長屋王事件は、王が光明子の立后に反対するであろうことを予想して、前もって自害させたものと理解されることが多い。むろん長屋王がいなくなったことで、立后がスムーズに実現できたことは事実であろう。王が原則論を唱え、聖武天皇に意見書を提出することは、宮子の称号問題に照らしても明らかだからである。王が左大臣として首班の座にいれば、立后の実現にはもう少し時間がかかったかもしれない。しかし、だから事前に王を抹殺したなどということはありえない。前述した通り、王の抹殺は武智麻呂の覇権のために実行されたのであった。

立后の宣命

光明子が皇后となって二週間後の八月二十四日、聖武天皇は五位以上の官人および諸司の長官を内裏に召し入れ、宣命を伝えさせている。『続日本紀』に収める宣命の趣旨は、次の五点に要約することができる。

①藤原夫人（光明子）は、皇位継承者とされていた皇太子の母であることから、皇后に定める。
②皇后を定めるのは、政治は天皇と皇后が並存して行うのが望ましいからである。
③即位後、六年もの間皇后を定めなかったのは、慎重に立后の人選をしてきたからである。
④藤原夫人については、元明太上天皇の格別の言葉――夫人の父不比等の功績を忘れてはいけない。夫人に過失がなければ軽んじてはいけない――があり、それに従って皇后と定めることにした。
⑤臣下の娘を立后するのは仁徳《にんとく》天皇時代に前例があり、新儀ではない。

従来この宣命については、いずれも立后の理由として妥当性がないとみて、ほとんど関心がもたれることはなかった。なかでも④については、不比等が貢献したからといって、娘（光明子）が立后できる性質のものではなく、また⑤に至ってはまったく信じがたいという。ちなみに⑤にいう臣下の娘とは伊波乃比売《いわのひめ》（磐之媛命《いわのひめのみこと》、石之日売命《いわのひめのみこと》とも。葛城曽豆比古《かつらぎのそつひこ》の娘）のことで、仁徳の皇后となり履中《りちゅう》・反正《はんぜい》・允恭《いんぎょう》の三天皇を生んだと伝えられているが、当時皇后という立場が存在してはおらず、こじつけもはなはだしいとして、この宣命そのものが軽視されてきたのである。

しかし、果たしてそうか。

しりえの政事

わたくしは立后の理由として、とくに①は重要であると考える。というのは、わが国では古来、皇太子の生母は皇后とする観念なり慣習があり、したがって光明子が皇太子基王の生母である（あった）という事実は、立后を実現しうる唯一の根拠だったといってよいからである。それしか臣下の娘＝非皇族である光明子の弱点を克服できる原理はなかった。①が宣命の冒頭に記された理由である。

また②も立后するうえでは重要な要素である。宣命のなかで聖武天皇が、「天下の政におきて、独《ひとり》知るべき物に有らず。必ずもしりえの政有るべし。此は事立《ことだ》つに有らず。天に日月在る如《ごと》、地に山川在る如、並び坐して有るべし」（天下の政にあっては、一人で対処すべきではなく、必ず背後の政、内助の働きがあるべきものなのだ。これは特別なことではない。天に日月があり地に山川があるように、天皇と皇后が並びましてあるべきだ）と述べた言葉であるが、これに関連して想起されるのが、天武天皇の皇后鸕野讃良《うののさらら》皇女である。鸕野について『日本書紀《にほんしょき》』（持統天皇称制前紀《しょうせい》）には、「（天武）二年、立ちて皇后となる。皇后、始めより今にいたるまで、天皇を佐《たす》けて天下を定めたまう。つねに侍執《じしつ》のさいに、すなわち言《のたま》うこと、政事《まつりごと》に及び、毘補《ひほ》したまう所多し」（皇后は最初から最後まで、天皇を補佐して天下を治めてこられた。執務のさいにはつねに政事に助言し、天皇を補佐するところが多かった）と記している。

天武・持統天皇陵（檜隈大内陵）　天皇陵としては珍しい夫婦合葬。奈良県高市郡明日香村

危篤の天智天皇から後事を託された大海人皇子（時に皇太弟）が、身の危険を察知し出家して吉野に去って以来、大海人皇子に従った鸕野（のちの持統女帝）は終始天武天皇を補佐し、政治的にきわめて重い立場にあった。天武天皇に対して政治的言動を取ることも、少なくなかったようである。また体調を崩し死期の近いことを悟った天武天皇が、天武天皇十五年（六八六）七月、群臣たちに、「天下のこと、大小を問わず、悉《ことごと》く皇后と皇太子（草壁皇子）に啓《もう》せ」と命じて、鸕野に政務の全権を委ねたのも、いわば二人三脚で天武朝を切り開いてきたからである。天武天皇が亡くなったあと、鸕野がただちに称制、すなわち即位せずに政務を執ることができたのも、この天武天皇の〝遺詔〟によって天皇の代行権を得ていたからである。

天武天皇の曽孫にあたる聖武天皇は、早くに父文武天皇を失っていたことから、天皇の亀鑑《きかん》として敬仰したのは天武天皇であった。そうしたことから、ことあるごとに天武天皇を追慕する行動をとっている。聖武天皇が即位後、はじめて行幸したのが芳野（吉野）であったのもそれである（四九頁）。天武天皇への深遠な思いを抱いていたことを示している。それは光明子にとっても同様で、聖武天皇にとって天武天皇が規範であるなら、鸕野は光明子の〝鑑《かがみ》〟であった。鸕野に対する敬仰には、これからの光明子を理解するうえで重要な鍵が存している。そのことは、おいおい述べていくことにしたい。

ともあれ、光明子の立后にさいして聖武天皇の脳裏に、天武（天皇）と持統（皇后）の姿が重ねられていたことは間違いないと考える。それが、「しりえの政事」として①に続いて記された理由であるが、そのきっかけとなったのが長屋王の自害であったと、わたくしはみている。

踏襲

これまで述べてきたように、不比等没後、元明・元正の二代にわたり、長屋王を首班に据えた皇親体制の強化が図られてきた。聖武天皇の即位にさいしても長屋王一家に対して厚遇が与えられるなど、万全の体制でスタートしたのであった。その長屋王がいなくなったことで皇親勢力が抑えられただけでなく、藤原一門においても武智麻呂が上位に立って専権化を強めつつあった。光明子の立后は長屋王の役割を光明子に求めたものであり、この武智麻呂勢力に対抗する手段として、聖武天皇が構想したものと考える（後述）。

なお立后を宣布する、いわゆる立后の宣命は九世紀はじめ、嵯峨《さが》天皇の皇后に立てられた橘《たちばなの》嘉智子《かちこ》から始まるが、『日本後紀』に収める宣命には「食国《おすくに》天下の政は、独り知るべき物には有らず。必ずしりえの政有るべしと、古《いにしえ》より行来《おこな》える事は」との文言がみえる（弘仁《こうにん》六年

〔八一五〕七月十三日条）。いうまでもなく光明子立后のさいに聖武天皇が下した宣命にならって作成されたもので、以後、平安時代を通して立后の宣命には必ず「しりえの政（事）云々」という文言を引用することが慣例となっていく。その意味でも光明子の立后は、きわめて重要であったといえよう。

宣命の妥当性

光明子立后の宣命の妥当性に話を戻す。

④に対して、不比等の功績と立后とが何の関係をもつかという意見が出されていることである。しかしこれは、その後の不比等の扱いを考えれば十分に納得がいく。

前述したように、藤原氏ゆかりの興福寺北円堂は、元明と元正が故不比等のために「造興福寺仏殿司」を設置し、国家事業として右大臣長屋王に命じて造営させたものである。このことは、皇族でない不比等が皇族に準じた扱いを受けたことにほかならない。事実、その葬儀においても、養民司《ようみんし》（陵墓造営の役夫を統括する役所）・造器司《ぞうきし》（葬儀に使う物を造る役所）など本来なら天皇や皇后の葬儀に関わる役所が設けられており、不比等の立場の重さが示されている。

したがって、立后を実現するうえで不比等を持ち出すことは無意味どころか、貴族官人たちの理解を得るのに、これ以上有効な手段はなかったというべきである。しかもそれを元明の仰せであると表明することで、不比等の役割が裏打ちされている。

このようにみてくると、光明子の立后は非合法ではあるが、過去の慣例や慣習を踏まえてなされたものであり、まったくの横紙破りでもなかったことが知られる。この宣命に続いて勅が下され、立后についてこのように詳細に聞かせるのは「常の事」(尋常)ではないが、汝《なんじ》らを親しむからであり、何もせずにはいくまいと述べ、「大御物《おおみもの》」(天皇の物)を舎人・新田部の両親王以下に賜っている。そこに聖武天皇の建前と本音がうかがえる。

くどいようであるが、光明子の立后を進めたのは聖武天皇その人であった。藤原氏＝武智麻呂が強く推し進めたように理解されがちであるが、そうではない。長屋王が命を絶ったことで皇親体制が崩れ、聖武天皇は親政強化を図るために光明子の立后を実現したのである。聖武天皇は、天武天皇と持統による専制政治を想い描いており、光明子に、曽祖母持統の姿を重ねていたのである。

無形の圧力

むろん、武智麻呂(＝藤原氏)としても、光明子の立后に異論があったわけではない。基王の夭折と相前後して藤原氏以外の腹から生まれた安積親王は、不比等亡きあとの藤原氏にとって、最大の不安材料となっていた。このまま推移すれば、安積の皇位継承の動きが出るに違いない。光明子の立后は、のちに述べるように、それを阻止するための唯一の措置であったから、願ってもないことであった。

ただ、わたくしが留意するのは、聖武天皇の宣命には単に立后に対する弁明的要素だけでなく、藤原氏に向けて強力なメッセージが込められていることである。

改めて述べるまでもなく、宣命から感取されるのは民間人を立后したことの釈明である。そのために立后の根拠（①〜④）が示されているが、そのなかで④において元明の言葉が引用されているのは、格別の意味があったとしか思えない。

すなわち元明の言葉は、不比等は大きな功績があるから光明子を軽んじてはいけないというもので、それに従って立后を実現したとする。裏を返せば、その元明の言葉がなければ立后は困難であったということを、言外に匂《にお》わせている。この④は、表面上は立后の弁明であるが、内実は藤原氏に向けて出されたメッセージであったといってよい。それはまた、立后に対する主導権が聖武天皇の手中にあることの表明でもあった。

繰り返していうと、長屋王がいなくなり、元明・元正が築き上げてきた皇親体制はほとんど瓦解《がかい》し、武智麻呂が専権化を強めていた。④は、聖武天皇がそうした武智麻呂（＝藤原氏）にかけた無形の圧力であったと考える。

それにしても、宣命にみえる聖武天皇の高圧的な態度には、驚かされよう。元明は聖武天皇に、光明子について、「女と云わば等しみや我がかく云う（女といえばみな同じであるからこのように——光明子を妃とせよと——いうのではない）」、「過ち無く罪無く有らば、捨てますな、忘れますな（過ちがなく罪がないのであれば、光明子を捨てなさいますな、忘れなさいますな）」と述べたといい、その仰せに従って聖武天皇は、「かにかくに年の六年を試み賜い使い賜いて、此の皇后の位を授け賜う（ともかくも六年の間試みに使ってみて、過ちも罪もなかったので皇后の位を授けることにした）」というのである。

聖武天皇は母も妻も藤原氏であることから、一般に藤原氏に遠慮した気の弱い天皇と考えられることが多い。しかし、ここにはそのような気配は微塵《みじん》もない。聖武天皇の抱いた強固な皇統意識が露呈されている。むろん光明子は、そうした聖武天皇の性格をだれよりもいちばん理解していたはずである。

光明子は女帝になれたか？

先に光明子の立后に込められた政治的意図のうち、安積親王対策がその最たるものであったことを述べた。立后の時点で安積親王は二歳の誕生日を迎えようとしていたが、そうした状況の下で、立后がなぜ有効な措置であったのか。

光明子の立后の意図については、将来光明子を女帝に立てるための措置だったとする理解が出され、これがいまでも支持されているが、それは違う。(7)

この理解の根拠は、推古（敏達皇后）や皇極＝斉明（舒明《じょめい》皇后）、あるいは持統（天武皇后）など、女帝がいずれも先帝の皇后であったことから、光明子の場合もその原理を逆用し、皇后としておくことで、将来に備えたものであり、いわば〝控え女帝〟にしたという見方である。

藤原氏は場合によっては、聖武天皇のあとに光明女帝の即位を考えていたというのである。

しかしわが国の場合、男女を問わず皇族でない者が即位した事例はない。あくまでも皇族天皇が原則であり、藤原氏出身の光明子が即位できる可能性はなかったし、なろうとした形跡もまったくない。光明子の立后は別のところに意図があったとみるべきである。それは、立太子のための条件づくりであった。

これ以前から日本の場合、皇太子の生母は皇后とする観念なり慣習があった。逆にいえば母が皇后の場合、その皇子の立太子は他腹の皇子に比して決定的に有利であった。光明子の立后も、年齢からいって、なお今後に出生が期待される皇子の立太子を実現可能にするための措置であったとみる。(8)

光明子はまだ二十九歳であり、将来皇子が生まれる可能性は十分あった。そのとき安積を抑え、所生皇子の立太子を確実なものとするには、光明子を皇后にしておくことが絶対に必要であり、立后以外に道はなかったのである。亡き皇太子基王の一周忌を迎えるいまこそ、その機会であった。光明子立后がこの時期に実現された理由である。

原則を破っての立后が、聖武天皇はむろんのこと、光明子にとっても重い意味をもつものであった。しかも、光明子には〝持統〟女帝の役割も期待されたのであった。

こうして以後、光明子の皇子出産がひたすら待たれることになる。

なお光明子が立后した翌月（九月）、皇后宮職がはじめて設置され、大夫（長官）には従四位下小野牛養《おののうしかい》が任命されている。これ以前、法令（大宝令・養老令）では天皇の母、皇太夫人（宮子）やキサキ、夫人（県犬養広刀自など）には中宮職《ちゅうぐうしき》（中務省《なかつかさしょう》の被官）が設けられていた。皇后宮職はそれとは別個に、皇后となった光明子のために新設されたものである。この皇后宮職が政治的にも活躍する様子については、のちに詳しく述べることにしたい。

二人見ませば

一般に聖武天皇は、藤原氏に遠慮した気の弱い天皇と考えられているが、決してそうではない。先の立后の宣命にみえる言葉は高圧的であり、光明子を臣下の娘と見下す冷徹な感情さえ滲《にじ》み出ている。

ただしこれは、あくまでも藤原氏（＝武智麻呂）に対する牽制《けんせい》であって、光明子個人に対する聖武天皇の本心ではなかったと考える。

聖武天皇と光明子は同い年であり、しかも宮子が〝病気〟であったことから、二人は不比等邸で育てられた幼なじみであった（前述）。夫婦仲を物語る史料はないが、お互いをよく知った間柄であった。『万葉集』（巻八―一六五八）に、光明子が詠んだ歌がみえる。

藤原皇后の、天皇に奉れる御歌一首

わが背子《せこ》と　二人見ませば　いくばくか　この降る雪の　嬉《うれ》しからまし

（わが夫と二人で見たとしたら、どんなにかこの降っている雪が嬉しく喜ばしく思えたことでしょうか）

いつの作かはわからないが（立后後であることは確かである）、聖武天皇を恋しく思う女心が素直に表れている。

のちに述べるように、知識寺《ちしきでら（じ）》をはじめ東大寺、難波宮《なにわのみや》など聖武天皇の行幸に光明子が従うことが多く、聖武天皇にとって光明子は生涯を通しての良きパートナーであったろう。その点で光明子は、先の立后の宣命にいう、天皇を補佐すべき皇后像（②）に合致した存在であったと思われる。

その光明子に対する聖武天皇の愛情を知りたく思うが、残念ながら物語ってくれるものはない。ただ唯一天平五年（七三三）、立后から四年後のことであるが、『続日本紀』に、病気になった光明子の苦しみを思い寝食を忘れて見守ったという記事がある（五月二十六日条）。これが聖武天皇の本心であり、その愛情は光明子に優《まさ》るとも劣らないものであったに違いない。

第四章　母の死

(1)　天平の盛期

興福寺五重塔

光明子の生涯において、立后が大きな転機となったことはいうまでもない。基王を失い、信頼していた長屋王に裏切られる（少なくとも当時の光明子は、そう信じていた）という悲痛な出来事が続くなかで実現されたことであり、しかも、原則を破っての立后であった。それだけに光明子が立后の重みとその立場を自覚し、決意を新たにしたことは間違いない。それは立后の翌年、興福寺境内に建立された五重塔に象徴されているように思われる。

興福寺が、不比等の周忌法会をきっかけにその造営が始められたことについては前述した。いわゆる北円堂（七二一年建立）であるが、その後神亀三年（七二六）七月、聖武天皇が元正太上天皇の病気平癒を祈願して東金堂《とうこんどう》を建立している。皇后が五重塔を発願したのはその四年後、天平二年（七三〇）のことである。

『興福寺流記《こうふくじるき》』（『流記』とも）に引かれる『延暦記《えんりゃくき》』には、発願を四月二十八日と記しており、その年の暮れには完成したというから、異例の早さで工事が進められたことになる。塔の高さは十五丈（約五〇メートル）、垂木《たるき》や高欄は豪華・華麗な金銅で飾られ、内部は各層に水晶の小塔と『無垢浄光大陀羅尼経《むくじょうこうだいだらにきょう》』が、また初層の東に薬師浄土変、西に阿弥陀浄土変、南に釈迦浄土変、北に弥勒浄土変が安置されていたと伝えられる。造営にさいして、皇后は命婦や采女《うねめ》などを従え、みずからが簀《す》の子《こ》をもって土を運んだというから、よほどの思い入れがあったことをうかがわせる。

興福寺五重塔　当初、五重塔（南）と東金堂（北）は廻廊でつながれていた（写真・矢野建彦）

ちなみにこの五重塔と、北にある聖武天皇発願の東金堂とは、当初は廻廊《かいろう》でつながれており、「東院仏殿院《とういんぶつでんいん》」と呼ばれていた。境内では独立した一郭を形成していたわけで、聖武天皇と光明皇后の夫婦和合を象徴する存在だったのである。立后から八ヵ月後、早々とその造営に着手しているところに、光明子の並々ならぬ決意を感じさせる。原則を破ってまで実現した立后の目的は、ひたすら皇子誕生を待ち、生まれたその皇子を立太子して聖武天皇の後継者とすることであった。それが、光明子に課せられた使命だった。五重塔が東金堂と廻廊でつながれ、他の境内域から独立した空間を形成していた背景には、以上のような格別の理由があったのである。

施薬院・悲田院

立后に関連して、もうひとつ留意されるのが光明子による施薬院と悲田院の設置である。『続日本紀』によれば天平二年（七三〇）四月十七日、「始めて皇后宮職（皇后付きの役所）に施薬院を置く」とある。興福寺境内に五重塔を発願する十日ほど前のことである。

施薬院とは、文字通り病人に薬を施し、治療をする施設のことであるが、『続日本紀』に記す光明子の薨伝《こうでん》（天平宝字四年〔七六〇〕六月七日条）には、皇后は「悲田・施薬」の両院を設け、飢えと病で苦しむ人びとを救ったとみえる。貧窮孤独の人びとを救済する施設が悲田院であり、『続日本紀』に悲田院設置の記事はないが、皇后は施薬院と同時に悲田院も皇后宮職に設けたものと思われる。

光明子が設置したこの施薬院・悲田院について、一般には聖徳太子が仏教の慈悲思想にもとづいて四天王寺《してんのうじ》（大阪市）に建立したという四院（施薬院・療病院《りょうびょういん》・悲田院・敬田院《きょうでんいん》）にならったものといわれる。しかし四院伝承は、のちの太子讃仰《たいしさんぎょう》のなかで生み出された可能性が大きく、皇后が手本にしたという根拠があるわけではない。

それよりも皇后宮職の施薬院・悲田院については、『扶桑略記』の記載が留意される。それによれば養老七年（七二三）、興福寺に施薬院・悲田院が建てられ、封五十戸と伊予国《いよのくに》の水田百町、越前《えちぜん》国の稲十三万束が両院に施入《せにゅう》されている。養老七年の興福寺といえば、境内に不比等追善の北円堂が天皇家によって建立された二年後であり、その一連の事業として、皇室（元正天皇）が境内に施薬院・悲田院の設置を進めた可能性は高い。そうしたことから判断すれば、光明子による設置は、聖徳太子の四院というより、興福寺のそれに範を取ったものとみるべきであろう。

ちなみに、その運営には皇后宮の職封《しきふう》（二千戸）と光明子が父不比等から相続した封戸（二千戸）のうちの庸《よう》が充てられ、それでもって全国から各種薬草が購入されたのである。

両院が置かれた皇后宮職はもと不比等の邸宅であり、皇后が夫聖武天皇と幼少期をともに過ごしたゆかりの場所であった。朝廷には、医療施設として内薬司《ないやくし》と典薬寮《てんやくりょう》が置かれ、皇室や貴族の医薬に従事していたが、そうした役所とは別個に新たに設置されたところに皇后の覚悟がうかがえる。しかも五重塔の発願とほぼ同時期（十日ほど前）であったのは、この二つが連動する事業であったことを物語っている。光明子は五重塔に皇后としての決意を誓うとともに、「しりえの政事」の一環として施薬院・悲田院を設置し、その活動を通して聖武天皇を補佐しようとしたものと考える。

武智麻呂の政治手腕

さて、光明子の立后後、名実ともに政界の首班となったのが武智麻呂であった。同じ藤原氏でも不比等と違って、聖武天皇は武智麻呂に対して反発的な言動を取ることが多かった。光明子が危惧していたのも、その点である。しかし、そうした問題はあったものの、聖武天皇の治政がもっとも充実していた時期であり、活気に満ちあふれた時代であった。

その武智麻呂が、基盤固めのために行ったのが「参議」の立場の改変である。

天平三年（七三一）八月五日、主典《さかん》以上の官人が内裏に召集され、執事の卿らの逝去や老齢のため、政務を処理することができなくなっている、各人の知る適任者を推挙せよ、との勅が伝えられている。左・右の大臣はともに空席、大納言もまた十日前に大伴旅人が没したために武智麻呂一人というありさまで、まさに政務運営に支障をきたしかねないような状況であった。

この結果、主典以上（三百九十六人）の推挙にもとづいて、次の六人が参議に任命されている。

式部卿従三位藤原朝臣《あそん》宇合・民部卿従三位多治比真人県守《たじひのまひとあがたもり》・兵部卿《ひょうぶきょう》従三位藤原朝臣麻呂《まろ》・大蔵卿正四位上鈴鹿《すずか》王・左大弁正四位下葛城王・右大弁正四位下大伴宿禰道足《おおとものすくねみちたり》。

これ以前の「参議」は、天皇の諮問に応えて各自の立場から意見を具申する、いわば天皇と個人的関係で結ばれた存在だった。房前が異例の抜擢を受けて元正天皇の「参議」に任命されたのも、恣意《しい》的要素が強い。その「参議」の任命が、この方式――諸司官人によって推挙――によってオープンな形になったことの意味は大きい。

勅命ではあるが、これを推進したのは武智麻呂であったことは間違いない(1)。こうした任命方式がとられたのは、このときだけの一回限りに終わったが、これが契機となって、資格や基準、人数などが定められ、参議が議政官（廟堂構成員）としてはじめて正規の官職となったのである。

それだけではない。首班の座にあった大納言武智麻呂はもとより、参議に、それまでの房前に加えて新たに宇合と麻呂が任じられたことで、不比等の四子すべてが議政官となった。廟堂構成員の半数近くを藤原氏が占めたことになる。

従来、議政官は氏族のバランスが考慮され、ひとつの氏族から代表一人を出すのが慣例であったが、この人事によってその原則は一挙に破られたことになる。しかも宇合と麻呂は式部卿・兵部卿であったから、文官・武官の人事権をも一族で掌握したことになる。武智麻呂の政治的手腕は見事というほかはない。

一ヵ月後の九月、武智麻呂はみずからが大宰帥《だざいのそち》を兼任し、地方政治の引き締めを図る一方で、十一月には畿内に惣管《そうかん》、諸道に鎮撫使《ちんぶし》を置いている。京・畿内の治安維持と地方政治の督察にあたらせるためで、先の参議六人のうち王二人（鈴鹿王・葛城王）を除く四人をそれ（宇合は副惣管、多治比県守は山陽道《さんようどう》鎮撫使、藤原麻呂は山陰道《さんいんどう》鎮撫使、大伴道足は南海道《なんかいどう》鎮撫使）に任命している。

このとき房前はその人選からはずされたが、その一環として翌年八月、西国を中心に節度使《せつどし》が置かれたとき、東海《とうかい》・東山《とうさん》二道の節度使に任じられている。房前はここでも他の弟たちと同じ扱いを受けていることに留意したい。

武智麻呂は官職こそ大納言であったが、事実上政界の最高位に立ち、弟らを参議につかせることで政権掌握に成功したのである。

難波京の造営

武智麻呂の首班時代に入って急速に進められたことのひとつに、難波京の造営がある。難波京については、聖武天皇は早くから関心を抱いており、即位の翌年（神亀二年〔七二五〕）十月にはじめて行幸し、翌年十月にも播磨《はりま》行幸からの帰路、ここに立ち寄っている。

難波宮は七世紀半ば、いわゆる大化改新後、孝徳《こうとく》天皇が造営したものであるが（難波長柄豊碕宮《なからとよさきのみや》）、孝徳が当宮で亡くなったあと放置されたままであった。この難波宮の再建に着手したのが天武天皇であったが、朱鳥《しゅちょう》元年（六八六）正月に全焼している。

その再造に乗り出したのが聖武天皇で、先述の播磨から立ち寄ったおり、藤原宇合（当時、式部卿）を知造難波宮事《ちぞうなにわぐうじ》（難波宮造営の最高責任者）に任命している。そして、おおよそ完成したのは六年後のことで、天平四年（七三二）三月、宇合らは褒賞されている。『万葉集』（巻三―三一二）には、難波宮の造営にあたった宇合の歌が収められている。

式部の卿藤原宇合の卿の、難波の堵《みやこ》を改め造らしめられし時、作れる歌一首

昔こそ　難波田舎《なにわいなか》と言はれけめ　今は京《みやこ》引き　都びにけり

（昔こそ「難波田舎」と軽蔑《けいべつ》されたが、今は都が移されて「都び」〔都会〕になった）

と、自賛している。ただしこれで事業が終わったわけではない。半年後、宇合により基本的な部分が整備されたあと、宇合に代わり、正五位下石川枚夫《いしかわのひらふ》が造難波宮長官に任命され、工事がバトンタッチされている。

奥羽連絡路

もうひとつ武智麻呂時代のことで留意されるのが、奥羽《おうう》連絡路の開通計画である。中央政府による東北支配は七世紀後半から始まり、大野東人《おおののあずまひと》は陸奥国《むつのくに》按察使《あぜち》兼鎮守府《ちんじゅふ》将軍《しょうぐん》としてその任にあたっていた。天平九年（七三七）正月、その東人から陸奥と出羽《でわ》両所の連絡路を開くために途中、山間に住む蝦夷《えみし》を討ちたいとの申請があった。そこで兵部卿藤原麻呂が

持節大使《じせつたいし》に任命され、翌二月、麻呂は関東の騎兵一千人を率いて多賀城《たがじょう》へ入り東人と合流、計画を練っている。

その結果、東人は賊地に入り新道を開いたが、雪が深いために作戦を変更して退却し、結局、この開通計画は中断されたままで、今後に持ち越されることになる。

ただし蝦夷の抵抗はこの後、しばらくは沈静化しており、東人の事績は相応の功を奏したものといえよう。

難波宮の造営も東北経営も武智麻呂以前、長屋王時代からの継続事業ではあるが、両事業それぞれが天平初年、一応の終結をみたことは武智麻呂政権の〝成果〟といってよいであろう。そして武智麻呂を支えたのが宇合・麻呂ら藤原兄弟たちであったことは注目してよい。

国際関係の活発化

天平初年、難波宮が改修された背景には、国際関係の活発化が無関係ではない。そうしたなか、天平四年（七三二）八月、多治比広成《ひろなり》を大使とする遣唐使が任命されている。判官の一人に、かつての入唐僧弁正《べんしょう》が現地女性との間に儲《もう》けた秦朝元《はたのちょうげん》（唐で父弁正が没したあと、一人で帰国し聖武朝に仕えていた）が加えられているのは、その語学力が期待されたからであろう。

『万葉集』には遣唐使一行に贈られた歌が収められているが、山上憶良が、出発を前に訪ねてくれた大使広成に贈った「好去好来《こうきょこうらい》の歌」（巻五―八九四）は有名である。

この天平四年度の遣唐使が重視されるのは、戒師招請のために栄叡《ようえい》・普照《ふしょう》の二僧を同乗させていたことで、のち鑑真《がんじん》の来日を実現し日本に戒律が伝えられたことの意味は大きい。また、この遣唐船の帰便で、唐僧道璿《どうせん》や波羅門《ばらもん》僧菩提僊那《ぼだいせんな》をはじめ波斯《ペルシャ》人などが多数来日している。

在唐十八年の玄昉と吉備真備《きびのまきび》が帰国したのも、この遣唐船であった。このとき玄昉は五千余巻の経論を将来しているが、真備も『唐礼《とうらい》』百三十巻をはじめ『太衍暦経《たいえんれききょう》』『太衍暦立成《りっせい》』など多岐にわたるものを聖武天皇に献上している。

玄昉と真備の知識、学問は、聖武天皇や光明子の尊崇を得るところとなり、こののちの政界に大きな影響を及ぼすことになるが、それ以上にかれらのもたらした文物が日本仏教をはじめ、文化史上に果たした役割は計り知れないものがある。いわゆる天平文化はその上に開花したといっても過言ではない。

長屋王事件のあと首班となった武智麻呂の時代、血なまぐさい政争はみられない。騒乱の絶えなかった奈良時代では、もっとも安定した時期といってよいであろう。この時期には国際関係も活発で、難波京の造営も、いわば迎賓館としての役割が求められたことによるものだった。

このようにみると、武智麻呂政権の時代こそ清新な活力に満ちあふれた時期であり、同時にそれは聖武天皇がもっとも天皇の威厳を備えた時代、天平の盛期であった。

天平四年正月の朝賀で、聖武天皇が唐の皇帝にならい、冕服《べんふく》を着て臨んだというのも、そうした時代の相を表している。

（2）阿修羅の世界

三千代死す

天平五年（七三三）の年明け早々（正月十一日）、光明子の生母三千代が亡くなった。正確な年齢はわからないが、七十歳前後というのが大方の見方である。『続日本紀』には次のように記されている。

内命婦《ないみょうぶ》正三位県犬養橘宿禰三千代薨ず。従四位下高安王《たかやす》らを遣わして、喪事を監護せしむ。葬の儀を賜うことは散《さん》一位に准じる。命婦は皇后の母なり。

内命婦（単に命婦とも）とは五位（以上）の位階をもつ女官のことで、三千代は夫不比等が亡くなったあと、養老五年（七二一）に正三位に叙されていた。三千代の葬儀は散一位に準ずるというが、『養老喪葬令』によれば散一位の場合、喪事の監護は治部大輔《じぶのたいふ》（相当官位は正五位下）があたることになっている。しかし、このとき三千代邸に派遣された高安王は衛門督（天平四年十月十七日に就任、時に従四位下）であった。理由は明らかでない。高安王は敏達天皇の後裔《こうえい》にあたる（のちに大原真人《おおはらのまひと》姓を与えられて臣籍に降下している）。敏達といえば三千代の前夫の美努王もその後裔であった。高安王と美努王との関係は不詳であるが、高安王が派遣されたことに何らかの思惑があったとは、むろん考えられない。

その年の十二月二十八日、一品舎人親王、大納言正三位藤原武智麻呂、式部卿従三位藤原宇合、大蔵卿従三位鈴鹿王、右大弁正四位下大伴道足を三千代邸に遣わし、従一位を贈ることが伝えられている。すでに正月、散一位に準じる葬儀が行われていたが、ここで正式に従一位とされたのであった。また別勅により、本来収公されるべきはずの食封《じきふ》・資人は生前通り、そのまま留め置かれることになった。

それにしても廟堂の構成員（時に九人。このうち房前は三千代の娘聟であり、葛城王は息子）のうち舎人親王以下五人の公卿が邸宅に遣わされている。三千代はこれ以前、養老五年五月、元明太上天皇の危篤にさいして出家しており、現役の女官ではなかったが、その存在の大きさが知られよう。

なお三千代は、この後天平宝字四年（七六〇）八月、正一位を贈られ、大夫人となっている。

三千代がいつから体調を崩したのか、具体的な病状などは定かでない。前後にそのことをうかがわせるような記事もまったくみえないことから推測すると、年齢的な衰えによる死であったと考えるべきであろう。

深い悲しみ

母を失った光明子の悲しみは、いかばかりであったろうか。光明子について、『続日本紀』（天平五年〔七三三〕五月二十六日条）には次のような記事がみえる。

勅《みことのり》したまわく、皇后枕席《ちんせき》安からぬこと、已《すで》に年月を経たり。百方療治せども、その可なることを見ず。斯《こ》の煩苦《はんく》を思いて、寝と飡《そん》（食事）とを忘れる。天下に大赦して、この病を救済すべし。（後略）

（聖武天皇が勅〔詔〕を下していうには、皇后が病床に伏してすでに長期間に及んでいる。さまざまな治療をしたがいまだに回復の兆しが見えない。皇后の煩《わずら》い苦しむ様子を思うと、寝ることも食べることも忘れ、それどころではない。天下に大赦を行って、なんとしても皇后を病気から救いたい）

五月というから、母の三千代が亡くなって四ヵ月が経ったときのことである。皇后が病床についてからすでに長い時間が経つ、その間さまざまな治療を施したがいっこうに良くなる気配がない、皇后の煩い苦しみを思うと、聖武天皇は寝ることどころか食べることさえも忘れ、すべてが手につかない、というのである。光明子の病気というのが、母の死による衝撃から引き起こされたものであったとみて、間違いないと思う。父不比等没後、光明子を支えてきたのが、この三千代だったからである。

それにしても、寝食すら忘れるほど光明子を気遣う夫聖武天皇の愛情には、心打たれるものがある。三千代は聖武天皇にとっても養母同然の存在であり、聖武天皇とてもその死に深い悲しみを覚えたに違いない。『続日本紀』には、その年の八月、「天皇、朝《ちょう》に臨みて初めて庶政を聴《き》く」とある。八月といえば、三千代が亡くなってすでに七ヵ月が経つ。その間、聖武天皇は政務を執っておらず、この日はじめて朝堂に出御して庶政を聴取したというのである。三千代の死とそれによる皇后の病気から、聖武天皇自身も心労が重なっていたのであろう、それが、ようやく体力・気力ともに回復し政務を執ったのである。

聖武天皇と光明子にとって、三千代はそれほど大きい存在であった。そして光明子は、また一人身内を失ったのである。

なお、三千代を失った光明子のその後の様子をうかがわせる歌が『万葉集』（巻十九—四二二四）に収められている。

朝霧の　たなびく田居《たい》に　鳴く雁《かり》を　留《とど》め得むかも　我がやどの萩《はぎ》

留め得むかも

（朝霧のたなびく田にきて鳴いている雁を、引き留めておくことができるであろうか、我が家の庭の萩は）

この歌には、「吉野の宮に幸《いでま》す時に、藤原皇后作らす。ただし、年月いまだ審詳《つまび》らかにあらず」との注記があり、時期はわからないものの、聖武と一緒に吉野に出かけたときに詠んだ歌であることが知られる。

ちなみに聖武天皇の吉野行幸が確かめられるのは、即位直後の神亀元年（七二四）三月と年未詳の三月、そして天平八年（七三六）六月の三回だけである。(2) このうちどの行幸時の歌か、判断は難しいが、歌に詠まれる雁と萩は秋の景物であるから、天平八年の行幸時とみていいのではなかろうか。このとき聖武天皇は六月二十七日に平城京を出発し、七月十三日に還御しているから、滞在はおよそ二週間余りに及ぶ。神亀元年の場合、滞在が四日（三月一日〜五日）であったことからすれば、時間的にも余裕のある行幸で、右の歌が醸《かも》し出す雰囲気にそぐうように思われる。

この推測が正しいとすれば天平八年、三千代が亡くなって三年が過ぎ、光明子もようやく落ち着きを取り戻した時期ではなかったか。そんなとき、光明子が聖武天皇とともに過ごしたであろう幸せなひとときを彷彿とさせる歌である。

道代から三千代へ

ところで、生前の三千代について述べておかねばならないことがある。当初、三千代は「道代」との表記を使用しており、「三千代」はのちに佳字に改めたものであるということだ。それが明らかになったのは、かつて藤原京跡から多量の木簡が出土したことによる。

そのなかで左京七条一坊から出土した木簡群に、「大宝元年（七〇一）十一月」の年紀をもつ「□養宿禰道代給……」という木簡が含まれていた。また、朝堂院《ちょうどういん》付近の溝からは「大宝三年」の年紀を記すものや「三千代給煮□」との木簡が出土したことから、義江明子氏は、和銅元年（七〇八）の橘姓の賜姓（後述）と一連のものと解して、賜姓のさい、元明天皇の指示によって名前も道代から三千代へ改名がなされたという。(3)

ただし厳密にいえば、「三千代」への変更は改名ではなく、佳字へのいうならば改字である。「三千代」への改字について、それを勧めたのが元明であったかどうかはともかく、夫不比等の改字と無関係ではなかったというのが、わたくしの考えである。

知られるように、不比等の名は幼少のころ養育された田辺氏のカバネである「史」にちなんだものというのが、一般的な理解である。(4)すなわち、もともと「史」（フヒト）と書かれていたものが、のちに不比等（比べるに等しい者なし）の文字に改められたというのである。(5)ただし『日本書紀』をはじめ『藤氏家伝』『懐風藻』など奈良時代の編纂物には「史」と書かれていることから、「不比等」の表記は新しいもので（平安時代後期に完成した『東大寺要録《とうだいじようろく》』所収の僧思託《したく》撰『延暦僧録』(6)には「布比等」と記載）、不比等自身は「史」の表記を好んで用いたといった理解もある。

わたくしはかつて、聖武天皇の諱「首《おびと》」が祖父不比等（＝「史」）にちなむ命名であったことを論証したが、(7)その意味で、不比等は「首」との関係を端的に表明する「史」の表記に愛着を感じていたことは、十分に考えられよう。

しかし、不比等の立場からすればカバネを連想させる「史」の表記は、ふさわしくないばかりか、公卿のなかでカバネを名にした事例はほとんどみられない。改字を勧められたとしても不思議ではない。

問題は、その時期である。わたくしは、それが「三千代」に改字したのと同時期ではなかったかと推測している。

繰り返すことになるが、「等しく比べる者なき」不比等とともに、「三千世界」の大宇宙を表す「三千代」という文字ほど、晴れがましくめでたい表記はなかろう。「道代」の木簡が「大宝元年十一月」の年紀をもっていることから、わたくしはこれを「道代」使用の下限と推察する。大宝元年といえば首皇子と光明子が誕生した年である。四年前に孫の珂瑠皇子（文武天皇）に譲位し太上天皇として共治（後見）していた持統は、まだ健在であった。文武天皇の即位は不比等の協力を得て実現可能となったものであり、その見返りとして持統は不比等の娘宮子を文武天皇のキサキとしたのである。背後に後宮を差配していた三千代の尽力があったことはいうまでもない。

その宮子から待望の皇子（首皇子）が誕生した。文武天皇の後継者を得た持統はむろんのこと、不比等・三千代夫妻にとってもこのうえない喜びであった。しかも、同じこの年に三千代も光明子を出産している。不比等・三千代夫妻に、光明子を将来首皇子のキサキとする構想が芽生えた瞬間である。そして、夫妻の間で改字のことが話題になったのも、このときではなかったか。

「不比等」と「三千代」への改字は夫妻みずからが申し出たものか、それとも持統太上天皇が勧めたものか、判断は難しいが、いずれにせよ首皇子と光明子の誕生を機に踏み切ったというのが、わたくしの考えである。そこには、夫妻の抱く理想的社会の実現と二人の幼子に対する将来への期待が込められていたように思われる。

西金堂の建立

生母三千代が亡くなり、体調を崩していた光明子であったが、悲しみを紛らわすかのように、興福寺境内に西金堂《さいこんどう》建立を発願している。

『興福寺縁起』や『興福寺流記』によれば、母三千代の往生菩提を願い一周忌供養のために発願したという。造営は皇后宮職が主導し、皇后宮大夫小野牛養が造営長官となって天平五年（七三三）正月二十一日より始められ、同六年正月九日に終了している。(8) 三千代が没したのが五年正月十一日であるから、その直後から工事が始められ、予定通り、ちょうど一年で完成したことになる。工事に要した延べ人数はおよそ五万五千人と推定され、総工費は近江国石山寺《いしやまでら》

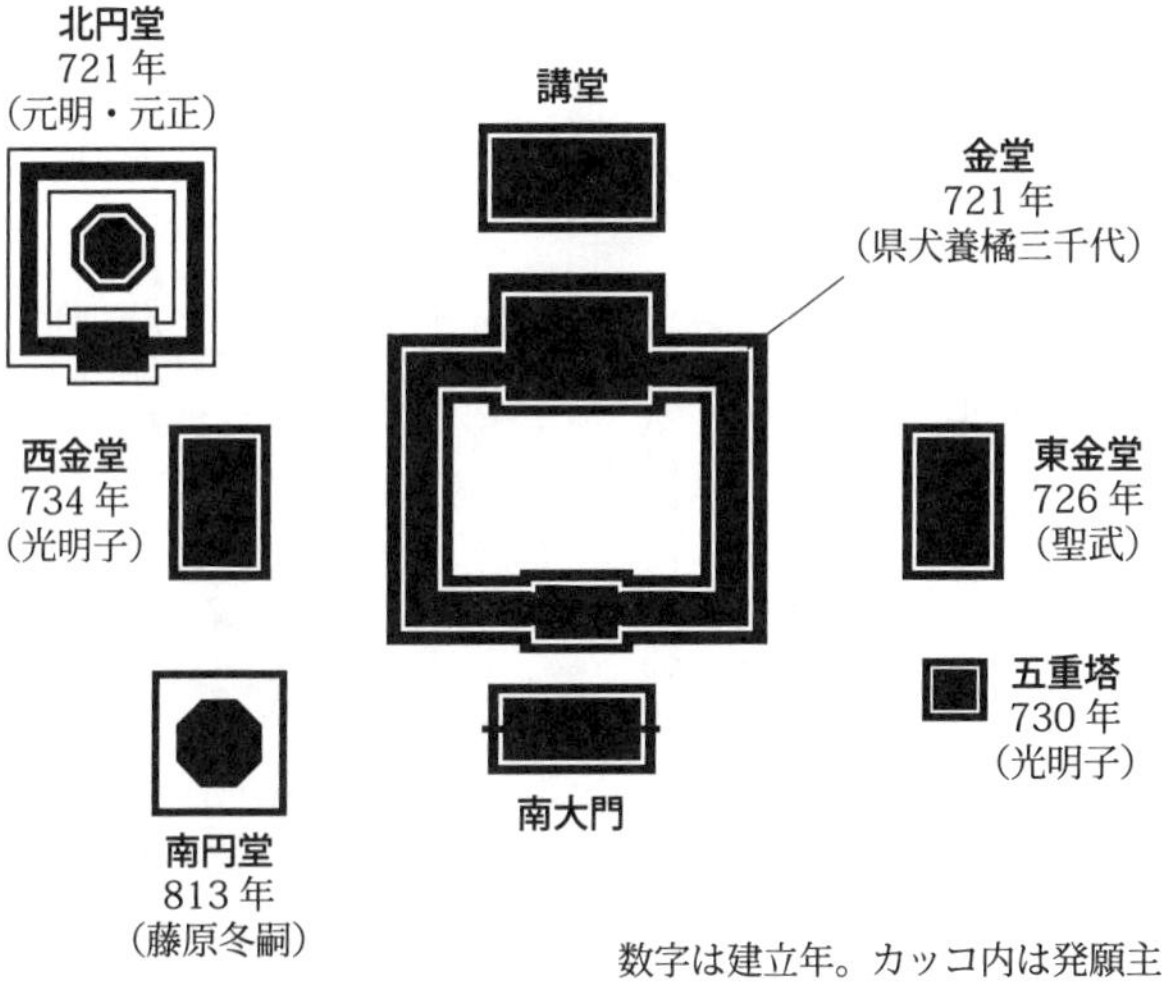

数字は建立年。カッコ内は発願主

興福寺の主要伽藍配置（奈良〜平安初期）

造営の約四倍という高額に達している。こうした造営が可能であったのは、それが皇后宮職という皇后光明子に所属する役所が母体となって推進したからであり、西金堂の造営が国家的事業として行われたことを知る。不比等の一周忌供養のために発願された北円堂にならっての造営である。

なお、この西金堂が建立されたのは境内の（中）金堂の西、北円堂の南である。北円堂は不比等のいわば廟所であるから、南北に並ぶこの二つの建物は、光明子にとって両親の御霊屋《おたまや》にあたる。これに対して金堂の東にある東金堂は、神亀三年（七二六）、聖武天皇が伯母の元正太上天皇の病気平癒を祈願して建立したもので、その南の五重塔は光明子によって立后の翌年（天平二年〔七三〇〕）に造立されている。東金堂と五重塔との間には廻廊が付され、一体の建物であったことについてはすでに述べたが、こうした伽藍配置から判断すると、光明子にとって金堂の東側は皇后としての公的空間であり、それに対して西側は藤原氏の娘としての、いわば私的空間であった。その意味で西金堂の建立は、藤原氏の娘としての自覚を改めて抱かせることになったのではなかろうか。

天平六年正月十一日、三千代の一周忌には僧四百人を招いて西金堂での供養が盛大に行われている。光明子が、母三千代や夫聖武天皇らとともに、完成した北円堂で不比等の供養を行ってから、十三年が経っていた。

群像の諸相

西金堂は、北円堂の南に創建された。しかしこんにち、土壇がポツンと残されている以外、その面影を偲ぶものは何ひとつない。享保《きょうほう》二年（一七一七）の大火で跡形もなく全焼してしまったのである。仏像の大半は取り出され、奇跡的に残った。有名な阿修羅《あしゅら》以下の八部衆や、十大弟子などの僧形像がそれで、いまは興福寺国宝館に収蔵されている。

幸いにも、西金堂にそれらが安置されていた当初の様子は、鎌倉時代に制作された『興福寺曼荼羅図《まんだらず》』（東京国立博物館蔵）によって知ることができる。それによると、阿修羅は本尊の釈迦如来像を中心にひしめくように安置された群像の一体として、釈迦像の向かって左後列に描かれている。ちなみに残された絵の具の分析から当初の姿は、全身が鮮やかな朱で塗られ、頭部は金髪であったことも知られている。

それはさておき、西金堂は堂内が群像で埋められ、それが『金光明最勝王経《こんこうみょうさいしょうおうきょう》』のある章を再現した構成になっているといわれている。「夢見金鼓懺悔品《むけんこんくさんげぼん》」に記された場面である。ひと言でいえばそれは、釈迦の前で多くの菩薩や羅漢たちが、懺悔《ざんげ》する情景を述べたものというが、阿修羅もそうした状況のなかに置かれた群像の一体であり、阿修羅像はそのことを踏まえて理解する必要があるというのが、大方の見方である。諸像によって特定の思想なり場面を表現するのは、わが国ではこれ以前にはみられず、唐から伝えられた新しい手法ともいわれているが、だからこそ西金堂には格別の意味があったと思われるのである。

西金堂の群像制作者については、『正倉院文書』のなかの「造仏所作物帳《ぞうぶつしょさくもつちょう》」（西金堂の造営・造仏記録）に、「仏師将軍万福《まんぷく》」と「画師秦牛養《はたのうしかい》」の二人の名前がみえる。ともに百済系の渡来氏族で、群像は仏師の万福が、彩色は絵師の秦牛養が中心となって進めたものと考えられている。そして、当然のことながらその造形や配置には、発願主である光明皇后の考えが反映されていたはずである。だれもが知りたいのは、西金堂に込められたその皇后の意図である。

道慈と光明子

そもそも『金光明最勝王経』の世界が、母三千代の一周忌供養にあたって発願された西金堂の内部に、なぜ再現されたのであろうか。これには、『金光明最勝王経』をわが国に持ち帰った道慈の存在が大きいといわれている。

道慈については、まだ記憶に新しい。長屋王の命取りになった「神亀経」の奥跋に「検校」として名を連ねていた僧侶である（七二頁）。当時は藤原寺に止宿していた。そのおりにも述べたように養老二年（七一八）に帰国した入唐僧で、そのさいに持ち帰ったのが『金光明最勝王経』であった。四世紀ころに成立したとされる経典で、唐僧の義浄《ぎじょう》が、インドから将来した原典を漢訳したものである。あとで述べるように、いわゆる鎮護国家の経典として知られているが、女性の救済や成仏《じょうぶつ》を説いた経典としても重要である。仏教では女性は成仏できないとされ、変成男子《へんじょうなんし》（男子に生まれ変わり仏になること）を説いた『法華経《ほけきょう》』が女性の信仰を集めたが、『金光明最勝王経』にも同様の教えが説かれ、後宮の女性から注目された経典である。光明子は、道慈を通してこの経典を知った可能性はきわめて大であると思われる。

さて、以上のことを理解したうえで、『金光明最勝王経』のなかの「夢見金鼓懺悔品」の場面が、西金堂内に再現された理由を考えてみたい。むろん、光明皇后の意向を受けての再現であったことはいうまでもない。

「夢見金鼓懺悔品」は、妙幢《みょうどう》菩薩が釈迦の前でみずからが夢にみたことを話す情景から始まる。それは夢のなかに金鼓が現れ、そこから仏たちがあふれ出て説法している。そのなかで一人の婆羅門《ばらもん》が出て来て金鼓を打つと、その音色は素晴らしく、懺悔を説く教えのように聞こえてきた云々、というもので、その後、妙幢菩薩はさらに懺悔について説法するのである。

こうした場面の状況から、西金堂（須弥壇《しゅみだん》）は、鷲峰山《じゅほうせん》の釈迦を中心に八部衆、十大弟子などの諸尊が集まる釈迦浄土を表しており、『金光明最勝王経』のなかから「夢見金鼓懺悔品」が選ばれたことは、西金堂の堂内で、群像を前にしながら懺悔の法会が行われたことを意味しているというのが、一般的な理解となっている。

西金堂内で女性の救済や成仏が説かれ、懺悔の法会が想定されているのは、まことに三千代の一周忌供養にふさわしい空間構成というべきであろう。そうしたなかでも、わたくしはとくに阿修羅像に注目する。すでに指摘されているように、阿修羅像は西金堂に安置された群像の一体にすぎないが、美少年といわれる三面の造形に、光明皇后の深い思いが投影されていると思うからである。

三つの顔の意味

知られるように、阿修羅（インド名はアスラ）は古代インドの神であり、もともとは闘う神で荒々しい性格の持ち主であった。それが釈迦の教えによって守護神となり、怒りの表情が消えたのが西金堂の阿修羅だとされている。その意味では、数ある阿修羅のなかでも興福寺の像は特殊であり、怒りとはほど遠い微妙な表情を浮かべているのはなぜかという疑問が、古くからもたれてきたのである。

この西金堂の阿修羅像について、金子啓明《かねこひろあき》氏は、原島博《はらしまひろし》氏による顔の分析から、阿修羅を

阿修羅像（複製）（奈良国立博物館蔵。画像提供・奈良国立博物館、撮影・森村欣司）

一人の人間の心の成長を表していると理解した。[9] すなわち左の顔は幼いころの表情で、右の顔は少し成長して過ちに気付きはじめた思春期のころの表情、そして正面の顔は懺悔が深まり悩みから抜けだそうとする青年の姿で、悩みのなかに生きていく人間そのものを映し出しているというのである。はなはだ興味深い意見であり、戦闘の神であった阿修羅が、懺悔によってしだいに浄化され守護神となっていく過程を、身をもって表現したものといえよう。

しかし、阿修羅像には当然、発願主である光明皇后の意向が反映されているはずである。そうだとすれば、懺悔による阿修羅の変貌《へんぼう》には皇后のどのような思いが込められているのか、また母の供養にさいして、なぜ人間そのものを思わせるという特異な阿修羅像を安置したのか、という疑問が残る。

そんなことから金子説を踏まえて理解するとすれば、むしろ三つの顔は三千代に関わる三人の皇子女に比定すべきではないか。

すなわちもっともあどけない左の顔は基王、少し成長した右の顔は安積親王、そして希望を見出したかのような正面の顔は阿倍内親王である。いうまでもなく、基王は三千代が亡くなる五年前の神亀五年（七二八）に没していた。その基王の死と入れ代わるように、県犬養広刀自から誕生したのが安積親王であり、三千代が亡くなったとき六歳に成長していた。そして光明子の長女阿倍内親王は十六歳になっていた。基王と阿倍内親王は三千代の孫、安積親王も三千代の一族（県犬養氏）から誕生した皇子であり、光明子にとっても関わりの深い三人である。

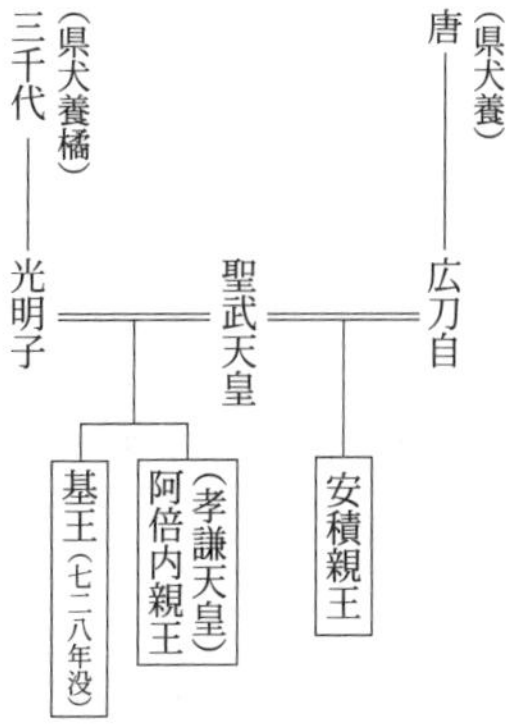

三千代と３人の皇子女

基王は亡くなっていたが、釈迦の説法を聞く群像の一体に、基王をはじめゆかりの三人を安置することこそ、三千代に対する最大の供養ではなかったろうか。それはまた、母を失った光明子の悲しみを鎮静緩和する手立てともなったはずである。

以上が、『金光明最勝王経』のなかの「夢見金鼓懺悔品」の場面が選ばれ、西金堂内に再現された理由であったと、わたくしは考える。群像の一体である阿修羅像に三人の皇子女を重ねることで、母三千代に対する想いを浄化させようとしたのが光明子の真意であった。それはまた光明子自らの懺悔でもあったように思われる。

皇后に『金光明最勝王経』を教導したのも、また西金堂内の構成や阿修羅像の配置・表現法などにも、道慈が深く関わっていたことはいうまでもない。そして、これをきっかけに光明子は『金光明最勝王経』との結びつきを強めていくことになる。

(3) 太子信仰

三千代の故里

そもそも光明子の仏教信仰は、父不比等と母三千代の深い崇仏心を受け継いでのものである。光明子は、幼少のころから帰依が篤い環境のなかで育ったのであった。それが基王の死、さらに母の死により崇仏への道を極めていったわけだが、そうしたなかで留意されるのが法隆寺への敬信である。母の三千代が聖徳太子への帰依を深めていたからである。

三千代と聖徳太子との関係について東野治之《とうのはるゆき》氏は、河内の帰化氏族と深いつながりをもって育った三千代は、早くから聖徳太子に対して追慕の念を抱いていたと理解する。[10] 三千代の出身地、河内国古市郡の南隣の石川《いしかわ》郡には太子の墓（磯長《しなが》墓）が存在しており、墓を介して信仰を[11]深めていたことは間違いないというのである。三千代が法隆寺西円堂《さいえんどう》を造立したというのも、また橘夫人（三千代）の念持仏と伝える仏像と厨子《ずし》が法隆寺に存在するのも、むげに伝承と退けることはできない、というより三千代の太子信仰を示すものとして重要であるとも指摘する。女性の信仰に関係の深い聖徳太子の思想に、三千代が関心をもつ素地は十分にあったといってよい。

そうだとすれば娘である光明子は、母が帰依した聖徳太子への崇敬を継承することが、最善の供養になると考えたのではあるまいか。というのも『法隆寺資材帳《ほうりゅうじしざいちょう》』によれば、皇后は天平五年（七三三）、同六年二月・三月、そして同八年二月二十二日に、いずれも「平城宮皇后宮」（光明皇后）として法隆寺に施入をしているからである。

法隆寺への献納

法隆寺は上宮王家《じょうぐうおうけ》滅亡後、奈良時代初期までは、国家から特別扱いされることはなく、経済的援助も国家的崇敬も受けることはなかった。その間法隆寺に対しては、持統朝に二度、元正朝に二度、聖武朝にも二度、国家の施入が行われているが、いずれも同寺だけを対象とした特別なものではなく、他の寺院と一緒に、広く国家行事の一環としてなされた施入であった。

それが天平五年（七三三）に「阿弥陀仏宝頂一具」「阿弥陀仏分褥《しとね》一床」、翌六年二月・三月に「五色糸交幡四首」「雑物四種」「麝香《じゃこう》一両」「韓櫃《からびつ》二合」「漆塗筥五十合」、天平八年二月二十二日には「銀多羅二口」「白銅鏡二面」「香四種」「白筥二合」「革箱一合」などの仏具が光明皇后の名で奉納されている。皇后が、これほど立て続けに献納しているのは、ただごととは思えない。

初度の献納が行われた天平五年は、正月に三千代が亡くなっている。献納の月日は明らかでないが、「阿弥陀仏分」とされた宝頂と褥は、おそらく三千代の念持仏（いわゆる橘夫人厨子・仏）を荘厳《しょうごん》するための法具とみてよいであろう。[12] 三千代の念持仏については、東野氏がむげにこれを伝承と退けることはできないとしてその寄進を肯定しているように、三千代の臨終にさいして、あるいは亡くなった直後、法隆寺に奉納していた可能性は高いように思う。皇后は、そうした念持仏の荘厳具を奉納することによって、冥福を祈り追善供養としたものと推察される。

翌六年二月・三月の雑物、麝香などの奉納は「丈六《じょうろく》（西円堂の本尊、薬師如来）分」としてであり、これは三千代の一周忌（一月）を終えたあと、施入したものである。その法隆寺西円堂については、三千代が建立したとも、三千代の病気平癒を祈願して光明子が発願したとも伝えており、定かでないが、三千代に関わる建物だったことは間違いない。ちなみに一ヵ月前の正月、興福寺では西金堂が完成し、三千代の一周忌供養が行われている。したがって、六年二月・三月の法隆寺への献納はそれに対応してなされたもので、三千代ゆかりの西円堂丈六仏に仏具を奉納することによって、法隆寺においても追善供養をしたものと考えてよい。[13]

また天平八年二月二十二日の施入は、その日付け（二月二十二日）からみて聖徳太子の命日

(「天寿国繍帳《てんじゅこくしゅうちょう》」「法隆寺金堂釈迦三尊像光背銘《こうはいめい》」。ただし『日本書紀』では太子の命日を二月五日とする)に合わせての奉納であったことは明白である。この献納は「丈六仏」すなわち法隆寺金堂の釈迦三尊像に対するもので、日付けについていえば、同じく「丈六仏」(西円堂)に施入された右の天平六年二月の場合も、施入が太子の忌日(二月二十二日)であった可能性は高い。

こうしてみると、法隆寺に対する光明皇后の関心と信仰が三千代の死を契機に、明らかに高まっている。三千代の法隆寺(聖徳太子)信仰を継承したものとみて間違いないが、ひるがえって考えると、そうすることによって三千代を追善供養しようとしたのであろう。そしてこれをきっかけに、光明皇后は法隆寺と特別な結びつきをもって信仰を深めていくことになる。

『法華経』の講読

そのひとつが、皇后による東院《とういん》の造営である。

知られるように、法隆寺の東院(夢殿《ゆめどの》を中心とする一画)は上宮王院《じょうぐうおういん》と呼ばれ、奈良時代には法隆寺(西院伽藍《さいいん》)とは別個の寺院であった。東院は、聖徳太子が住んだ斑鳩宮《いかるがのみや》の跡に建立されたものである。

この東院(上宮王院)の創建事情を記す「東院古縁起」(「皇太子御斎会奏文」とも)については問題点も多く、信憑《しんぴょう》性を疑問視する意見も少なくないが、光明皇后によって天平六年(七三四)前後から造営が開始され、同十一年ころには完成したという記載はほぼ認められるというのが、大方の見方である。「東院資財帳」によって天平九年、光明皇后や僧行信《ぎょうしん》らの手で聖徳太子の遺品が寄進されたことが知られ、造営の事実が裏打ちされるからである。行信は元興寺で法相宗《ほっそうしゅう》を学んだ僧侶である。

また右の「東院古縁起」には、天平八年二月二十二日の光明皇后の令旨《りょうじ》によって、僧行信が皇后宮大進《だいじょう》安宿真人（立后以前は光明子家の家令）らを率い、道慈法師と僧尼らを請うて『法華経』の講読を始め、以後毎年行われることになったとも記している。聖徳太子の命日である二月二十二日に『法華経』の講説が定例化したことを述べたもので、その講説の場として建立されたのが東院であった。天平八年の講説にさいして光明子が白銅鏡などの仏具を東院に施入したのは、まさにその供養儀式の一環であり、皇后は、翌天平九年二月二十日にも「法華経の経櫃」を納賜している。

ちなみに、聖徳太子の命日に東院で行われる追善供養の講読が『法華経』であったのは、いうまでもなく太子が早くから『法華経』を信仰していたことによる。『日本書紀』によれば、太子はすでに推古天皇十四年（六〇六）、推古女帝に『法華経』を講じている。

それはさておき、東院造営について留意されるのは、この事業に光明子をはじめ三千代につながる女性や藤原氏が関わっていたという指摘である。[14] しかも、ちょうどそのころ興福寺では西金堂が建立中で、東院と興福寺西金堂とはほぼ並行して造営が行われていたとも考えられている。[15] そうだとすれば、三千代追善の堂宇として興福寺西金堂が、その一方で聖徳太子の追善供養（命日に『法華経』を講読）の堂宇として法隆寺東院が、いずれも光明子の発願によって建立されたということになろう。東院の場合は、その担い手が三千代に関わる女性であるところに特徴があったといえるが、このことは東院の建立＝太子信仰もまた三千代の追善供養と深く結びついていた事実を示している。

光明皇后が太子信仰の場として東院を創設したのは、第一義的には母三千代の追善のためであった。太子への崇敬は三千代に対する追慕にほかならなかったからである。それとともに当時、女性の間で『法華経』信仰への高まりが醸成されつつあったことも東院建立と無関係ではない。太子が『法華経』を信仰していたというだけでなく、『法華経』では女性が菩薩の化身であると説き、それが女人救済・女人成仏など女性の信仰と深く結びついていたからである。その意味で太子信仰＝『法華経』信仰は、三千代を失った光明子の心を癒やしてくれる至上の信仰であった。

繰り返すことになるが、三千代が没したのを機に光明子が聖徳太子信仰に傾斜していったことは確かである。光明子にとって、それは三千代に対する最善の追福供養であったのだ。

東院は天平年間以後、聖徳太子信仰の拠点（寺院）として、人びとの帰依を得るようになっていくが、そうした東院の歴史において光明皇后の果たした役割はきわめて大きいものがあったといえよう。

基王と聖徳太子

光明子が聖徳太子に格別の関心を抱くようになった動機について、わたくしが気になることが、もうひとつある。光明子の亡き皇子、皇太子基王である。

すでに述べたように、聖武天皇との間に生まれた基王は生後三十三日で皇太子に立てられた。しかし、翌年、満一歳の誕生日を迎える前に亡くなってしまったのである。即位せずに皇太子のままで亡くなったという点では、厩戸皇子こと聖徳太子も同様だからである。

用明《ようめい》天皇の皇子厩戸（母は穴穂部間人《あなほべのはしひと》皇女）は推古天皇元年（五九三）、推古天皇の即位とともに摂政、ついで皇太子となったが、推古天皇三十年、天皇に先立つこと六年、病没してしまった。もっとも厩戸の立太子については、これを『日本書紀』編纂者の造作とみて、厩戸の「皇太子」は事実でないとする理解がある。たしかに皇位継承予定者としての皇太子制が定められるのは一世紀あと（飛鳥浄御原令《あすかきよみはらりょう》）のことで、持統天皇十一年（六九七）、十五歳で立太子した文武天皇（珂瑠皇子）が最初である。首皇子（聖武天皇）の父、光明子の岳父である。その意味で、厩戸の立太子記事は後世の潤色と考えるべきであるが、(16)推古朝でも、王位継承資格をもつ「皇太子」的地位なり立場が存在していたことも、事実である。そして推古朝において、その立場にあったのは厩戸皇子以外に存在しない。

当時、「皇太子」の称号が定着していなかったとしても、厩戸が継承者の立場にあったことは間違いない。その厩戸皇子が即位をせずに亡くなったのは、光明子の時代から百年以上も前である。太子の存在も半ば風化しつつあった時期であろう。しかしそのことが逆に太子の存在を肥大化し偶像化させていったことは確かである。光明子にとって、そうした太子の立場や生涯が、即位せずに亡くなった基王と重ねられたとしても決して不思議ではない。その意味で、太子信仰は三千代への供養であるとともに、基王の冥福を祈る信仰でもあったように、わたくしには思われる。

以上が、光明子が太子信仰に引かれていった、もう一つの理由であったと考える。

光明子という名前

光明子は、母の三千代が亡くなったのをきっかけに、道慈から『金光明最勝王経』が説く教えに導かれて、興福寺境内に西金堂を発願した。またその一方で、僧行信の協力を得て斑鳩宮跡に東院を建立し、『法華経』講読の法会を始めている。『金光明最勝王経』といい『法華経』といい、共通するのは女性に対する信仰であるが、じつは安宿媛が光明子と名乗るようになった動機がそれらの信仰にあった。

繰り返し述べてきたように、光明皇后の諱は安宿媛である。その名は河内の飛鳥＝安宿郡に由来するもので、父不比等との関係から名づけられたものである。不比等を養育した田辺史一族の本拠地だったからで、先述の、東院造営に関わった「皇后宮大進安宿真人」もその同族であろう。安宿真人が光明子の家令となり、皇后宮職の役人になったのは、そうした関係からであった。

それはともかく「光明子」という名については、一般にその美しさが光り輝くようだというので光明子とも称されたと伝えられている。(17)これに対して笹山晴生《ささやまはるお》氏(18)や八重樫直比古《やえがしなおひこ》氏(19)は、『金光明最勝王経』に由来するとの見解を示す。

両氏によれば、関係するのは『金光明最勝王経』の「滅業障品《めつごうしょうほん》」で、釈迦が前世のことを述べているくだりだという。すなわち、釈迦如来の前身のひとつで「福宝光明」と名づけられた女性が、『金光明最勝王経』を熱心に信仰した結果、未来では仏になるであろうと予言されている。変成男子、女人往生の考え方を説いたものだが、光明子の呼称は、この釈迦の前身とされた「福宝光明」の名にあやかったものであるとする。首肯される意見である。

この『金光明最勝王経』や『法華経』を光明子に教えたのが道慈であったとすれば、「光明子」への改名を勧めたのもまた道慈であったと考えてよいのではなかろうか。道慈については、以前、藤原氏と関わりが深い僧侶であったことを述べたが、先の東院での『法華経』講説にも関係した僧であり、光明子に大きな影響を及ぼす存在であったことに改めて留意しておきたい。

「光明子」という名前については天平十二年（七四〇）五月一日、皇后発願による『一切経《いっさいきょう》』（「五月一日経」）の奥書冒頭に「皇后藤原氏光明子」とあるのが最古の史料である。したがって、これ以前から「光明子」を名乗っていたことは確かであるが、はっきりとした時期は明らかでない。しかし、わたくしはこれまで述べてきたことから、その時期を三千代没後にまで遡《さかのぼ》ら

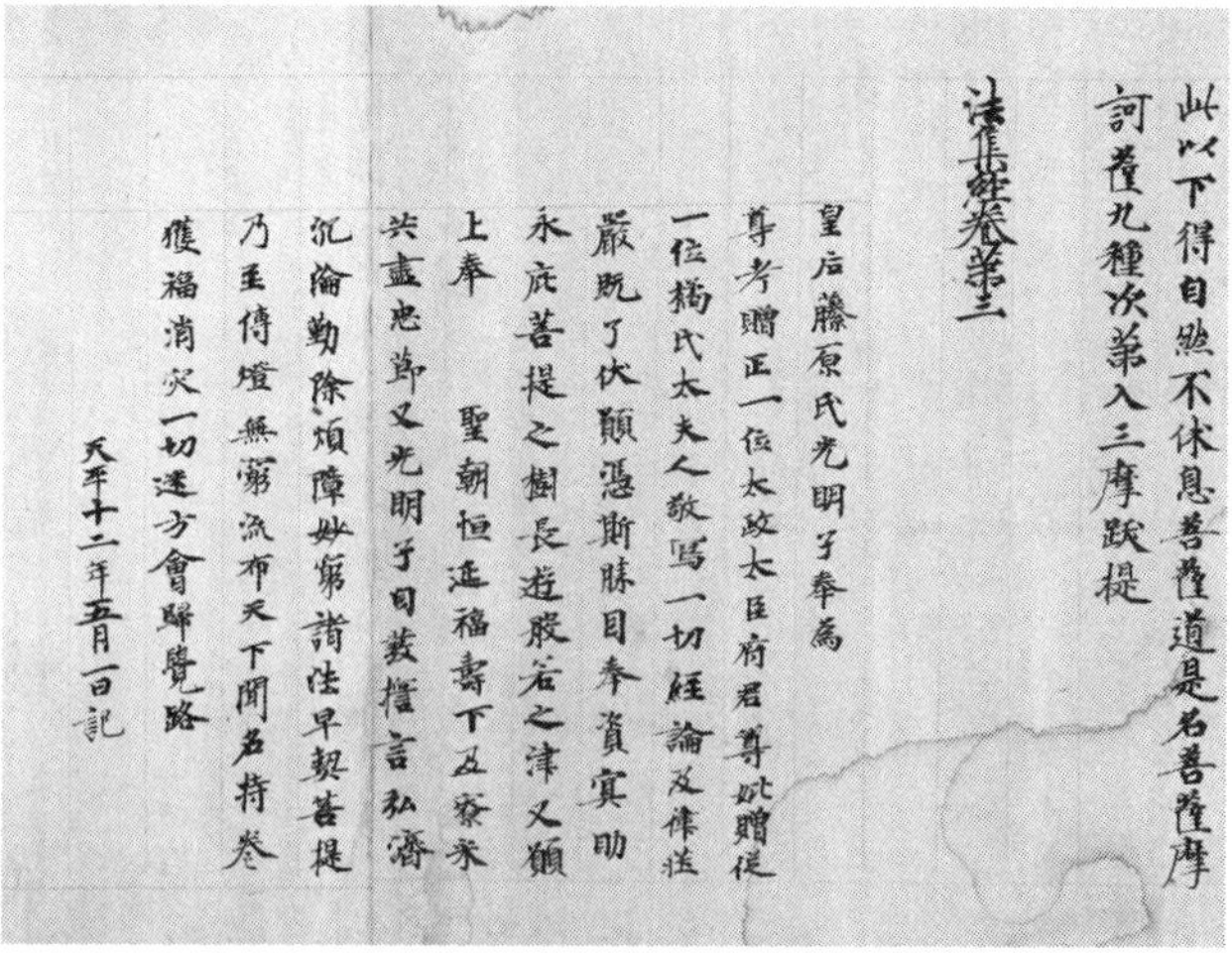
此以下得自然不休息菩薩道是名菩薩摩
訶薩九種次第入三摩跋提
法集経巻第三
皇后藤原氏光明子奉為
尊考贈正一位太政太臣府君　尊妣贈従
一位橘氏太夫人敬写一切経論及律荘
厳既了伏願憑斯勝因奉資冥助
永庇菩提之樹長遊般若之津又願
上奉　聖朝恒延福寿下及寮采
共尽忠節又光明子自発誓言弘済
沈淪勤除煩障妙窮諸法早契菩提
乃至伝燈無窮流布天下聞名持巻
獲福消災一切迷方会帰覚路
天平十二年五月一日記

光明皇后発願「五月一日経」奥書（奈良国立博物館蔵。画像提供・奈良国立博物館、撮影・森村欣司）

せることができるのではないか、と考えている。天平五、六年ころである。

重ねて述べておくと、光明子が三千代の死をきっかけに聖徳太子への信仰を継承し、『金光明最勝王経』や『法華経』を崇敬するようになっていく。したがって「滅業障品」に登場する「福宝光明」という女性の来歴も、女人成仏の考え方も当然知っていたはずで、道慈を通して「光明子」という名に関心を抱いていたことも確かであろう。しかし、そのことを明確に自覚させたのが三千代の死ではなかったか。釈迦の前身とされた「福宝光明」こそ、三千代が求めた信仰の姿だったからである。むろん、道慈の勧めもあってのことであろうが、光明子にとっては改名もまた、三千代に対する供養の一環と考えていたように思われる。

光明子の仏教への傾斜は、基王につづく三千代の死が大きなきっかけになったというのが、わたくしの考えである。

すでに父不比等を失い、皇子基王を亡くしていた光明子であったが、つねに支えとなってきたのが母の三千代であった。その母を亡くした光明子は、これから聖武天皇と二人三脚で残された生涯を歩んでいくことになる。

第五章　四兄弟の急死

(1) 疫病の大流行

薄れる期待

天平元年（七二九）、光明子は原則を破って皇后に立てられた。そして、ひたすら皇子の誕生を待った。しかし、その兆しはいっこうになく、年月が経過していった。その間、光明子の母三千代がこの世を去ったのであった。

天平九年はじめのことと推測されるのだが、三人の女性が聖武夫人として入内している。光明子の二人の異母兄、武智麻呂の娘（南夫人と呼ばれた、名不詳）と房前の娘（北夫人と呼ばれた、名不詳）、および橘佐為の娘古那可智《こなかち》である。これらのキサキは次の二点において留意される。

ひとつは、入内のさいに与えられた位階が、藤原氏の娘は二人とも（無位から）正三位であ

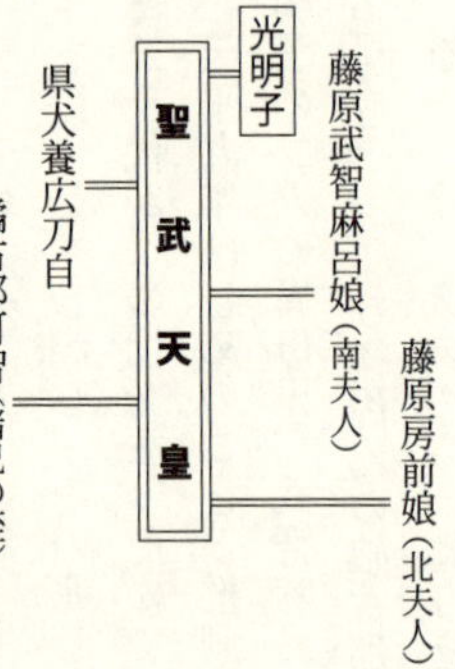

聖武天皇のキサキ

るのに比して、橘氏の娘は（無位から）従三位と一階低かったことである。藤原氏と橘氏との家格による差違であることは明白で、それは武智麻呂の築いた政権基盤の反映であったといってよい。

二つは、位階の差はともかく、橘氏の娘（三千代の孫）が入内していることである。キサキのことであるから、聖武天皇の意向を無視してことが進められたとは思えず、これは武智麻呂が聖武天皇や光明子に配慮し、後宮のバランスを図ったものに違いない。

それにしてもこの期に及んでの三人もの入内は、どう考えても光明子に皇子が生まれないことへの措置であったとしか思えないが、それを促した要因は安積親王の成長と光明子の加齢にあったと思う。基王が亡くなってからすでに九年、聖武天皇のただ一人の皇子である安積親王も十歳に成長していた。おのずから光明子もその年数だけ年齢を重ねており、いまや三十七歳、もう皇子の誕生を立后時ほどに期待することはできなかったろう。

キサキの新たな入内は、武智麻呂たち藤原氏一門の抱いた焦燥感を表している。それは、そのまま光明子が覚える苛立《いらだ》ち、焦りでもあったに違いない。

ただし、このときに入内したキサキたちが、その後皇子女を生んだという記事は見当たらな

天平９年の廟堂

右大臣	藤原武智麻呂	（58歳）	×7.25
中納言	多治比県守	（70歳）	×6.23
参議	藤原房前	（57歳）	×4.17
参議	藤原宇合	（44歳）	×8.5
参議	藤原麻呂	（43歳）	×7.13
参議	鈴鹿王	（？歳）	9.28知太政官事
参議	橘諸兄	（54歳）	9.28大納言（翌年１月右大臣）
参議	大伴道足	（？歳）	
	多治比広成	（？歳）	8.19参議→9.28中納言
	藤原豊成	（34歳）	12.12参議

（×印は没した月日）

い。この入内策も、結局は成果を上げることはなかったということである。

急増する犠牲者

そんな時も時、疫病が猛威を振るい、光明子の四人の兄、いわゆる藤原四兄弟の命をすべて奪ってしまった。豌豆瘡《わんとうそう》（俗に裳瘡《もがさ》とも）と呼ばれた天然痘が、天平七年（七三五）の夏から冬にかけて大宰府《だざいふ》管内で流行し、いったんは治まったかにみえたが、同九年に至り平城京に飛び火して蔓《まん》延《えん》したのである。これには帰国した遣新羅使《けんしらぎし》たちが関係していたようである。大使の阿倍継麻呂《あべのつぐまろ》は帰国途次、対馬で没し、副使の大伴三中《みなか》も「病に染みて京に入ることを得」なかったという（天平九年正月）。入京したのは大判官壬生宇太麻呂《みぶのうだまろ》らであったが、どうやらこの一行のなかに感染者がいて、疫病を都に持ち込んだものらしい。それが正月のことで、四月に入って死者が急増し、四位以上の者だけでも十一人（四月に一人、六月に四人、七月に四人、八月に二人）にのぼっている。

栄山寺八角堂　藤原仲麻呂が父武智麻呂の菩提を弔うために建立した。裏山に武智麻呂墓がある（写真・五條市）

そのなかに武智麻呂ら四兄弟も含まれていた。

最初に亡くなったのは不比等の次男の房前（参議民部卿、正三位、五十七歳）で四月十七日のこと、ついで七月十三日には末弟の麻呂（参議兵部卿、従三位、四十三歳）が没している。持節大使として陸奥にあった麻呂は、先述した東人の報告を奏上後（九六頁）、ほどなく帰京して感染したものであろうが、不運というほかはない。

二週間後の二十五日、今度は右大臣武智麻呂（従二位、五十八歳）が亡くなった。二日前の二十三日、聖武天皇は衰弱する武智麻呂の回復を願って天下に大赦している。『武智麻呂伝』によれば、死の前日（二十四日）、光明皇后みずからが見舞いに訪れたといい、訃報《ふほう》を聞いた聖武天皇は「羽葆鼓吹《うほうこすい》」（鳥の羽で作った飾り物、葬送に用いる）を与えたという。また『続日本紀』には正一位左大臣を授けられ、即日（『武智麻呂伝』には翌日）に没したとあり、一門における武智麻呂の卓越した立場がうかがわれる。最後の一人、不比等の三男宇合（参議兵部卿、正三位、四十四歳）も八月五日に世を去っている。

それにしても、聖武天皇や光明皇后が感染しなかったのは幸いであった。しかし皇后は、わずか四ヵ月の間に男兄弟をすべて失ったことになる。母の三千代が亡くなったのが四年前、その衝撃から体調を崩した光明子が、ようやく信仰に安堵を見出した矢先の出来事であった。

光明子はすでに両親を亡くし、その間息子も没している。そしていままた男の兄弟たちを失った。それも政権の中枢を担っていた兄弟たちであっただけに、砕けそうな悲しみと淋《さび》しさのなかにも、行く末に対する不安や恐れが脳裏をよぎったに違いない。しかし光明子には、まだ夫聖武天皇と娘阿倍内親王がいた。皇后として無為に過ごすわけにはいかなかったはずである。

責めは予にあり

藤原四兄弟が要職を占めた時代は、こうして一挙に終わってしまった。この間、中納言多治比県守も犠牲者となり、八人いた公卿のうち生き残ったのは鈴鹿王（長屋王の弟）・橘諸兄・大伴道足（いずれも参議）の三人だけとなった。

かつて、これほど都人を震撼《しんかん》させた災疫はなかった。『続日本紀』に、「是の年春、疫瘡大きに発《おこ》る。初め筑紫《つくし》より来たりて夏を経て秋に渉《わた》る。公卿以下天下の百姓相継ぎて没死すること、勝《あ》げて計《かぞ》うべからず（数えきれないほどであった）。近代以来、これ有らず（このようなことは近来このかた、いまだかつてなかったことである）」（天平九年〔七三七〕十二月二十七日条）と記している。

八月十三日、聖武天皇は詔を下して、「良《まこと》に朕が不徳に由《よ》りて、この災殃《さいおう》を致《いた》せり。天を仰ぎて慙《は》じ惶《おそ》り、敢《あ》えて寧《やす》く処《お》らず」と述べ、諸国の霊験ある神社に幣帛《へいはく》を捧《ささ》げている。すべてはみずからの不徳とする聖武天皇の気持ちは、ひしひしと胸に迫る。

天平年間に入ったころから、聖武天皇の詔勅にはこうした天皇としての自覚を示す文言が目立つようになる。たとえば天平二年四月十六日の詔は、婦女の衣服を「新様」に改めて風俗を整えることの重要性を説いたものであるが、そのなかで、「安不《あんふ》の事、予(聖武)一人に在り」(世間が安心か安心でないかは、すべて天皇である自分の責任である)と述べている。また同六年七月十二日、天災により大赦を命じた詔では、「責めは予一人に在り、兆庶《もろもろ》(一般の人民)に関《あず》かるに非《あら》ず」といい、翌七年五月二十三日、災異により大赦を命じた詔でも、「戦々兢々《せんせんきょうきょう》として責めは予に在り」と述懐している。天災を為政者の不徳とするのは儒教的な「災異思想」にもとづくもので、多少の修辞的表現はあったにせよ、聖武天皇の気持ちに偽りはなかったろう。繰り返すことになるが、こうした言葉は長屋王時代にもみられたが、この前後からとくに目立って表れるのが特徴である。聖武天皇は早くから帝王教育を受けてはいたが、思うに、基王を失ったことが天皇としての自覚をにわかに深化させていったのではなかろうか。皇子の喪失は、それほど大きな衝撃であったに違いない。それは、皇后である光明子にとっても同様であったろう。

それに追い打ちをかけたのが藤原四兄弟の死であった。しかしこの二人はその苦しみを背負いながら、なおも将来に希望を託しつつ、天皇・皇后としての役割を果たしていくことになる。

お膳立て

猖獗《しょうけつ》を極めた疫病は、この年（天平九年〔七三七〕）の暮れになってようやく沈静化した。それを待ちかねたように十二月二十七日、大倭国《やまとのくに》の表記が「大養徳国」（読みは「やまとのくに」）に改められている。文字通り、「大いに（天子としての）徳を養う」の意であり、これまで述べてきたことから明らかなように、聖武天皇の思いを込めたものである。このときの衝撃はよほど大きかったのであろう。国名表記を改めてまで責務の所在を天下に表明したのである。

この日の出来事として、もうひとつ注目したいのが、聖武天皇が三十六年ぶりに母宮子との対面を果たしていることである。

宮子は光明子の異母姉で、文武天皇元年（六九七）、文武天皇の夫人として入内し、四年後（七〇一年）首皇子を出産していた。このときの様子については本書の最初に詳しく述べたので、繰り返さない。宮子は出産以来、「幽憂《ゆうゆう》に沈」みほとんど隔離状態に置かれていたが、玄昉の治術で回復したとして、この日はじめて光明子の居所、皇后宮で母子対面が実現したのである。

出産を機に生じた精神的不安から、日常生活すらままならなかった宮子の病気は、長い間、父の不比等はもとより武智麻呂たち兄弟にとっても、負い目となっていたはずである。誕生以来、宮子から聖武天皇を遠ざけてきたのもそのためであり、聖武天皇や光明子もあえてそのことに関わろうとはしなかった。

それにしても、聖武がそのつもりならいつでもできたはずの母との対面をしなかったのは、考えてみれば不思議なことだが、それだけ宮子が重い症状であり、周囲の配慮に従わざるをえなかったのであろう。それが、これより数ヵ月前、天然痘にかかった藤原四兄弟が相次いで亡くなったあと、母子対面が実現している。この事実は、宮子の「隔離」に不比等やその意向を承けた息子たち（藤原四兄弟）が深く関わっていたことを物語っている。

それが四兄弟の死亡で、聖武天皇や光明子にかけられてきた有形無形の制約が一挙になくなった。それればかりかこのときの聖武天皇には、母に会って孝養を尽くすことこそが、「大養徳」たるべき天皇の務めという大きな名目もあった。光明子とて、そのことに異論のあろうはずはない。近くにいながら会えない、会おうとしないことほど、母子にとって不幸なことはないとさえ思っていたに違いない。

それが、この日三十六年ぶりにはじめて母子対面を果たした。場所が皇后宮であったのは、そのお膳立《ぜんだ》てが時の皇后光明子によってなされたことを推測させる。そして、その光明皇后の意向を承けて実際に事を運んだのが、玄昉と吉備真備の二人であった。

玄昉と吉備真備

この二人は、ともに聖武天皇母子の側近であり、一緒に入唐帰朝した間柄でもあった。

二人が帰国したのは二年前（天平七年〔七三五〕）であるが、玄昉は中国で、時の皇帝玄宗《げんそう》から三品に準じて紫の袈裟《けさ》を賜るほどの名声と厚遇を受けた僧である。聖武天皇もまた紫の袈裟を下賜したほか、僧正に任じて内道場に招き、いわば聖武天皇の護持僧としての地位を与えている。内道場とは宮中に設けられた仏殿である。

吉備真備もその博識から聖武天皇に抜擢された。宮廷で催される詩宴では必ず最初に詩賦を命じられるほどの学者であり、当時は宮子のために置かれた中宮職の次官（中宮亮《ちゅうぐうのすけ》）であった。しかも長官の中宮大夫橘佐為（三千代の息子）がこの年八月に疫病で亡くなってからは、真備が代わって取り仕切っていた。そんな二人であれば、聖武天皇母子のことは熟知していたはずである。

聖武天皇と宮子との母子対面は、こうした二人の連携によって実現したものと思われる。とくに玄昉は呪術的な知識や医術を身につけて帰朝していた。当時の僧侶には呪験《じゅげん》力をもち、医療看病で名をあげた者が少なくなかった。のち保良宮《ほらのみや》で病気になった孝謙太上天皇の治療にあたった道鏡《どうきょう》は、宿曜《すくよう》秘法によって病気を治したといい(1)、それによって孝謙太上天皇の寵《ちょう》を得ることになる。

それはさておき、玄昉はすでに聖武天皇の信頼を得ていたが、宮子の治療はその名声をさらに高めるまたとない機会であった。

こうしたことを考えると、聖武天皇母子の対面を劇的に実現させたのが玄昉と真備であったことは明白である。その場所が皇后宮であったのは、この二人が皇后光明子の意を承けて実現にこぎつけたことを示している。ここはかつて父の不比等邸であり、宮子にとってもまったく無縁の場所というわけではなかった。それに、かつて聖武天皇が育ったところでもあった。三十六年ぶりの対面として、まさにうってつけの場所が選ばれたということである。

宮子が〝病気〟であるとはいえ、三十六年もの間母子が一度も会うことがないという不自然さは、光明子の胸を痛めていたに違いない。劇的な対面を果たした聖武天皇と宮子が、お互いの感情をどのように表したのか、史料からは何もわからないが、対面を目の当たりにした光明子が安堵したことだけは確かであろう。

ともあれ、これを機に玄昉と真備に対する聖武天皇・光明子の信頼は急速に高まっていく。

(2) 立后路線の破綻

橘諸兄政権

藤原四兄弟の急死によって、政界地図は一変した。

武智麻呂が没して二ヵ月後の九月、生き残った鈴鹿王(故長屋王の弟、従三位)が知太政官事に、橘諸兄(従三位)が大納言に任じられ、政界の再建がなされている。廟堂は各氏族から代表一人が公卿になるという原則も復活され、武智麻呂時代と明らかに異なっている。

そのような廟堂構成のあった翌天平十年（七三八）正月十三日、聖武天皇と光明子の長女、阿倍内親王が立太子されている（時に二十一歳）。

その日、知太政官事鈴鹿王が正三位に昇叙されたが、注目されるのは大納言橘諸兄が従三位から正三位に叙されたうえ、右大臣に任じられたことである。

諸兄は数ヵ月前、中納言を経ないで大納言となったばかりであったから、右大臣の任命は異例の抜擢といってよい。時に五十五歳であった。武智麻呂に代わる諸兄政権の誕生であるが、これは皇太子阿倍のブレーンとして諸兄が選ばれたことを意味している。むろん、それが聖武天皇の引き立てであったことはいうまでもない。ただし、諸兄の政治的手腕が買われたというより、疫病死による人材枯渇の結果の人事であり、諸兄にとっては文字通り思いがけない幸運であった。

諸兄は三千代の子であり、光明子の異父兄にあたる。疫病によって父方（藤原系）の男兄弟四人を一挙に失った光明子であるが、代わって首班の座についたのは母方（県犬養系）の兄であった。諸兄は武智麻呂ともほぼ同年齢（四歳年下）であるが、これまで目立った活躍や昇進はない。父方の四兄弟を失った光明子は、それに代わる人物として、その役割を諸兄に期待したものと思われる。

以下、この諸兄について少し述べておくことにする。

皇親としての役割

葛城王（葛木王とも）こと橘諸兄は敏達天皇の玄孫、美努王を父とする五世王である。父も左京大夫・摂津大夫を歴任した程度で、政界での出世はほとんど望めなかった。母の三千代は美努王と別れて不比等の後妻となり、光明子を出産しているから、光明子とは異父兄妹になるが、それまでの経歴は三千代なり光明子の恩恵をそれほど受けたとは思えない。初叙は和銅三年（七一〇）正月、二十七歳のときで、その後も五世王がたどるごく一般的な経歴である。

葛城王の昇進が目立つのは、天平元年（七二九）からである。長屋王事件の翌月（三月）での人事で、正四位下に叙されている。これを皮切りに昇進を続け、天平三年八月、先述の参議就任によって一躍公卿の仲間入りを果たしたのである。時に王は四十八歳であった。同時に参議となった藤原氏の御曹司、宇合（三十八歳）や麻呂（三十七歳）とは比較にならないが、葛城王にしてみれば予想外の昇進であった。

五世王とはいえ、母の三千代の立場から、皇室とはことさら関係が深い。母の引き立てもあったと思われるが、長屋王が自害したあと皇親としての役割が期待されての昇進であったと、わたくしはみている。

その葛城王が天平八年十一月十一日、弟の佐為王とともに生母三千代が賜った橘宿禰の賜姓を願い、十七日、聖武天皇からそれを許されている。

橘賜姓

三千代が橘宿禰を賜姓されたのは和銅元年（七〇八）十一月、元明天皇の即位大嘗祭の宴席においてである。そのとき元明天皇は宮廷に仕えてきた三千代の忠誠を誉《ほ》め、橘を浮かべた杯を賜った。そのうえで、「橘は最高の果物で、人の好むものである。しかも枝は霜雪をしのいで繁茂し、葉は寒暑を経てもしぼまない。珠玉と光を競い、金銀に交じっても劣らずに美しい。その橘にちなんで汝に橘宿禰の姓を与えよう」との言葉を与えている。

葛城王が願い出たのは、元明から賜ったこの「橘宿禰」は、三千代が亡くなり（天平五年〔七三三〕）継ぐ者がいなければ失われてしまうので、名誉ある橘の名を継承したいというものである。皇族の戸籍を脱して臣籍に降るのは、この葛城王らがはじめてであった。

皇親の籍を改め臣籍につけるとは、いかにも格下げされたかのような印象があるが、そうではない。五世王（皇族籍の最後。五世王の場合、その嫡子に限って王号を称することは許されるが皇族籍からは除外される）である葛城王の場合、むしろ褒賞の意味が込められていた。のち孝謙天皇の時代、長屋王の子山背《やましろ》王（母は不比等の娘長娥子。長屋王事件では、母の関係から死を免れている）が兄弟らの起こそうとした謀反を通報したことに対して、孝謙天皇は姓を藤原朝臣、名を弟貞《おとさだ》と与えてその功を賞している。葛城王の場合も同様に、賜姓が特別の意味をもつ褒賞だったことは間違いない。

ともあれ葛城王の場合も、このまま推移すれば王族として衰微を余儀なくされるのは必定であった。そこで名誉ある橘の名を継承し、皇親勢力の一翼を担う存在となることを願ったのである。

『万葉集』（巻六―一〇〇九）には、このときの聖武天皇の御製が収められている（ただし左注には、これを元正太上天皇の歌とする異説を記している）。

橘は　実さへ花さへその葉さへ　枝に霜降れど　いや常葉《とこは》の樹

（橘は、実や花はいうまでもなくその葉までもが、枝に霜が積もってもいつまでも変わることのない常緑の木である）

賜姓にさいして天皇が歌を詠むのは格別のことであるが、このことに関連していえば、賜姓とともに葛城王が名前を諸兄《もろえ》と改めているのも、異例のことといわねばならない。弟の佐為王が、賜姓後も橘佐為と名乗っているように、王の時の名を名乗るのが一般的だったからである。

葛城王から諸兄へ

これについては、葛城王自身が諸兄の名に改めたとみる意見もあるが、そうではあるまい。「諸兄」の文言は五経のひとつ、『礼記《らいき》』にみえる。名前がこの『礼記』によったかどうかはわからないが、そこでは親族のなかにおける年長者を意味し、親族内での族長を示す言葉と解してよい。それを名前とするのは、みずからの立場を誇示することにほかならないが、そうだとすれば、自身から積極的に名乗る人物がいるであろうか。まして葛城王は格別の功績があったわけでも、一族内での立場が際だっていたわけでもない。そんな葛城王がみずから「諸兄」を名乗るとしたら、それは不遜であろう。ましてや、自身が光明子の同母兄であることを通して、聖武天皇の「諸兄」にあたる存在であることを主張しようとしたとの理解[2]は、とうてい賛成できるものではない。

『新撰姓氏録《しんせんしょうじろく》』（左京皇別）に、橘姓とともに諸兄の名前も与えられたと記されているように、「諸兄」の名は聖武天皇から与えられたとみて間違いない。

繰り返すことになるが、長屋王事件のあとの人事で二人の王、鈴鹿王と葛城王が議政官に抜擢されている。事件のあと、聖武天皇には主だった皇親はほとんどいなかった。新田部・舎人の両親王はすでに老齢であり、皇親の藩屏は皆無というに等しかった。その長屋王に代わる人物として求められたのが二人の王であったが、光明子との関係からとくに葛城王にその役割が要請されたものと考える。葛城王は光明子の兄であり、「諸兄」の名は、葛城王に対する聖武天皇の強い期待の表れであったといってよい。

ちなみに先の歌の左注には、このとき「太上天皇（元正）・皇后（光明子）、ともに皇后の宮に在《いま》して」酒宴が開かれ、歌はその宴席で詠まれたものと記している。皇后宮がこのような晴れやかな場所とされたのは、むろんそこが不比等・三千代夫妻の住んだ邸宅（不比等邸）だったからである。光明子にとっても、その日の宴は三千代の娘として矜持《きょうじ》をもったに違いない。

阿倍内親王の立太子

さて、天平十年（七三八）正月、阿倍内親王の立太子とともに諸兄政権が誕生した。このとき阿倍は二十一歳だったが、女性の皇太子ははじめてであり、まったく異例のことであった。基王の死から十年目である。

阿倍の立太子については、従来、成長する安積親王を抑えるために藤原氏がとった対抗策とみるのが大方の意見である。たしかに基王が亡くなったあとは、安積が聖武天皇の唯一の皇子であったから、このまま推移すれば早晩、皇位継承者として浮上することは明らかである。藤原氏にとって、もっとも警戒すべき事態であったから、機先を制する形で阿倍を皇太子に立てたのだというのである。

しかし、阿倍の立太子を実現したのは藤原氏ではない。

先にみた通り、立太子の前年（天平九年）、宮廷では藤原四兄弟の急逝によって、一族の政治力は一挙に失われていた。したがってこの時期の藤原氏には、立太子という皇位継承に関わる重大事を実現するような人材はいなかった。阿倍の立太子を推し進めたのは、聖武天皇その人と光明皇后である。

この前後、聖武天皇や光明子にとって皇位継承問題は、もはや猶予できない時期にきていた。

基王が亡くなった翌年、天平元年八月、夫人の立場にあった光明子を立后させたのは、なお光明子に皇子誕生を期待し、その立太子を（安積親王を抑えて）確実なものとするための措置であった。当時光明子は、まだ二十九歳という年齢だったからである。しかし十年近く経っても皇子は生まれない。すでに三十八歳になっていた光明子に、皇子誕生はおろか出産の望みはほとんど消えかかっていた。しかも安積親王は十一歳に成長していたから、早晩安積擁立の動きが出るであろうことは必至である。藤原四兄弟が急死したのはそういう状況にあったときで、聖武天皇や光明子としても、これ以上安積問題を放置しておくわけにはいかない時期にきていたのである。

光明子に皇子出産の気配がないなか、皇位継承問題に対する解決の糸口を求めて、聖武天皇や光明子は当然、苦慮していたはずである。阿倍内親王を未婚に据え置いていたのも、阿倍の擁立を視野に入れての措置であった可能性もなくはない。それが、藤原四兄弟の死によって現実味を帯び、実現に至ったものと考える。

その意味では、藤原四兄弟の死が聖武天皇の決断――阿倍の立太子を促す契機になったといってよい。むろん、それは光明皇后が下した結論でもあった。

阿倍から安積へ

ただし誤解していけないのは、阿倍の立太子が安積の皇位継承権を否定したものではないということである。

安積は嫡系ではないが、聖武天皇にとって唯一の直系皇子である。未婚の女帝となるであろう阿倍のあとを考えれば、その後継者は安積以外に存在しなかった。聖武天皇は、阿倍を差し置いて安積を擁立するような動きは、極度に警戒した。草壁皇統を正統とする、いわゆる「不改常典」を大義名分に即位を実現してきた文武・聖武天皇父子の事情を考えると、聖武天皇が嫡系継承に固執したのは当然である。(3)

ただし、聖武天皇は安積の皇位継承を決して否定したわけではない。しかし聖武天皇にとっては、女子ではあっても嫡系である阿倍を、安積に優先する皇位継承者に位置づけることが、何よりも優先されたのである。

阿倍の立太子は、そのあとの安積の皇位継承を見据えての措置であり、それによって安積も皇位継承へのパスポートを得たということである。むろん、そこには安積の将来について貴族たちの理解を得る政治的手続きという意味合いもあったのである。

以上が、熟慮の末に打ち出された皇位継承の構想であった。

光明子が立后して十年が経ち、皇位継承問題にケリをつけなければいけない時期を迎えていた。阿倍の立太子はそうした懸念にピリオドを打つと同時に、近い将来における安積の皇位継承権を保証して貴族たちの期待に応えるという、きわめて巧妙な、しかしそれ以外にはありえない妙手であった。

五節の舞

こうして阿倍は立太子した。二十一歳であった。

しかし女性皇太子としての阿倍の立場には、微妙なものがあった。これに関連することとして、わたくしは立太子から五年後、天平十五年（七四三）五月五日に行われた五節《ごせち》（田《た》）舞《まい》に注目する。これもまた、皇太子としては前例のない振る舞いだったからである。

そのころ、聖武天皇・光明子らは平城京を離れ、新たに造営させた恭仁宮《くにのみや》にいたが、皇太子阿倍自身（時に二十六歳）が群臣たちを前に五節を舞い、列座の人びとに感銘を与えている。

このとき聖武天皇は、「五節舞」は天武天皇が「礼《れい》と楽《がく》」とで天下を統治するために創始したという由来を述べ、自分もそれを継承していこうと考えて皇太子（阿倍内親王）に習わせたもので、いま元正太上天皇にそれを奉献いたします、と述べている。五節舞は五度、袖《そで》をひるがえすことにちなむ名称といい、五節田舞ともいわれたように、元来は農耕を祝う民間芸能であったが、宮廷に取り込まれ、のちには豊明節会《とよあかりのせちえ》で行われる典型的な宮廷芸能となったものである。その五節（田）舞が、神の意にも添う国家の礼楽と考えられていたことが知られる。

それにしても皇太子みずからが舞姫となるのは、前後に例がない。これは天武天皇が創《はじ》めた舞を阿倍が舞うことで、天武天皇の正統な皇位継承者であることを表明する儀式であった。したがってこの儀式は、聖武天皇・光明子があれほど待った皇子誕生を諦《あきら》めたことの表れといってよい。阿倍の立太子から五年が経ち、光明子もすでに四十三歳、もはや皇子の生まれる可能性はほとんどなかったろう。阿倍が五節舞を舞ったのは、光明子にとって「生まれざる皇子」への決別であった。

一縷の望み

それにしても、阿倍の立太子は異例であった。元明女帝や元正女帝の例にならい、女帝となるのに立太子する必要はなかった。聖武天皇がその気になれば、阿倍をただちに即位させることもできたはずである。それをあえて立太子→即位という前例のない手続きをとらせたのは、阿倍を嫡子として、男帝と同等の存在にするためであった。女性でありながら、〝男帝〟として即位させるための手続きだったのである。

ともあれ、阿倍の立太子によって聖武天皇のあとの皇位継承者は決まった。だとすれば、九年前の光明子の立后はどういう役割を果たしたことになるのであろうか。

繰り返していうように、立后はあくまでも基王のあとに生まれるであろう皇子のための措置であった。したがって、立后後は皇子さえ生まれればよかった。そしてひたすら待った。それは聖武天皇も光明子も同じであった。だが皇子は生まれない。そこでやむなく阿倍が立太子したが、それでもなお、聖武天皇と光明子は一縷《いちる》の望みを捨ててはいなかったはずである。

しかしそれも期待できなくなったときに行われたのが、皇太子阿倍の五節の舞であった。それは、光明子の立后の意図そのものが水泡に帰したことを意味している。立后路線の破綻《はたん》といってよい。

（3）決意の大仏造立

広嗣の乱

聖武天皇と母宮子との対面に深く関わったのを機に、玄昉と吉備真備に対する聖武天皇・光明子の信頼が急速に高まっていったことは、先に述べた。こうした二人を君側《くんそく》の奸《かん》として訴えたのが藤原広嗣《ひろつぐ》である。

聖武天皇の母子対面から三年後、天平十二年（七四〇）八月、時に大宰少弐《だざいのしょうに》であった広嗣は聖武天皇に上表文を提出し、「時政の得失を指《さ》し、天地の災異を陳《の》」べ、僧正玄昉と右衛士《うえじの》督《かみ》下道《しもつみち》（吉備）真備の追放を求めている。藤原四兄弟に代わって登場した諸兄政権を批判し、その元凶を聖武天皇や諸兄のブレーンである玄昉と真備とみて、二人の追放を迫ったのである。

広嗣は宇合（武智麻呂・房前の弟）の長子であるから、光明子の甥にあたる。二年前の天平十年四月、式部少輔《しょうゆう》のときに大養徳守《やまとのかみ》（大和守。相当位は従五位上）を兼任する。時に広嗣が従五位下であったことを考えると栄進であろう。

『続日本紀』には、広嗣は少年時代から多少凶暴なところがあり、父宇合はいつも追放したいといっていたが、聖武天皇がそれを許さなかったとある。光明子の甥ということもあってか、聖武天皇は目をかけていたようで、大養徳守の補任《ぶにん》も聖武天皇の温情であったに違いない。ところがそれから八ヵ月後の同年十二月、広嗣は突如大宰少弐に転出させられている。

聖武天皇の勅に、「京の中にありて親族を讒乱《ざんらん》す。故に遠きに遷《うつ》さしめてその心を改むることを冀《ねが》う」（天正十二年九月二十九日条）との言葉がみえ、明らかに左遷であった。「親族を讒乱す」（親族を中傷誹謗《ひぼう》する）というのが具体的にどのような行動をさすのかわからないが、武智麻呂政権が崩壊した後の一族の弱体化に不満を募らせ、それが一族に対する暴言となった可能性は十分に考えられる。聖武天皇にすれば、灸を据えるための左遷であった。

こうして大宰府へ下って二年足らず、天平十二年八月に提出したのが右の上表文であった。広嗣の上表文をみた聖武天皇は九月三日、参議大野東人を大将軍に任命、諸国の兵一万七千人を動員して討伐させた。広嗣の行動をただちにクーデターとみたのである。

征討軍を迎えた広嗣は、北九州の板櫃河《いたびつがわ》の決戦で敗れ、耽羅《たんら》（済州島《さいしゅうとう》）に逃れようとしたが、強風で船が吹き戻され、値嘉嶋《ちかのしま》（肥前《ひぜん》国松浦《まつら》郡）で捕らえられ処刑された。天平十二年十一月一日のことである。

およそ二ヵ月にわたる事件であったが、その間の聖武天皇の対応はじつに早い。矢継ぎ早に勅を下し、直接指示を与えている。聖武天皇にすれば、これまでかけてきた温情を裏切ったばかりか、信任厚い玄昉と真備を「君側の奸」呼ばわりした広嗣が許せなかったということであろう。

なお、広嗣の乱にみる果敢な対応は、聖武天皇や橘諸兄だけの考えではなく、軍略家としても知られる吉備真備の献策があったことはいうまでもない。

追体験

広嗣の乱の最中、十月二十九日、聖武天皇は皇后光明子や皇太子阿倍内親王・元正太上天皇らをともない平城京を出立している。

これより三日前（十月二十六日）、聖武天皇は大将軍大野東人らに対して、「朕は考えるところがあって、関東に行こうと思う。いまはそのようなことをするときではないが、やむを得ない。将軍よ、これを聞いても決して驚くではないぞ」という勅を発している。聖武天皇が「その時に非《あら》ずと雖《いえど》も」といったのは、むろん九州での広嗣事件がまだ解決していなかったことをさす。いわゆる「関東（＝東国）行幸」であるが、聖武天皇のいう「関東」とは、関（鈴鹿関・不破《ふわ》関）の東をさす。

平城京を出立した聖武天皇一行は大養徳（大和）国の堀越頓宮《ほりこしとんぐう》、伊賀《いが》国名張《なばり》郡、同国安保《あお》（阿保）頓宮を経て、十一月二日に伊勢国の河口《かわぐち》頓宮（聖武天皇はここを関宮《せきのみや》と命名）に到着している。東人から広嗣逮捕・誅殺《ちゅうさつ》の報が聖武天皇にもたらされたのは、この関宮に滞在中のことであった。

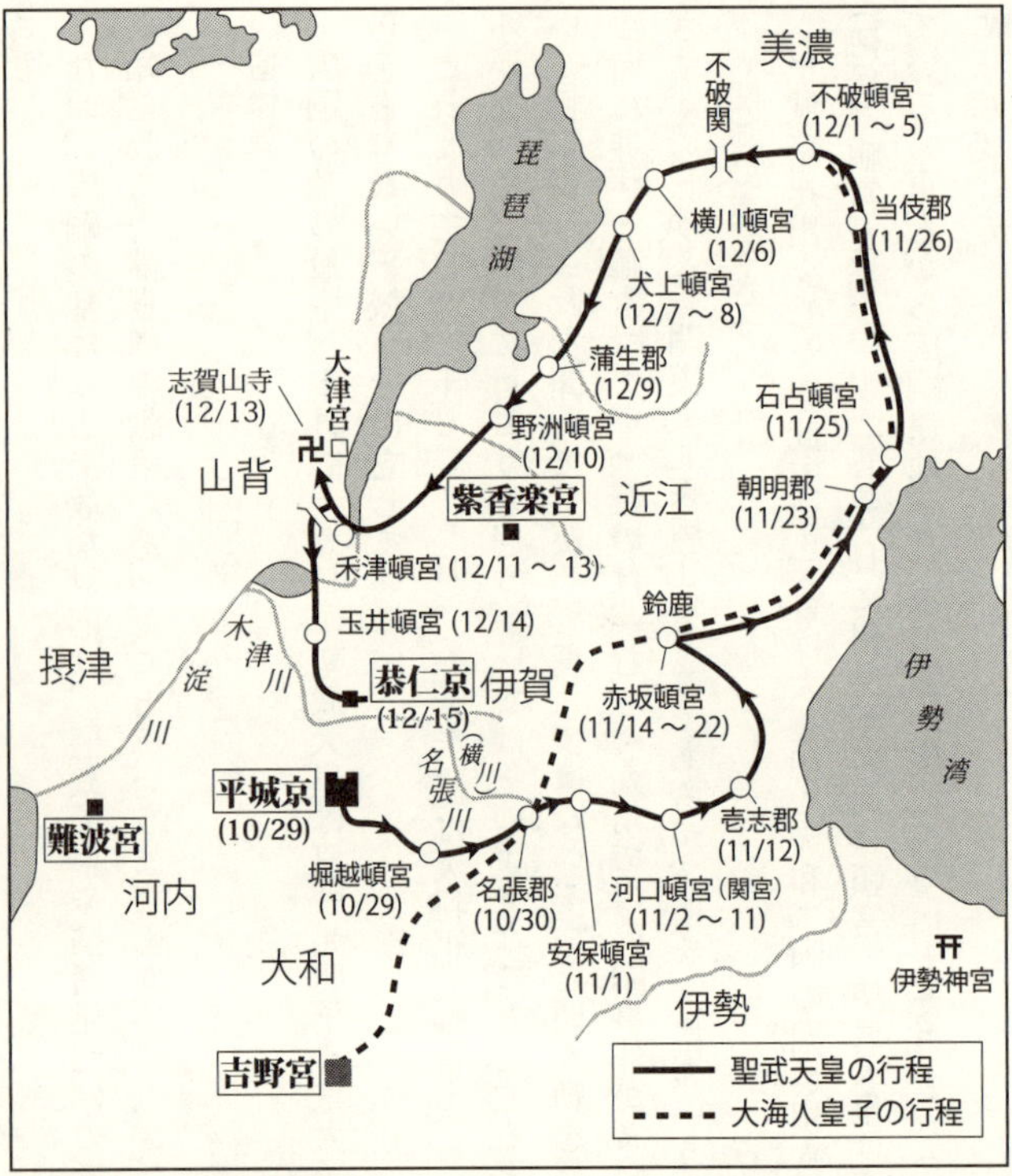
美濃
不破関
不破頓宮
(12/1 ～ 5)
琵琶湖
横川頓宮
(12/6)
当伎郡
(11/26)
犬上頓宮
(12/7 ～ 8)
志賀山寺
(12/13)
大津宮
蒲生郡
(12/9)
石占頓宮
(11/25)
野洲頓宮
(12/10)
山背
紫香楽宮
近江
朝明郡
(11/23)
禾津頓宮 (12/11 ～ 13)
鈴鹿
玉井頓宮 (12/14)
木津川
摂津
淀川
恭仁京
(12/15)
伊賀
赤坂頓宮
(11/14 ～ 22)
伊勢湾
名張川
横川
平城京
(10/29)
壱志郡
(11/12)
難波宮
堀越頓宮
(10/29)
名張郡
(10/30)
河口頓宮(関宮)
(11/2 ～ 11)
河内
安保頓宮
(11/1)
伊勢神宮
大和
伊勢
吉野宮
聖武天皇の行程
大海人皇子の行程

聖武天皇の東国行幸

しかし、それで聖武天皇は平城京に戻ったわけではない。それどころか関宮を出立した聖武天皇は伊勢湾西岸をさらに北上、朝明《あさけ》郡・桑名《くわな》郡（石占《いしうら》）から美濃《みの》国に入り、不破頓宮にたどりついている。

聖武天皇一行がたどった道筋は、出発点の違い（吉野と平城宮）はあれ、明らかに大半が壬申の乱（六七二年）における大海人皇子のそれと重なっている。聖武天皇が壬申の乱における大海人皇子の行動を意識し、それを追体験しようとしていたことはまず間違いない(4)。不破頓宮に到着した聖武天皇はそこで行幸の態勢を解き、貴族官人を除く騎兵たちを帰京させているが、これは不破が行幸の終着点だったからである。この不破こそ大海人皇子が本営を置き、大友皇子の首実検を行ったところであり、乱に勝利した記念すべき場所であった。

聖武天皇は、九州での広嗣事件の推移をまったく無視して平城京を離れたわけではない。むろん、事件解決への見通しがほぼついていたからであった。

大養徳恭仁京

聖武天皇は、このあと恭仁京《くにきょう》の造営に着手する。騎兵隊を解散した二日後の十二月六日、同行していた右大臣橘諸兄を先発させ、山背国相楽郡《やましろのくにそうらく》で着手させたのである。相楽郡には諸兄の別荘があった。

一行はそのあと、不破（美濃国）から近江に向かい、琵琶湖《びわこ》の東岸を南下して志賀《しが》郡禾津《あわづ》

（粟津《あわづ》）、玉井《たまのい》の頓宮を経て十二月十五日、聖武天皇は恭仁宮に入っている。『続日本紀』はこのときの様子を、「皇帝（聖武天皇）、前に在って恭仁宮に幸」し、「太上天皇（元正）・皇后（光明子）、後に在って至る」と記している。ことさら先頭をきって恭仁宮に入った聖武天皇、その後から続いて入っていった元正太上天皇と光明皇后、その光景が目に浮かぶようである。

工事は急ピッチで行われたが、一年を経過した時点でもなお大極殿《だいごくでん》の建造は間に合わなかったようで、天平十四年（七四二）正月の拝賀の儀は、仮造された四阿殿《あずまや》で行われている。この間、聖武天皇は新宮を「大養徳恭仁大宮」と名づけている（天平十三年十一月二十一日）。ここが山背国でありながら、あえて大養徳（大和）と命名したのは、木津川《きづがわ》を渡り奈良坂《ならさか》を越えればすぐそこに平城京があるという近さゆえの配慮であったろう。『万葉集』に、高丘河内連《たかおかのかわちのむらじ》が詠んだ次のような歌を収めている（巻六―一〇三八）。

故郷《ふるさと》は　遠くもあらず　一重山《ひとえやま》　越ゆるが故《から》に　念《おも》ひぞわが為《せ》し

（奈良の平城京はそれほど遠くもないのだ。山ひとつを越えてしまったばかりに逢《あ》うこともできず、恋い焦がれているのだ）

遷都後、貴族・官人たちは恭仁京への移住を命じられ、平城京への往き来を禁止されている。しかし、近いだけにかえって故郷への思いは募ったに違いない。右の歌はそうした人びとの感情が滲み出ている歌であるが、それに配慮して、ここも大和国のようなものだ、という意味を込めたのが「大養徳恭仁京」との表現ではなかったろうか。

ともあれ、聖武天皇が恭仁京に遷（造）都したのは、紫香楽《しがらき》で盧舎那《るしゃな》大仏を造顕するためであった。恭仁京の造営に着手してほぼ一年後、天平十四年二月、恭仁京の「東北道」（近江甲《こう》賀《か》郡に通じる道）が開かれ、以後、聖武天皇は紫香楽宮への行幸を行うようになる（一六七頁年表）。恭仁京は紫香楽での大仏造顕を行うための拠点であったのだ。恭仁の地が選ばれたのは、泉（木津）川に近かったからである。山中の奥まった紫香楽に、造顕に必要な大量の資材や人夫を輸送するには、これ以上適切な陸揚げ地はなかった。

恭仁京跡　恭仁宮の大極殿はのちに山背国分寺の金堂に転用された（写真・一般社団法人木津川市観光協会）

紫香楽宮の造営

天平十五年（七四三）、恭仁京に遷都して足かけ三年が経ち、人びとの生活もようやく落ち着いてきた。

今造る　久邇《くに》の都は　山川の　さやけき見れば
うべ知らすらし

同年八月に、大伴家持《やかもち》が恭仁京で詠んだ歌である（『万葉集』巻六―一〇三七）。恭仁京は山河の清らかな風景に包まれ、それをみるとここに都を営まれたのも、もっともなことと思われる、との恭仁京賛歌で、ほのぼのとした雰囲気が伝わってくるようだ。

ところがこの四ヵ月後、十二月二十六日、恭仁京の造営が突如停止された。紫香楽宮の造営に着手したために、莫大な費用をかけた恭仁京の造作を停止するというのである。『続日本紀』には、「初めて平城の大極殿幷《あわ》せて歩廊を壊《こぼ》ちて、恭仁宮に遷し造ること四年にして、茲《ここ》にその功纔《わず》かに畢《おわ》りぬ。用度《ようと》の費《ついや》さるること勝《あ》げて計《かぞ》うべからず」と記している。

紫香楽宮の造営はすでに前年（天平十四年）八月、造離宮司《ぞうりきゅうし》が任命され、紫香楽の地（近江国甲賀郡）で着手されていた。造離宮（紫香楽宮）司は恭仁京の造宮官の兼任であったから、恭仁京と紫香楽宮との造営は、一連の事業として行われていたのである。

聖武天皇自身がはじめて紫香楽宮に行幸したのは、任命から二週間ほど経ったころである。これを初度として同年十二月、翌十五年四月・七月と紫香楽への行幸を重ねている（一六七頁年表）。ちなみに四月の行幸では、従う者が五位以上は二十八人、六位以下はじつに二千三百七十人もの多数にのぼっている。とくに六位以下の人数の多さは、かれらが紫香楽での事業のために改めて動員・投入されたことを示している。

滞在日数も数日から十日程度が普通であったが、十五年七月の場合は三ヵ月余に及んでいる。

右に述べた恭仁京造営の停止が発表されたのは、その長期に及ぶ紫香楽行幸から戻った翌月のことであった。

この時点での聖武天皇の関心は、紫香楽にのみ向けられていたのである。

知識結と行基

紫香楽宮跡　ここで盧舎那仏造立の詔が下された

そのことは、紫香楽での長期滞在中に下された大仏造立の詔に示されている。七月から滞在していた聖武天皇は十月十五日、詔を発布した。造顕に対する聖武天皇の思い入れが長文にわたって縷々《るる》述べられたものであるが、内容をひと言でいえば、広く天下に呼びかけて行う造顕事業への理解を求めたものである。

造顕に対して聖武天皇が求めたのは、いわゆる「知識（結《ゆい》）」である。知（智）識とは、仏の功徳にあずかるために浄財を喜捨すること、あるいは喜捨した人をいい、人びとが力を合わせて行う仏事行為を知識結といった。詔のなかで、「富と権勢をもつ朕が尊像を造ることは容易《たやす》いが、それでは心のこもった造仏にならない。もし一枝の草や一握りの土でも捧げてこの造顕に協力したいと願う者があれば、それを許そう」と述べている。

そもそも聖武天皇が盧舎那仏を発願するきっかけとなったのは、河内国にある、その名も知識寺に行幸したことにあった。その本尊が盧舎那仏だったのである。河内知識寺というからには、一国範囲の知識結で造られたものであろう。天平十二年（七四〇）、光明子とともにこれを礼拝した聖武天皇が、自分もいつかこの像を奉造しようと発願したというのは、のち念願の盧舎那仏鋳造が軌道にのったころ、東大寺へ行幸した聖武天皇みずからが述懐しているが、『続日本紀』によれば、もともとこの造顕を勧めたのは光明子であったという（天平宝字四年〔七六〇〕六月七日条）。

ちなみに河内知識寺は早くに廃絶し、近くの石神社《いわ》（大阪府柏原市）境内に置かれているのが東塔跡から出土した礎石と伝えている。寺は石神社の西方にあったといい、いま路傍に「智識寺址」の石標がポツンと立っている。

それはさておき、大仏造立にあたり、聖武天皇は詔のなかで広く天下にこの知識（結）を呼びかけたのである。それは人びとの協力、同朋《どうぼう》意識を共有することによって事業を推進することが聖武天皇の理想だったからで、聖武天皇にとっては東国行幸も恭仁京の止住も、すべてはこの知識づくりのための手段であった。すなわち東国行幸は貴族官人たちと一体感を作り出し、恭仁京止住はかれらとの精神的紐帯《ちゅうたい》を強めるために必須《ひっす》不可欠のものだったのである。それが聖武天皇のめざした知識による造仏事業であったのだ。

聖武天皇が知識（結）方式を推進するために、もうひとつ注目したのが行基《ぎょうき》の存在である。

天平十三年七月から十月にかけて行われた賀世山《かせやま》の東河の架橋は、恭仁京造営の一環として畿内および諸国の優婆塞《うばそく》（男性の在家信者。女性は優婆夷《うばい》）らを使役したもので、工事の完成と引き替えに得度が認められた者は七百五人に及んでいる。かれらは行基に率いられた優婆塞たちであった。同十五年十月、紫香楽で盧舎那仏のために甲賀寺《こうがじ（でら）》の地が開かれたときには、『続日本紀』に「行基法師、弟子等を率いて衆庶《しゅうしょ》を勧誘す（民衆の参加を募った）」とある。ここで

（上）知（智）識寺址碑　東にある石（いわ）神社の境内に礎石が移されている
（下）知識寺東塔の心礎　この上に高さ49mの五重塔が建てられていたという

も行基が大仏造顕事業に積極的に参加協力したことが知られる。それまでは民衆を妖惑《ようわく》するものとして弾圧された行基が、かれに従う人びとを使って行った社会事業がしだいに評価され、恭仁京の造営や大仏の造立への協力が求められたのである。行基はのち大僧正まで贈られることになるが、それも聖武天皇の提唱する知識結の趣旨に合致する行為だったからにほかならない。

聖武天皇は大仏造立事業を推進するにあたり、この知識結方式に大きな期待をかけていたことが知られるのである。

(4) 国分寺と国分尼寺

国の華

聖武天皇の大仏造顕事業に関わる国分寺と国分尼寺についても述べておきたい。『続日本紀』には光明子が薨じたとき、「東大寺及び天下の国分寺を創建するは、本《もと》、太后(光明子)の勧むる所なり」(天平宝字四年〔七六〇〕六月七日条)とあり、国分寺建立にも光明子が深く関わっていたことが知られるからである。

そこで、話は恭仁京時代に遡る。

聖武天皇が恭仁京に遷って二ヵ月、天平十三年(七四一)二月十四日(『続日本紀』では三月二十四日）、「国分寺建立の詔」が出されている。趣旨は次の四点に要約できる。

①国ごとに七重塔を造り、『金光明最勝王経』と『妙法蓮華経《みょうほうれんげきょう》』を書写すること、またそれとは別に聖武天皇が配る金字の『金光明最勝王経』を塔ごとに安置すること。
②国分寺は「国の華」であるから、必ず「好処」を択《えら》んで永続するように心がけること。
③僧寺は「金光明四天王護国之寺《こんこうみょうしてんのうごこくのてら》」と称し、僧二十人、封五十戸、水田十町を置くこと。
④尼寺は「法華滅罪之寺《ほっけめつざいのてら》」と称し、尼十人、水田十町を置くこと。

国分二寺の名称や経営の細目を定め、国分寺の創建を具体的に指示したものであるが、しかしその構想は、このときにわかに打ち出されたものではない。個別的にはこれ以前から出されていた。

天平九年三月、九州から伝染してきた疫病が都に蔓延しつつあったころ、連年の凶作続きであったため、各国に釈迦牟尼仏《しゃかむにぶつ》一体と『大般若経』一部の造作を命じたのがその最初である。同十二年六月には、国ごとに七重塔を造り『法華経』十部を書写させ、同九月にも広嗣の乱の平定を祈願して、諸国に観世音菩薩像一体と『観音経』十巻を造らせている。「国分寺建立の詔」はそれらを集大成し、全体として推し進めることを表明したものであった。むろん、光明皇后の勧めあってのことである。

国分寺と大雲寺

国ごとに一寺を建立する、いわゆる国分寺は、天授《てんじゅ》元年（六九〇）、唐の則天武后が各州ごとに建立した大雲寺《だいうんじ》（大雲経寺《だいうんきょうじ》）の例にならったものである。

武后の目的は文字通り、大雲寺に『大雲経』を奉安させ、その経説を流布させるためであった。『大雲経』の特徴は、数多くの女性が仏の教えを受けるために登場することで、これは他の経典にはみられない。なかでも仏弟子の浄光天女が仏に帰依することで出世して女王（国の王）となるくだりが武后と重ねられ、関心を抱かせたという。女性である武后が権力の座につくことを正当づけるものだったからで、武后によって『大雲経』がクローズアップされるとともに、それを安置する大雲寺が設置されたと理解されている。(5)

わが国の国分寺の制度が大雲寺にならうものであったことは、まず間違いない。また「国分寺建立の詔」をはじめ、その造立に、入唐帰朝僧の玄昉が深く関わったことも確かであろう。『大雲経』の経説をはじめ、玄昉が在唐中に得た仏教知識や寺院の造営技術など、すべては聖武天皇や光明子に語られ、伝えられていたはずである。

そうした経緯のなかでわたくしが注目したいのは、『大雲経』に対する光明子の受け止め方である。むろんこれは推測にすぎないが、光明子が以前から関心を抱いていた『金光明最勝王経』や『法華経』と、玄昉から聞いた『大雲経』の教えとが、女性の救済や成仏という点で重なるものがあったのではないかと、わたくしは思っている。また武后の母楊氏《ようし》の系統が篤く仏教を崇拝し、武后自身も熱心な帰依者であったということが、光明子と生母三千代の姿にオーバーラップし、親近感を抱かせる一因になったであろう。そうした光明子が聖武天皇に国分寺建立を勧めるに至ったのも、けだし当然である。

国分寺建立に光明子が深く関わったことに関連して注目されるのが、詔が発布される一ヵ月前（正月）、「故太政大臣藤原朝臣（不比等）の家」から、食封五千戸の返上の申し出があり、そのうち三千戸を諸国国分寺に施入し、丈六造像料に充てられていることである（二千戸は藤原家に返されている）。不比等の財産の大半を受け継いだのは光明子であり、したがって封戸の返上・施入は光明子からの申し出によるものとみてよい。こうしたところにも、国分寺に対する光明子の思い入れの強さがうかがえる。

しかしだからといって、誤解していけないのは、光明皇后は則天武后にならい、女帝となって権力を握ろうとしたというのではない。いまでもこうした理解が根強く残っているが、光明子が女帝になろうとした形跡はまったくないことについては前述した通りである。

なお右にみたように、わが国の国分寺には僧寺と尼寺とがあった（国分尼寺を合わせて国分寺という場合もある）。当時の唐の制度にはみられないことであるが、これは六世紀後半、わが国で最初に出家したのが善信尼《ぜんしんに》（司馬達等《しばたっと》の娘、島《しま》）という女性（尼）であったことと無関係でないように思う。

詳述することは避けるが、出家第一号である善信尼は、蘇我馬子《うまこ》が司馬達等の娘島を出家させて石川《いしかわ》の精舎《しょうじゃ》に入れたのがはじまりで、そのとき島は十一歳の幼子であった。島が選ばれたのは、わが国では神に仕える巫女《みこ》は純粋無垢な童女とされたからである。司馬達等（中国南《なん》梁《りょう》の人）が故国から持参した仏像を人びとは「大唐神《おおからがみ》」と称したといい、当時、仏像は異国の〝神〟と認識されていた。だからこそ、わが国の出家第一号が僧でなく、尼が選ばれたのであり、そうした経緯で登場したことが、国分尼寺が別個に設けられた理由である。

国分寺と大仏造立

さて、「国分寺建立の詔」が発布されたのは、聖武天皇が恭仁京へ遷った直後のことであった。これは国分寺建立と大仏造立とが、一連の事業として進められたことを示している。

そのことは天平勝宝元年（七四九）四月、東大寺に行幸した聖武天皇が盧舎那仏の前で、「種々の法の中には仏の大御言《おおみこと》し国家護るがたには勝《すぐ》れたりと聞し召して、食国《おすくに》天下の諸国に最勝王経を坐《いま》せ、盧舎那仏化《つく》り奉る」（種々の法のなかでは仏法こそ国家を護るためには不可欠のものと思い、諸国に最勝王経〔『金光明最勝王経』〕を置かせ、〔天下に〕盧舎那仏を奉造するのだ）と述べたことにもうかがわれる。全国的規模で「最勝王経を置」き国分寺を造営する一方、国家の大事業として企図されたのが盧舎那仏造立であり、国分寺の制は、その中心となる盧舎那仏が存在して完結するものだったということである。

聖武天皇が紫香楽において、その大仏奉造の詔を下したのは国分寺建立の詔から二年後、天平十五年（七四三）十月十五日であった。この年七月から紫香楽に滞在していた聖武天皇は、八月、鴨川《かもがわ》（木津川）に行幸して宮川《みやかわ》と改名、翌九月には甲賀郡（紫香楽の所在地）の課税を畿内に準じて調は半減、庸は全免している。紫香楽宮を天皇在所とみなしたものである。

大仏鋳造の作業はただちに開始され、詔発布の翌十六日、東海・東山・北陸《ほくりく》の三道、合わせて二十五ヵ国の調庸物を紫香楽宮に貢進するように命じている。十九日には盧舎那仏造像のために寺（甲賀寺）地が開かれている。

しかしそれから数ヵ月後、衝撃的な出来事が聖武天皇を襲うことになる。

安積親王の急死

出来事というのは安積親王の急死である。天平十六年（七四四）閏正月十一日、聖武天皇が遷都を行うために難波京に向けて恭仁京を出発した、その日のことである。前年十二月二十六日、恭仁京の造営停止と引き替えに紫香楽宮造営を開始した矢先であった。

じつは十日ほど前、遷都についての意見聴取を行い、その過半数が恭仁京を良しとする結果が出ていた（一六七頁年表）。それを無視しての難波遷都である。いったい何のための聴取であったのか疑わしくなるし、難波遷都の意図がわからないという議論が生じるのも無理はない。

しかし、すべては恭仁京の造営停止を機に生じかねない、平城還都《かんと》への気運を抑えるための措

安積親王の墓　茶畑に囲まれた小丘陵にある。京都府相楽郡和束町

置であったと、わたくしは考えている。

それはさておき、この日行幸に扈従《こじゅう》していた安積親王が、不調を訴えたのである。『続日本紀』によれば、「脚《あし》の病《やまい》」であったという。聖武天皇の命によって「桜《さくら》井《い》頓宮（仮宮）」より恭仁京に引き返した親王は、しかし二日後に亡くなった。十七歳であった。

安積が引き返した桜井頓宮については、①現大阪府三《み》島《しま》郡島本町《しまもとちょう》桜井《さくらい》、もしくは②現東大阪市六万寺町《ろくまんじちょう》桜《さくら》井《い》と考えられているが、どちらの「桜井」であったにせよ、恭仁京に戻るよりは難波へ行くほうが近いことは確かである。にもかかわらず安積が恭仁京に引き返したのは、「脚の病」が治れば、安積を紫香楽へ呼び寄せるつもりであったのではないか。このあとの聖武天皇の行動をみると、難波での滞在もそこそこに紫香楽へ向かっているからである。当初から、聖武天皇の心は紫香楽にあり、難波は遷都宣言をするために一時的に立ち寄ったにすぎなかったと考える。

なお、安積に関していえば、その死があまりにも急であったことからこれを疑問視し、暗殺されたとみる意見(6)が強いが、決して暗殺されたのではない(7)。

しかし、安積の死によって、皇位継承について描いてきた聖武天皇と光明子の構想が、完全に潰《つい》え去ったことだけは確かである。

基王が亡くなり、いままた安積親王を失った聖武天皇と光明皇后、その悲しみには計り知れないものがあったろう。

難波での皇都宣言

安積の葬儀は型通りに行われたようだ。『続日本紀』には、亡くなったその日、従四位下の大市《おおち》王と紀飯麻呂《きのいいまろ》らを派遣して葬事を監護せしめたとある。

二月に入って、聖武天皇は恭仁京にあった駅鈴《えきれい》や内外印《ないげいん》を難波宮に取り寄せ、高御座《たかみくら》や大楯《おおたて》、兵庫《ひょうご》の器杖《きじょう》を運ばせ、難波遷都の条件づくりを進めている。その一方で、恭仁京の百姓たちに対しても、希望者には難波への移住を認めている。ただし、恭仁京遷都のときと違って、このたびは禁足令は出されていない。そうしたことから判断すると、このとき難波に移ったのはおそらく一部の人びとで、多くは恭仁京に留まったと思われる。しかし二十六日には「難波宮を以《もっ》て定めて皇都とす」との勅が下されたのである。ただし、このとき聖武天皇はすでに難波を離れており、勅を発したのは左大臣橘諸兄であった。聖武天皇と光明子は、この皇都宣言が出される二日前の二十四日、難波宮を去って紫香楽宮に赴いていたのである。

天皇・皇后が紫香楽へ出発後、諸兄が天皇不在の難波宮を皇都と宣布していることから、この勅を諸兄とともに難波宮に残った元正太上天皇の勅とみる意見や、残留した元正・諸兄と紫香楽の聖武天皇・光明子・仲麻呂との対立、いわば二所朝廷《にしょちょうてい》が現出したと想定する理解[8]もある。しかし、いずれにも賛成はできない。紫香楽へは、恭仁京からも難波京からも聖武天皇は「遷都」したわけではない。不在中の皇都宣言は、諸兄に勅を託したまでのことであった。それほどに造像に対して聖武天皇は苛立ちを募らせていたのである。

恭仁京の造営をやめ、紫香楽宮の造作を打ち出したうえでの難波遷都の強行、しかもその難波にもほんのわずかしか滞在せず紫香楽に赴いている――これだけから判断すれば、聖武天皇の行動は不可解としかいいようがない。しかし繰り返していうように、難波遷都は平城還都を避けつつ、大仏造立事業を進めるための措置であった。その点で、既存の建物や施設が利用できる難波宮は格好の場所であった。平城還都は、恭仁京を拠点に聖武天皇が描いてきた大仏造立の構想をすべて瓦解するものであり、恭仁京の造営停止を機に生ずる平城還都への気運を抑えることが難波遷都の措置であった。

こうした聖武天皇の考えや行動をすべて理解していたのは、光明皇后であったろう。

難波遷都もそこそこに紫香楽へ先行した聖武天皇には、焦燥感すら感取される。遷都の途次に起こった思いがけない出来事（安積親王の急死）が、聖武天皇の熱意をいっそう高揚させるものとなったことは間違いない。

都の郊外

紫香楽宮（甲賀寺）での鋳造は、天平十六年（七四四）十一月に至ってようやく骨組みができる段階にたどりついている。『続日本紀』にはそのときの様子を、「天皇みずから臨みて、手ずからその縄を引きたまう」と記している。みずからの手で縄を握り締めた聖武天皇の感激は想像に余りある。光明子はむろんのこと、それまで難波に留まっていた元正太上天皇も、これに参列している。

中国竜門の石窟寺院の大仏　中国河南省洛陽市の郊外にある。2000年にユネスコの世界遺産（文化遺産）に登録された（写真・中国国家観光局〔大阪〕）

ところで、大仏造立地として紫香楽山中が選ばれたのは、いわれるように中国における竜門石窟《りゅうもんせっくつ》の大仏を手本にしたと考える。

周知のように、竜門石窟は長安《ちょうあん》（唐の都）の副都洛陽《らくよう》の郊外にある。郊外にあることが大事なのである。すなわち、先述した「国分寺建立の詔」には建立の条件として、必ず「好処」を択ぶことが明記されていた（一五七頁）。それは「人家に近くて悪臭が及ぶのはよくないし、人家から遠くては参集の人びとを労するので好ましくない」というもので、都市と適当な距離にあること、すなわち都から遠くても近くてもいけないのが条件とされたのである。国分寺が大仏造立と一体の事業であったことを考えると、この条件はそのまま大仏造立地にも当てはまる。その意味で平城京から一日行程の紫香楽は、まさに「好処」であったと思われる。

ちなみに竜門石窟は、五世紀末の北魏《ほくぎ》から唐の時代にかけて刻まれた石窟群であるが、そのなかでもひときわ目を引くのが六七五年、則天武后が三年有余をかけて完成させた奉先寺《ほうせんじ》の大仏（盧舎那仏）である。高さが一七メートル余あったというが、聖武天皇とともに大仏造立を推進した光明皇后の脳裏には、玄昉から聞かされていたであろうこの奉先寺の盧舎那仏が焼き付いていたに違いない。

紫香楽の放棄

聖武天皇が盧舎那仏の体骨柱《たいこつちゅう》（骨組み）を建てる儀式で、みずからの手で縄を引いたのが天平十六年（七四四）十一月のことであった。

しかしこれより半年ほど前に紫香楽宮の西北に山火事があって以来、周辺の山々で火災が絶えず、紫香楽はすでに不穏な空気に包まれていたのである。その頻度（一六七頁年表）は、異常である。大仏造立事業に対する不満が充満していたことを暗示している。

紫香楽宮関係年表

天平14年 (742)	2月5日	**恭仁京東北道**を開き、近江国甲賀郡に通ず
	8月27日	①紫香楽宮行幸（～10月4日）
	12月29日	②紫香楽宮行幸（～翌15年1月2日）
天平15年 (743)	4月3日	③紫香楽宮行幸（～4月16日）
	5月27日	墾田永年私財法の発布
	7月26日	④紫香楽宮行幸（～11月2日）
	10月15日	紫香楽宮にて**大仏造立の詔**
	10月16日	25ヵ国の調庸物を紫香楽宮に貢納させる
	10月19日	紫香楽宮に寺地を開く。行基、弟子等を率いて衆庶を勧誘
	12月26日	**恭仁京の造営停止**
天平16年 (744)	閏1月1日	百官に定都を問う 恭仁京に賛成　五位以上24人、六位以下157人　181人 難波京に賛成　五位以上23人、六位以下130人　153人
	閏1月4日	市人に定京を問う。皆恭仁京を願う。難波1人、平城1人
	閏1月11日	難波宮行幸
	閏1月13日	安積親王没
	2月1日	恭仁京より駅鈴、内外印を難波宮に運ばせる
	2月20日	恭仁京より高御座、大楯を難波宮に運ばせる
	2月24日	⑤紫香楽宮行幸
	2月26日	勅を発し、**難波を皇都**となす
	4月13日	**紫香楽宮西北山**に火事
	11月13日	甲賀寺に**大仏の体骨柱**を立てる。元正も難波から参列
天平17年 (745)	1月21日	行基法師を大僧正となす
	4月1日	**市の西山**に火事
	4月3日	**寺の東山**に火事
	4月11日	**紫香楽宮東山**に火事。連日消えず
	5月2日	官人に定都を問う。皆平城と答える
	5月4日	四大寺の衆僧に定都を問う。皆平城と答える
	5月6日	恭仁京に還幸
	5月9日	**紫香楽宮山**火事
	5月11日	**平城宮に還御**
	8月28日	難波宮行幸（～9月26日）
	12月15日	恭仁京兵器を平城に運ぶ
天平18年 (746)	9月29日	恭仁京大極殿を山背国分寺に施入

そうした状況を感じ取った聖武天皇は、ついに紫香楽での事業を断念する。天平十七年五月、再び「どこを都としたいか」との意見聴取が行われた。今度は、全員一致して平城還都の希望であり、聖武天皇もこれに従っている。

『続日本紀』には、一年三ヵ月ぶりに恭仁京入りした聖武天皇が泉橋にさしかかると、「時に百姓、遥《はる》かに車駕《しゃが》を望み道の左に拝謁し、共に万歳を称《とな》」えたという（天平十七年五月六日条）。また恭仁京から平城京に戻った市人については、「暁夜争い行くこと、相接して絶えること无《な》」かったとある（五月十日条）。聖武天皇と光明子らが平城京に戻ったのは、その翌日（十一日）であった。

主の去った紫香楽は、「甲賀宮空《むな》しくして人无《な》し。盗賊充《み》ち斥《み》ちて、火も亦《また》滅《き》え」なかったという（五月十一日条）。

こうして「大養徳恭仁京」はその生命を終え、あしかけ五年にわたる「東国行幸」は終焉《しゅうえん》したのである。そして聖武天皇と光明子が構想した大仏造立事業も挫折《ざせつ》―中断した。考えてみれば、あまりにも時間を費やしすぎた。ようやく紫香楽の地で盧舎那仏造立にこぎつけたものの、時すでに遅く、人びとの不満が限界に達していたということである。

第六章　夫との別れ

(1) 大仏造立の再開

平城宮の〝甲賀寺〟

聖武天皇と光明皇后が平城京に戻ってきたのは、天平十七年（七四五）五月十一日のことである。『続日本紀』には、「是の日、平城へ行幸したまい、中宮院を御在所とす。旧皇后宮を宮寺《みやでら》とす。諸司の百官、各《おのおの》、本曹《ほんそう》へ帰る」とある。都へ還るのを「行幸」といわしめたところに、五年間という歳月の長さを思わせる。それほどに、「ふるさと」を遠いものにしていたのである。

聖武天皇の在所となった中宮（院）は平城宮の中心的殿舎であり、正月の宴をはじめさまざまな賜宴に使用されていた。基王が誕生したおり、盛大な宴が催されたのもここである。元正太上天皇も還都後、「中宮の西院」を在所としている。[1] 光明皇后については明らかでないが、こうしたことから考えると聖武天皇に従い、中宮の一画を在所にしたとみてよいであろう。大極殿など主要な建物は恭仁京に移転されて存在しなかったが、その他の殿舎は残されていたのである。また右の記事から、役所などもそのまま使用できたことが知られよう。

還都後の平城京について、聖武天皇の在所とともに注目されるのは、旧皇后宮が「宮寺」とされていることである。旧皇后宮、すなわちもと不比等邸であるが、その皇后宮内にあった建物をとりあえず寺に改めたので「宮寺」と称したものと思われる。むろん、「宮寺」というのはこれまでの宮城内には存在しなかったものである。それが聖武天皇の在所(中宮院)のかたわらに設けられたというのである。これは「宮寺」が在所と一体のものとして設けられたこと、すなわち聖武天皇が生活していくうえで不可欠の、心の拠りどころとした寺であったことを示している。

五年間のすべてを棄《す》てて紫香楽から還御した聖武天皇、その心の空洞を埋めてくれるものは紫香楽の盧舎那仏に代わるものでしかなかったろう。在所のかたわらに設けた「宮寺」は、いってみれば平城宮の〝甲賀寺〟であった。

じつは、この「宮寺」の設置を進めたのは光明皇后ではなかったか、とわたくしは考えている。聖武天皇が強烈な天皇意識の持ち主であったこと、ときには国名表記を改めてまでみずからの責務を明確にしようとしたことなど、天皇としての厳しい姿を光明皇后は、つねに目の当たりにみてきた。そんな聖武天皇が陥った挫折感・虚無感に接する皇后の心の痛みは、想像以上のものがあったに違いない。だれよりも聖武天皇を理解していた光明子だからこそ、〝甲賀寺〟の必要性を痛感したに違いない。それが在所のかたわらに設けられた「宮寺」であったと考える。しかもその場所というのが、幼少期の天皇と皇后がともに過ごした生活空間（不比等邸）であり、聖武天皇が生母宮子と劇的な対面を果たしたところ（皇后宮）であった。聖武天皇と関わりの深い場所が選ばれたところに、光明皇后の配慮がうかがえるとともに、「宮寺」の設置が光明子によってなされたことを推測させる。

皇后宮はどこに？

ところで、「宮寺」が設けられた（旧）皇后宮について、これをもとの不比等邸とみるのが通説である。すなわち立后した光明子は、亡き父不比等から伝領した邸宅を立后後の在所（皇后宮）にしたという理解である。

これに対して、近時、光明子の皇后宮は旧長屋王邸に置かれていたとする意見が出されている。すなわち光明子の立后にあたり、没官地《もっかん》（朝廷が重罪を犯した者から没収した家地）となっていた広大な旧長屋王邸を利用することになったといい、長屋王事件は、はじめから皇后宮として土地利用を計算に入れたうえでのシナリオだったともいう。(2) 深読みすれば、長屋王事件の黒幕は聖武天皇や光明子だったということにもなりかねないが、果たしてそうか。

旧長屋王邸に皇后宮が置かれたとみる根拠は、一九八八年から八九年にかけて出土した「二条大路木簡」と命名された遺物である。長屋王家木簡に関連して発掘された、文字通り二条大路から現れた出土物で、そのなかに天皇（聖武）・皇后（光明子）に関わる施設の木簡群が含まれており、旧不比等邸に皇后宮があったとすれば、遺物を捨てるには二条大路まで距離的に遠すぎるというのである。木簡群と皇后宮との関連や位置関係、その重要性などは十二分に認め尊重するが、しかし、それでもわたくしは皇后宮が、当初から長屋王邸に設けられたとする見方には賛成できない。

論証のなかで気になるのは、先に掲げた『続日本紀』の記事に対する理解である。「旧皇后宮を宮寺とす」との記述は、現在の皇后である光明子が、かつて立后前に住んでいたところ（これを旧皇后宮と理解する）を宮寺にした、と読むべきだ[3]というのである。しかし、それは出土物を重視するあまりの、史料の曲解というべきものではないか。立后前、すなわち夫人であった光明子の在所（とその役所）を「皇后宮」と称することなど、ありえない。

それよりも出土物を重視して考えるならば、むしろ還都後、宮寺を設けるために皇后宮を長屋王邸に移転したと理解すべきではないか。その場合、「旧皇后宮」とはむろん、東国行幸の出発前まで皇后宮が置かれていた不比等邸のことである。

平城京に戻ってきたとき、長屋王の自害からすでに十六年が経ち、事件も半ば風化しつつあった。その意味では、宮寺の地を提供するために長屋王宅への移転もありえないことではなかろう。史料の解釈にも無理がないように思う。
しかし十六年前の事件当初、世間では死を賜った長屋王への同情、ひいては天皇への非難にもつながる風潮が漂っていた。なぜそこまで追い詰めなければならなかったのか、といった疑念すら囁《ささや》かれていた（第三章参照）。そうした雰囲気のなかで、事件の没収地に皇后宮を設立するなどということは、とうてい考えられない。長屋王邸に置かれたとする理解を生かすならば、それは平城還都後のこととすべきであろう。当初、皇后宮は旧不比等邸に置かれたという通説の理解で間違いないと、わたくしは考える。

宮寺から法華寺へ

さて、皇后宮に設けられた宮寺についていうと、これが現法華寺の始まりである。のちに天《てん》平神護《ぴょうじんご》二年（七六六）十月、称徳《しょうとく》天皇（孝謙天皇が重祚《ちょうそ》して称徳女帝となる）が法華寺について、「この寺（法華寺）は朕が外祖父の太政大臣藤原大臣（不比等）の家に在り」と述べているからである。

ちなみに「宮寺」の名は天平十八年（七四六）四月二十二日の宮寺三綱牒《さんごうちょう》が確認される最後であり、一方、「法華寺」の名は同十九年正月二十日の法華寺政所牒《まんどころちょう》が初見である。したがって遅くとも天平十九年までに宮寺は大和国の国分尼寺である法華寺（正しくは法華滅罪之寺）に改称されたと思われる。

海竜王寺　皇后宮の北東隅に建てられたことから隅（角）寺と呼ばれた

すでに述べたようにこれ以前、天平十三年に聖武天皇は国分寺・国分尼寺建立の詔を下している。してみれば、宮寺が法華寺に改称されるまでの六年間、大和国の国分尼寺は存在しなかったのか、当然疑問となる。そんなことから改称以前、いわば最初の法華寺（旧法華寺）が別のところにあって、新法華寺（宮寺）が建立されたことでその機能は新法華寺に移されたとの理解もあるが、関係史料は存在せず、いずれとも判断はしがたい。

なお、法華寺（宮寺）の東北隅にはその名も隅寺《すみでら》（隅院とも）があった。東北隅にあったことにちなむ呼称で、こんにちの海竜王寺《かいりゅうおうじ》である。寺伝では天平三年、光明皇后の発願によって建立されたといい、僧玄昉が入ったとされる内道場がこの隅寺であるとする。境内からは飛鳥時代の古瓦が出土していることから、平城遷都以前から存在していたとの見方もある。

隅寺についてはそのなかに写経所が設けられており、『正倉院文書』によると天平八年、光明皇后発願の『一切経』書写が行われていたことが知られている。

また法華寺に現存する本尊十一面観音立像については、光明皇后作とも、その姿を写したものともいわれている。[4] 天竺《てんじく》（インド）の問答師が光明子の姿を模して造った十一面観音像三体のうちの一体であるとの伝承もある。[5] その一方で、観音像のモデルは光明皇后ではなく、嵯峨天皇の皇后橘嘉智子（檀林《だんりん》皇后）ではないか、との意見も出されている。衣文《えもん》の形式が平安初

法華寺十一面観音像（写真・法華寺）

期に下がるというのであるが、いずれとも判断は難しい。

いずれにせよ、右足の指がわずかに持ち上がり、まさに歩みだそうとする一瞬を捉《とら》えたかのような表現が特徴で、いまも観《み》る者の心を惹《ひ》きつける。

ともあれ、平城還都後、聖武天皇が拠りどころとした宮寺は、大和国国分尼寺である法華寺として整備され位置づけられたわけであるが、その役割についてはのちに改めて取り上げたい。

なお法華寺の西南隅には、のちにやはり光明子発願による阿弥陀浄土院も営まれたが、これについても後述に委ねたい。

みずから土を運ぶ

平城京に戻って三ヵ月後、天平十七年（七四五）八月二十三日、大仏造顕工事は再開されている。『東大寺要録』によれば、その日聖武天皇はみずから袖に土を入れて運び、光明子をはじめ貴族官人たちもそれにならって土を運んで基壇（大仏の座）を築き固めたという。紫香楽で下した詔のなかで、「一枝《ひとえだ》の草・一把《ひとにぎり》の土であっても協力してほしい」と述べた聖武天皇の言葉が想起されよう。再開にあたっても、聖武天皇や光明子らのその思いは、なお生きていたのである。

平城京での大仏鋳造は当初、金光明寺（大和国の国分寺、金鐘寺）に設けられた造仏所が担当した。首脳陣は長官の国君麻呂《くにのきみまろ》（公麻呂とも）と玄蕃頭《げんばのかみ》市原《いちはら》王、大倭少掾《やまとのしょうじょう》佐伯今毛人《さえきのいまえみし》の三人であった。大仏師の君麻呂を除く他の二人は、資材の調達や役民の徴発などにあたる事務系官僚である。

国君麻呂は天智天皇二年（六六三）、百済滅亡によって渡来した国骨富《くにのこつふ》の孫で、紫香楽宮時代から大仏造立に携わっていた。君麻呂の造仏技術が祖父から学んだものかどうか、詳しくはわからない。君麻呂は国中村《くになか》（大和国葛下《かずらきのしも》郡）に住んでいたのにちなみ、大仏完成後、その功績により国中連《くになかのむらじ》の姓を賜っている。

それはともかく、聖武天皇みずからが土を運び造立を再開したことで、心の区切りがついたのであろうか、五日後（八月二十八日）、難波に出発している。むろん光明皇后も同道しての行幸である。ところが難波宮に到着後、まもなく聖武天皇は病床に伏し、不安定な容体が十日以上も続くことになる。おそらく病状がただごとではなかったのであろう、そんななか、聖武天皇は勅を下し、みずからの体調不良について、「治道《ちどう》の失《しつ》有りて、民多く罪に罹《かか》るにあらん（朕の治政に失態があって、人民の多くを罪人にしているようだ）」と述べている（九月十七日）。

聖武天皇のいう「治道の失」は、五年間に及ぶ東国行幸以外に考えられない。病に倒れ快方の兆しがみえないなかで、聖武天皇の心を襲ったのは、何ひとつ実らなかった「五年間」への責任だったのである。

しかし、幸いにも聖武天皇はまもなく回復し、九月二十五日に難波を出発、翌二十六日、平城宮に還御している。難波宮滞在は一ヵ月に及んだが、それでも回復した夫聖武天皇の姿を目にし、光明子は胸をなで下ろしたに違いない。

燃灯供養

難波から戻った聖武天皇だが、その後も体調は決してよくはなかったようである。しかし、聖武天皇にとっての救いは、再開した大仏造顕が順調に進んでいたことであろう。基礎工事に着手してから一年二ヵ月経った天平十八年(七四六)十月六日、燃灯供養《ねんとう》が行われ、聖武天皇が元正太上天皇、光明皇后とともに金鐘寺に行幸して盧舎那仏を供養した様子が、『続日本紀』に次のように記されている。

仏像の前後には灯火一万五千七百余坏《つき》が置かれ、夜の一更《こう》(午後八時ころ)になって数千の僧侶が脂燭《しそく》を捧《ささ》げて、賛歎《さんたん》供養しながら仏像の周囲を三度廻る。

このとき供養した仏像は盧舎那仏の原型とも、のち千手堂に安置された銅の盧舎那仏ともいわれるが、いずれにせよ、その完成とこれから着手する大仏鋳造を祈願する供養であった。暗《くら》闇《やみ》のなか、夥《おびただ》しい灯明に照らし出された仏像を、聖武天皇や光明子はどのような思いで眺めたであろうか。聖武天皇・光明子たちが平城宮に帰ったのは、三更(午前零時ころ)である。燃灯供養は、こうして無事に終わった。

新薬師寺の建立

しかし、聖武天皇の体調は相変わらず回復とまではいかなかったようだ。難波から戻って以降、元旦朝賀の儀が停止されているのは、聖武天皇の不調と決して無関係ではない。

「治道の失」として難波宮で聖武天皇が自省の勅を発した二日後（九月十九日）、聖武天皇は重態に陥っている。その日ただちに京師《けいし》（平城京）・畿内の諸寺に薬師悔過《けか》を修せしめ、賀茂・松尾《まつお》などの神社に奉幣し、また諸国で放生《ほうじょう》、三千八百人を出家させるなどして必死の祈願がなされている。翌二十日にも平癒のために八幡《はちまん》神社（宇佐《うさ》八幡宮《はちまんぐう》）に奉幣し、合わせて京師と諸国に『大般若経』を書写させ、「薬師仏像七軀、高さ六尺三寸」の造立と『薬師経』の書写を命じている。

新薬師寺金堂基壇跡　2008年に行われた発掘調査によって大型建物跡が検出された（写真・読売新聞社）

『続日本紀』に記事はみえないが、この七仏薬師像を本尊として安置したのが新薬師寺《しんやくしじ》で、光明皇后の発願とするのが通説になっている。『東大寺要録』（巻一・本願章第一）に天平十九年（七四七）三月のこととして、「仁政皇后（光明皇后）、天皇（聖武）不予《ふよ》（病気）によって新薬師寺を建つ。幷《あわ》せて七仏薬師像を造る」と記しているからである。また同書（「延暦僧録文」）によれば、光明皇后建立の新薬師寺は別名「香薬寺《こうやくじ》」といい、九間の仏殿に七仏（薬師）浄土七軀が安置されていたともある。

平成二十年（二〇〇八）、発掘調査が行われ、新薬師寺の金堂跡とみられる遺構が検出された。基壇は六八メートル（正面）・二八メートル（奥行）の規模をもつ大型の建物だったと推定されているが、何よりも話題となったのが、金堂正面に幅五二メートルの横長の総階段が設けられていたことである。当時の階段は、本尊安置の正面中央か、あるいはその両側に、多くても三ヵ所、中央の一間から三間部に設けられるのが一般的であった。その意味で横長の総階段は前例のない、型破りの構造で、その大きさも現在の東大寺大仏殿につぐ巨大建造物であったことを思わせる。

新薬師寺については、これより二年前の天平十七年、聖武天皇が光明皇后の眼病平癒を祈願して建立したという伝承もあるが、聖武天皇の体調不良が続いたというこの時期からいって、新薬師寺は光明皇后の発願とみて間違いない。破格の大きさは、深刻な病状に陥った聖武天皇の平癒を祈る、並々ならぬ光明皇后の気持ちの表れであったとみられよう。

香山寺と金鐘寺「山房」

なお、光明皇后建立の新薬師寺（香薬寺）に関連して述べておかねばならないのが香山寺《こうぜんじ》である。先の『東大寺要録』(「延暦僧録文」)に、「皇后また香山寺金堂を造る。仏事荘厳具足す。東西楼榭《ろうしゃ》帯に影り、左右危観《きかん》虚敞《こしょう》たり。雅麗名づけがたし」とあり、皇后が香薬寺(新薬師寺)のほかに香山寺(香山堂)も創建したと記している。

ただし、この香山寺と香薬寺との関係についてはさまざまな意見が出され、簡単には推断できないようだ。発願が光明子であったとしても、両寺は同じ寺院(新薬師寺)の別称とする理解もあれば、それぞれ別個の寺院であったとの見解も出されているからである。

いずれとも判断しがたいが、わたくしが注目したいのは、天平勝宝八歳(八年、七五六)に作成された「東大寺山堺四至図《さんかいししず》」(東大寺の寺域を示す図)に「香山堂」の名がみえることである。図面の右下(東南)、香山堂に通じる道が「山房道」と記されており、香山堂が山房とも呼ばれていたことが知られるからである。(6) 四至図は東大寺域を示したものであるから、ここにみえる「山房」とは東大寺の前身寺院である金鐘寺山房のこととみて間違いない。こうしたことから、わたくしは光明皇后建立の香山寺(香山堂)が金鐘寺山房である可能性は十分にあると考える。

金鐘(鍾とも)寺は平城還都後、大仏造立が再開された地(東大寺地)であるが、この金鐘寺が聖武天皇の皇太子基王の菩提寺《ぼだいじ》、「山房」とするのが通説である。たしかに天平十一年(七三九)七月の皇后宮職移案に「金鐘山房」とみえる。しかし注意すべきは、「金鐘山房」とは金鐘(寺)という名の山房ではなく、「金鐘寺の寺域にある山房」の意だということである。

そしてこの「山房」は、夭折した基王の冥福を祈るために従四位下智努王を「造山房長官」に任じて造営し、智行僧九人を住まわせたという基王の菩提所のことに間違いない（六〇頁）。したがってこの「山房」が所在地だけでなく、管理運営などのうえでも金鐘寺と関わりが深かったことは確かであるが、金鐘寺そのものは「山房」の造営以前、つまり基王が亡くなる以前から存在していたと考えるべきであり、金鐘寺自体を基王の菩提所（山房）とする通説は訂正される必要がある。

繰り返すことになるが、わたくしは先の香山堂（香山寺）を基王の菩提所、金鐘山房のことと判断する。さらにいうならば、この香山堂（金鐘山房）はのちに香薬寺と合併して香山薬師寺（新薬師寺）と呼ばれるようになったと理解すべきではないかと考える。いずれも光明皇后と関わりの深い寺であり、その由緒も基王と聖武天皇という光明子につながる寺だからである。

大和の国分寺

それとともに留意されるのは、『東大寺要録』（巻七）に引用されている天平十四年（七四二）七月十四日付けの太政官符に、「金光明寺と称す、本の名は金鐘寺」という記載である。これは天平十四年七月以前、金鐘寺に金光明寺の呼称が与えられていたことを示す。金光明寺は前年二月、国分寺を「金光明四天王護国之寺」と定めた、いわゆる国分寺詔に従う呼称で、これは金鐘寺が大和国の国分寺とされたことを意味する。国衙《こくが》所属の寺となったわけである。大仏造顕の再開はその三年後であるから、再開された場所は金鐘寺というより、正確にいえば金光明寺すなわち大和国の国分寺においてであったことに留意する必要がある。

こうしたことを考えると、金光明寺（金鐘寺）が大仏造立地に選ばれた最大の理由は、大和国の国分寺であった点にある。一帯が巨像を造るのに適地であったことはいうまでもないが、それ以上に国分寺であったということに重要な意味がある。大和国分寺の本尊として盧舎那仏を据え、総国分寺とすることで、全国に造営を命じた国分寺・国分尼寺の制も完結する。盧舎那仏を中心とする仏教世界の構築を理想とした聖武天皇にとって、総国分寺における盧舎那仏の造立は、これまでの事業の総仕上げの意味をもつことになったのである。

なお、『続日本紀』には天平十八年、燃灯供養が「金鐘寺」で行われたとみえるように、金光明寺の名が与えられたあとも金鐘寺と呼ばれているが、これは通称が用いられたものと考える。

東大寺は、盧舎那仏を本尊とするこの金光明寺が発展したものであるが、それが全国の国分寺の中心、総国分寺として大規模に整備され位置づけられたのは、以上のような経緯による。

ちなみに、「東大寺」の名は天平十九年が史料上で確認される初見である。(7)

(2) 譲位と即位

三宝の奴

平城京に戻ってからの大仏鋳造はおおむね順調に進められ、天平二十一年(七四九)ころにはほぼ出来上がっていたが、唯一の心配は大仏の鍍金《ときん》に必要な金の入手であった。肝心のその金が、当時、日本では産出しないと考えられていたのである。その金が陸奥国から出土したという知らせが届いたのは、天平二十一年二月二十二日であった。聖武天皇たちが歓喜したのも無理はない。

四月一日、聖武天皇は光明皇后・皇太子阿倍内親王とともに百官を率いて東大寺に行幸し、鋳造中の盧舎那仏の前で報謝している。『続日本紀』によると、天皇は前殿《まえどの》(盧舎那仏の前に造られた礼拝用の建物。大仏殿はまだできていない)に御して盧舎那仏に北面して坐し、これに光明皇后と皇太子阿倍内親王が侍したという。ついで仏の前で二つの宣命を読ませている。ひとつは、盧舎那仏に奏上をしたもの、もうひとつは、百官に下されたもの、である。

有名な「三宝《さんぼう》の奴《やっこ》と仕え奉る天皇云々」という文言で始まるのが第一の宣命で、盧舎那仏に向かった聖武天皇が、みずからを「三宝の奴」と称している。「三宝」はもともと仏・法・僧をさすが、ここでは仏=盧舎那仏を意味する。すなわちこれは明らかに仏に対して〝臣従〟を誓ったものであり、またこのとき聖武天皇が大仏に北面して坐したのも、その気持ちの表れであった。中国の故事を持ち出すまでもなく、天皇は南面し、臣下は北面して対座するのが通例だったからである。

これに対して第二の宣命では、心配された大仏鋳造も黄金の産出で完成に近づいたことに感謝すると述べたあと、不比等と三千代の功績を挙げ、男女を問わず子孫を優遇しようといい、

黄金山神社　このあたりが聖武天皇を歓喜させた産金の地という。宮城県遠田郡涌谷町

さらに大伴・佐伯両氏の名をことさら挙げて、その忠勤を誉め称《たた》えている。「海行かば云々」と言い伝え、「内《うち》の兵《つわもの》」として護衛にあたってきたその忠誠心を失わないで、これからも仕えてほしいと訴えたのである。天皇家内部の結束を呼びかけているのが印象的である。ちなみに二週間後、聖武天皇は再び東大寺に行幸し、盧舎那仏の前で左大臣橘諸兄を従一位から正一位に、次席の藤原豊成《とよなり》（武智麻呂の嫡男、従二位）を右大臣に任命している。政界は橘氏と藤原氏が主導し、大伴・佐伯両氏が朝廷の軍兵として天皇を護衛するというのが、聖武天皇の描く政治的構想であったことが知られよう。

そして聖武天皇は、おそらくこの段階で近い将来にお

ける出家の気持ちを固めていたとわたくしはみる。黄金出土を記念して、この日年号に感宝の二字が加えられ、天平感宝《てんぴょうかんぽう》元年と改められている。

それにしても留意されるのは、聖武天皇が不比等や三千代の子孫を厚遇するのは当然のこととしても、「功臣（不比等・三千代）の子孫たちはこれまで男子だけを優遇してきたが、祖先の家門をけがさず朝廷に奉仕してほしいので、男女を問わず恩典を与えよう」といって、女性も褒賞の対象としていることである。聖武天皇がこうした女性に対する厚遇措置を打ち出した背景に、母の宮子、とりわけ光明皇后・阿倍内親王母子の存在が深く関わっているように思われる。平城還都後、体調を崩していた聖武天皇を身近にいて支えたのがこの妻であり娘であった。しかし、聖武天皇が心を痛めたのも、自身亡きあとの母娘の行く末であった。女性も褒賞の対象としているのは、そうした母娘を思いやる聖武天皇の配慮から出たものではなかったろうか。

太上天皇沙弥勝満

大仏造顕も、黄金の産出でようやく完成のメドがついた。大仏殿は未完成であったが、聖武天皇の大願は大仏の造立であり、達成感を抱いたのも当然のことと思われる。そして、これが聖武天皇に譲位を決断させた要因になったとみる。

ただし、大仏開眼供養（七五二年）はまだ先のことであった。その日を待たずに譲位した（七四九年）のを不可解とみる向きもあるが、平城京へ戻ってからの聖武天皇は、繰り返し述べたように体調不良が続いていた。このとき聖武天皇は四十九歳、決して老齢というわけではないが、いつ難波宮で起きたような重態に陥らないとも限らない、そういう不安がつきまとっていた。

また前年からこの年にかけて元正太上天皇（天平二十年〔七四八〕没）・藤原南夫人（天平二十年没）、そして行基（天平二十一年没）という身近な人びとを失ったことも聖武天皇の出家願望を強め、譲位に踏み切る誘因になっていたであろう。あとで述べるように、聖武天皇の場合、出家と譲位はほとんど同義語であった。

『続日本紀』には、東大寺行幸を終えたあとの天平感宝元年（七四九）閏五月二十日、聖武天皇は大安寺《だいあんじ》以下五大寺や諸寺に墾田を施入し、その願文《がんもん》でみずからの病気平癒や延命を祈願しているが、そのなかで聖武天皇自身が「太上天皇沙弥勝満《しゃみしょうまん》」と称している。いうまでもなく勝満は聖武天皇の法名で、沙弥と称したのはこの年正月、行基から沙弥戒《かい》を受けていたからである。母の宮子、光明子もこのとき受戒をしており、それぞれ沙弥徳太《とこた》・同万福《まんぷく》と称したという。聖武天皇は三日後の閏五月二十三日、薬師寺宮に遷御して御在所としている。

聖武天皇が阿倍内親王に譲位したのはこの年七月のことであるが、譲位も出家もしていない時期にもかかわらず、「太上天皇沙弥勝満」と自称したのは聖武天皇が示した願望であり、出家＝譲位を願う意思表示であったと考える。願文のなかで用いられた「太上天皇沙弥勝満」は、あくまでもこの時点では自称であり、正式な呼称ではない。聖武天皇の強い決意の表れとわたくしは理解する。

天平感宝元年七月二日、聖武天皇は譲位し、阿倍内親王が即位した。時に三十二歳の孝謙女帝である。しかし、女帝孝謙の立場は決して安定していたわけではない。女帝の弱さをだれよりも承知していたのは、聖武と光明子であった。

孝謙天皇を正統な天皇に仕立てること、それが譲位後の聖武と光明子の課題であった。

開眼供養

聖武が譲位したあと、大仏造顕事業は娘の孝謙天皇に受け継がれた。

仏身の鋳造は天平十九年（七四七）九月から始められ、天平勝宝元年（七四九。天平感宝から七月に改元）十月にはほぼ完成、その間、八度にわたって鋳込みが行われている。蓮座に『梵《ぼん》網経《もうきょう》』の世界観が線刻され、大仏を覆うための大仏殿の造営も始められている。それにともない組織の拡充が図られ、天平二十年七月ころ、金光明寺造仏所は造東大寺司と改められている。

天平勝宝四年三月十四日、最後の仕上げの鍍金作業が始められた。『東大寺要録』によれば、聖武はその一週間後の二十一日勅書を送り、僧正菩提僊那《ぼだいせんな》に開眼の導師を、律師隆尊《りゅうそん》に『華《け》厳経《ごんきょう》』の講師を依頼している。予定された開眼日は灌仏会《かんぶつえ》の四月八日であった（実際には一日延びて九日に行われている）。留意されるのは菩提僧正あての勅書で聖武が、「朕の身疲れ弱り、

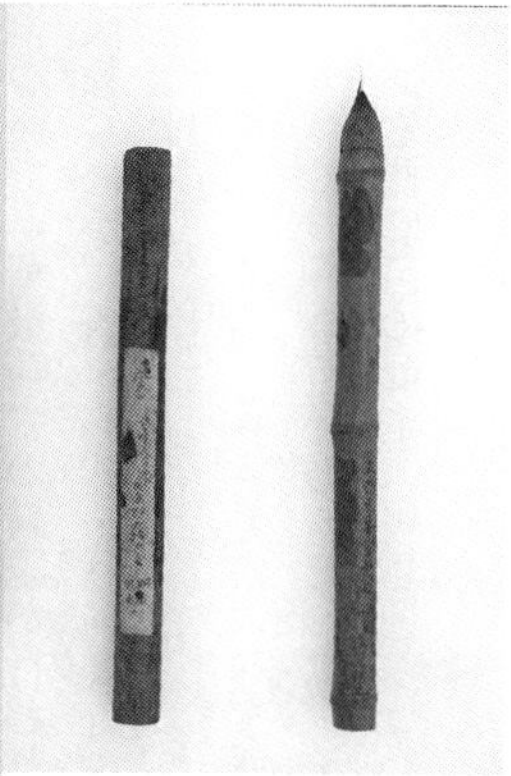

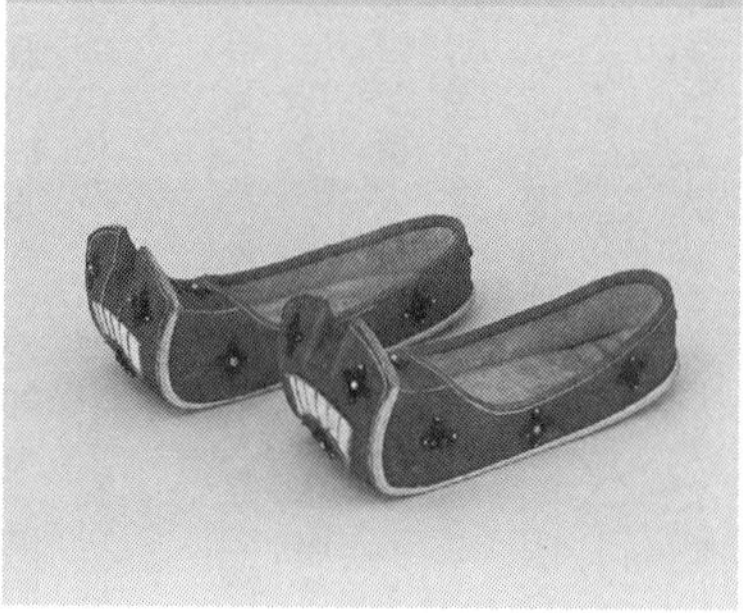

（左上）開眼縷（かいげんる）　人びとはこの綱をもって、大仏の功徳にあずかろうとした
（右）天平宝物筆（てんぴょうほうもつふで）　開眼に使用された筆
（左下）衲御礼履（のうごらいり）　開眼会のときに聖武太上天皇がはいたとされる皮靴（正倉院宝物）

起居するに便ならず。其《そ》の朕に代わりて（開眼の）筆を執《と》るべし」と述べていることである。菩提僊那は南インドの生まれで、唐に渡り、遣唐使多治比広成らの要請によって天平八年に来日している。聖武よりも三歳年下であった。

　その聖武は、前年の夏あたりから再び体調を崩していた。『続日本紀』によれば、病気平癒と延命を祈

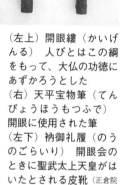

願してさまざまな措置が施されていることを知る。開眼日（四月八日）は鍍金が始められて二十日余り、まだ一部でしかなかったのに、その準備が進められたのは聖武の体調によるものであったことはいうまでもない。

開眼会に先立つ四月四日、聖武と光明子が東大寺に行幸している。六日には内裏と平城京を兵士に警護させ、七日は貴族たちの家から東大寺へ種々の造花が献上されている。

九日の開眼会当日、孝謙天皇が東大寺に行幸、聖武・光明子とともに東大堂布板殿《ふばんでん》に座し、五位以上は礼服、六位以下は朝服を着て後に並んだ。

一万人の僧侶が参列するなか、菩提僊那のもつ開眼筆に結わえられた開眼の縷《る》（藍染《あいぞ》めの練絹糸を撚《よ》り合わせたもの）を聖武・光明子・孝謙天皇以下百官が握り、菩提による開眼の功徳にあずかった。聖武の悲願であった大仏が完成した瞬間である。

ついで『華厳経』の講説が行われ、そのあと楽人・舞人らによってわが国古来の久米舞《くめまい》、楯《たて》伏舞《ふしまい》のほか、唐・高麗《こま》・林邑楽《りんゆうがく》なども演奏された。まさに空前絶後の盛儀であった。『続日本紀』は、「仏法東に帰してより、斎会《さいえ》の儀、かつて此くの如《ごと》く盛んなるは有らず」（仏教が東方に伝わって以来、これほど盛大な斎会はなかった）と記している。

すべての行事が終わったのは、その日の夕方であった。光明子は娘の孝謙天皇とともに、甥である仲麻呂の邸宅（田村《たむら》邸）に入っている。

鑑真の招請

開眼供養の二年後、天平勝宝六年(七五四)四月、東大寺大仏殿前に築かれた戒壇で聖武・光明子・孝謙天皇は鑑真から菩薩戒を受けている。ついで沙弥ら四百四十余人も受戒している。鑑真ら一行はこの年正月、遣唐副使大伴古麻呂《こまろ》にともなわれ、平城京に入ったばかりであった。

これ以前、わが国に授戒がなされなかったわけではない。現に聖武・光明子・孝謙天皇の三人が行基から戒を受けている(前述)。しかし戒律の研究が進み、中国での授戒儀が伝えられるにつれ、わが国でも本式の授戒が求められていた。そこで天平五年(七三三)、伝戒師招請のために入唐したのが興福寺僧栄叡《ようえい》と普照《ふしょう》で、要請に従って来日したのが菩提僊那ら、先の開眼会で大役を果たした僧たちであった。しかし伝戒師としては正規の資格をもった僧侶が必要とされ、そこで白羽の矢が立てられたのが鑑真だった。鑑真の渡日にさいしては、副使大伴古麻呂がひそかに自分の船に乗せて招聘《しょうへい》を実現したという話はよく知られている。

ちなみに、このときの遣唐大使は藤原清河《きよかわ》(房前の四男)で、光明子の甥にあたる。節刀《せっとう》を賜り出発したのは天平勝宝四年のことであるが、それに先立ち、春日の地で平安無事を祈る祭りの日、光明子は清河に歌を賜っている。

大船《おおふね》に　真楫繁貫《まかじしじぬ》き　この吾子《あこ》を　韓国《からくに》へ遣《や》る　斎《いわ》へ神たち

(大船に梶《かじ》をいっぱいとり付けて、この吾が子を唐の国へ遣わします。どうか神様、大過のな

いように守ってやって下さい）

これに応えて清河も歌を詠んでいる。

春日野に　斎《いつ》く三諸《みもろ》の　梅の花　栄えてあり待て　還《かえ》り来るまで
（春日野に祭ってある梅の花よ、私が帰ってくるまで咲き続けて待っていてくれ）
（『万葉集』巻十九―四二四〇・四二四一）

しかし、清河は二度と日本の土を踏むことはなく、光明子にとってはこれが今生の別れとなった。無事に唐国につき任務を果たしたものの、帰国船が逆風に遭い、安南《あんなん》（ベトナム）に漂着、命からがら唐へ戻っている。再度唐朝に仕えたが、そのさい名を河清《かせい》と改めている。そうすることで日本への思いを断ち切ったのであろう。

清河の死がわが国に伝えられたのは、光仁天皇の時代である。したがって光明子は清河の死を知らずに亡くなったわけであるが、異国に生きながらえる清河への思いを、生涯もち続けたに違いない。光明子の悲しみが思われる。

異母姉宮子の死

聖武・光明子らが鑑真から菩薩戒を受けた三ヵ月後、『続日本紀』には聖武の生母宮子の体調がすぐれないことを記している（天平勝宝六年〔七五四〕七月十三日条）。それが一ヵ月にも及んでいるというから、病状は深刻であったのだろう。それから六日後、十九日に平城宮の中宮院で没した。年齢はわからないが、夫の文武天皇とほぼ同年齢だったとすれば、七十歳前後ということになる。翌二十日、正一位橘諸兄ら十一人と六位以下十二人が御装束司《みしょうぞくし》、従二位藤原豊成ら十人と六位以下二十一人が造山司に任命され、葬儀の準備がなされている。六年前（天平二十年〔七四八〕）の元正太上天皇のときより、葬儀担当者の位階・人数ともにまさるのは、聖武の生母というだけでなく、皇后光明子の姉という立場を重んじての配慮であったのかもしれない。

その年七月下旬、宮子のために『梵網経』百部の書写が東大寺の写経所で始められている。八月四日には安宿王が誄人《るいにん》を率いて誄（死者を偲ぶ言葉）を奉っている。安宿王が遣わされたのは、宮子の甥にあたるからであった。王は長屋王の遺児で、母は不比等の娘長娥子である。宮子はその日「千尋葛藤高知天宮姫之尊《ちひろのふじたかしらすあめのみやひめのみこと》」と諡《おくりな》され、佐保山陵に火葬された。「葛藤」は藤原氏の名、「天宮姫」は宮子の名前にちなむ呼称である。

前述したように、宮子は三十六年ぶりにわが子聖武と対面を果たしたものの、それ以後聖武と行動をともにすることはなかった。生涯を通して、この母子が顔を合わせることはほとんどなかったといってよい。すべては〝病気〟のせいであったろうが、それにしても淋しい母子であった。しかし、それ以上に辛《つら》く悲しい思いをしたのが光明子だったのではなかろうか。夫聖武と姉宮子の二人を、ずっと間近にみてきたのが光明子であった。それだけに、宮子の生涯は長くむごい歳月であったと思わずにはおれなかったろう。

そして光明子はまた一人、身内を失ったのである。

(3) 知識寺での絆

最後の難波行幸

大仏開眼から四年後、天平勝宝八歳(八年、七五六)二月、聖武・光明子・孝謙天皇の親娘は、三人揃《そろ》って難波宮に出かけている。しかしこのたびは、最初から無理を押しての出発であった。聖武の体調が前年秋ごろから思わしくなかったからである。

二月二十四日、平城京を出発した三人は、その日「知識寺の南の行宮《あんぐう》」で一泊し、翌二十五日には知識寺をはじめ付近の山下《やました》・大里《おおさと》・三宅《みやけ》・家原《えばら》・鳥坂《とさか》などの諸寺で礼仏している。いずれも知識によって建立された寺々である。東大寺を知識の寺として造った聖武以下この親娘にとって、ここがいわば原郷であったことが知られよう。三人は二十八日に難波宮に到着し、「東南の新宮」に入っている。

三人は、それから一ヵ月半ほど難波に滞在する。この間、三月一日、聖武は難波の堀江《ほりえ》(いまの大川《おおかわ》。淀川《よどがわ》の分流、天満川《てんまがわ》か）に出かけている。かつて百済から仏像が伝えられたとき、仏像を運んできた船が難波津で上陸したことから、そこが仏教伝来の地と受け止められていた。大仏造立を果たした聖武はその故地に立ち、みずからの役割や天皇としての生き様を確かめたかったのではなかろうか。親娘三人の難波行幸の目的は、その一点に集約されていたようにわたくしには思われる。しかし、聖武の体調は万全ではなかった。

四月に入って、聖武は滞在中の難波で、またまた体調不良を訴えている。十四日、病気快癒を祈って大赦が行われ、翌十五日、三人は急ぎ難波宮をあとにする。『続日本紀』には、その日、「車駕、渋河路《しぶかわみち》を取り、還《かえ》りて知識寺の行宮に至る」とある。知識寺の側近くで泊まったというが、果たして寺を訪ね盧舎那仏を礼拝したかどうかはわからない。重態の聖武に余力があったとは思えないが、妻娘に支えられ、死力を振り絞ってもう一度、最後の礼拝をしたと思いたい。

しかし、これが三人にとっては最後の遠出となった。夫婦・親子に戻り、それぞれの絆を確かめあうことのできた至福の時間であったに違いない。

諡をもたない天皇

還御後の聖武は、ほとんど床を離れることがなかったように思われる。光明子や孝謙天皇によって延命を祈る必死の努力がなされたが、すべては徒労に終わった。

聖武天皇陵（佐保山南陵）　威風堂々とした雰囲気。光明皇后陵は右手奥。奈良県奈良市

聖武は天平勝宝八歳（八年、七五六）五月二日、五十六年の生涯を閉じている。難波行幸から帰って二週間後のことである。

同十九日、盛大な葬儀が行われ、佐保山陵に葬られている。『続日本紀』によれば、葬儀の次第は仏に仕えるごとくに行われたといい、「獅子座の香、天子座の金輪幢《こんりんどう》、大小の宝幢《ほうどう》、香幢《こうどう》、花縵《けまん》、蓋繖《きぬがさ》の類」が供えられている。路上では笛人《ふえびと》に「行道《ぎょうどう》の曲」を奏させたというから、宮城から山陵まで、さまざまに飾った行列が音楽の流れるなかを粛々と進んだのである。最高の仏葬で、すべては聖武の気持ちを慮った光明子と孝謙天皇の計らいであったと思われる。

計らいといえば、この日孝謙天皇は勅を下して、太上天皇は生前出家して仏に帰依されていたので、「更に諡《おくりな》を奉らず」と述べている。天皇が亡くなれば諡（天武とか持統という呼称を漢風諡号《しごう》というのに対して、天渟中原瀛真人天皇《あまのぬなはらおきのまひとのみこと》や高天原広野姫天皇《たかまのはらひろのひめのみこと》などの呼称を和風諡号という。ただし漢風諡号が贈られるのは聖武朝以後のこととされる）するのが当時の慣習だったから、諡号のない天皇は、聖武がはじめてである。それはみずからを「三宝の奴」と称した聖武の強い遺志であったことは、いうまでもない。光明子と孝謙天皇は、その遺志に従ったのであった。

したがって一般に用いられている「聖武」の名は諡ではない。のち天平宝字二年（七五八）八月、孝謙天皇が仲麻呂に勧められて、聖武の偉業と徳を讃《たた》え、「勝宝感神聖武皇帝」という尊号を追贈するが、このうち皇帝に直接連なる「聖武」の二字をとって呼ばれたものである。ちなみに「勝宝感神」は天（神）をして黄金を出土せしめるに至った聖武の信仰心、「聖武」はいかなる賊臣をも屈服させる神聖な徳と武威、に由来する。

遺詔

聖武は孝謙天皇に譲位したあと七ヵ年、太上天皇として存在している。出家したとはいえ、その間依然として政治的な影響力を保持していたことは、聖武が重態に陥るたびに不穏な動きが起こっていることにも示されている。その根本的な要因は、つまるところ女帝孝謙を正統な天皇として認めようとしない社会通念であった。そうした女帝であるがゆえの孝謙天皇の立場の弱さを、だれよりも承知していたのは聖武であり、光明子であった。孝謙天皇がどれほど長期にわたって在位しても、皇位継承のうえで何の解決にもならないことは明白な事実であった。

死期の迫った聖武は最後に何を考え、後に残る光明子や孝謙天皇に何を言い残したのか、もう一度聖武の崩御時に話を戻そうと思う。

『続日本紀』天平勝宝八歳（八年、七五六）五月二日条によれば、「この日、太上天皇、寝殿に崩ず。遺詔して、中務卿従四位上道祖王《ふなど》をもって皇太子と為す」と記す。この聖武の遺詔によって道祖王は即日立太子し、孝謙朝の皇太子となっている。道祖王は新田部親王の子、すなわち天武天皇の孫であるが、数ある諸王のなかから聖武が道祖王を皇太子に選んだのはなぜか。

これについては、のちに孝謙天皇が群臣に対して、「宗室《そうしつ》の中、舎人・新田部の両親王は、是れもっとも長なり。これによりて、前に道祖王を立てしかども云々」（天平宝字元年〔七五七〕四月四日）と述べているように、皇族中の長老格の家筋によるもので、そこで舎人・新田部両親王の子に白羽の矢が立てられたのである。そのさい、兄の舎人の子（大炊王《おおい》ら）でなく弟の新田部親王の子（道祖王）が選ばれたのは、新田部の母が藤原鎌足の娘（五百重娘《いおえのいらつめ》）だったからである。

ただし道祖王には兄の塩焼王《しおやき》がおり、新田部の子をいうなら、まず塩焼王を立太子するのが筋であったろう。しかも塩焼王は聖武の娘不破《ふわ》内親王（母は県犬養広刀自）を妻としていたから、聖武にもっとも近い存在となる。しかしこの塩焼王は、かつて聖武に無礼をはたらき配流されたことがある（天平十四年〔七四二〕十月）。事件の詳細は明らかでないが、それ以来、聖武の不快を買っており、そのために弟の道祖王が選ばれたのである。

草壁皇統の断念

しかし大事なのは、聖武の遺詔によって皇統の草壁嫡系継承が終わり、文武天皇以後、はじ

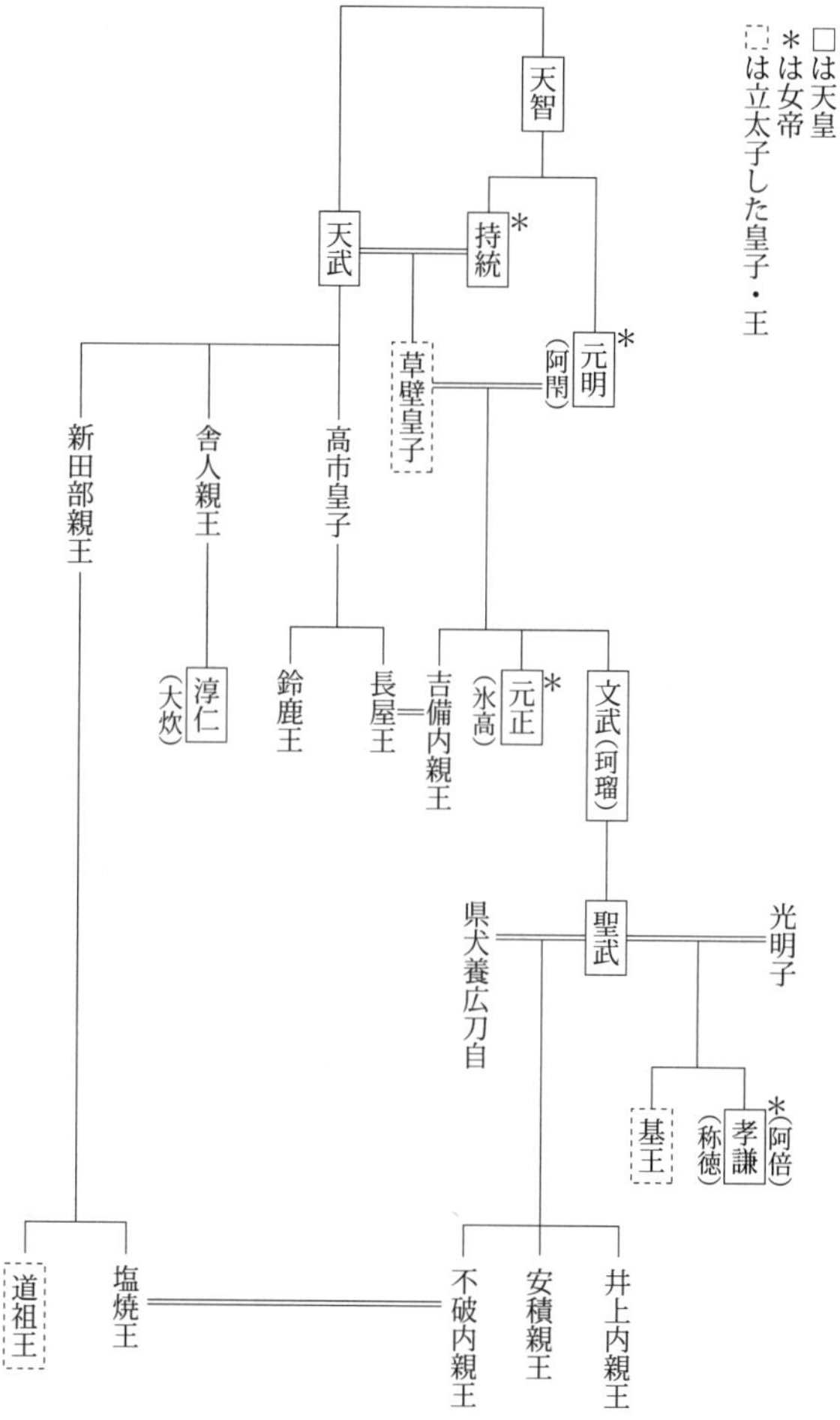
□は天皇
＊は女帝
┆┆は立太子した皇子・王
天智
天武
持統＊
元明＊（阿閇）
草壁皇子
高市皇子
舎人親王
新田部親王
文武（珂瑠）
元正＊（氷高）
吉備内親王
長屋王
鈴鹿王
淳仁（大炊）
聖武
光明子
県犬養広刀自
孝謙＊（阿倍）（称徳）
基王
井上内親王
安積親王
不破内親王
塩焼王
道祖王

天武系王族関係系図

めて皇位が天武天皇の傍系に移ることになったという事実である。聖武によるこの立太子は、むろん没後の社会的混乱を避けるためであったが、わたくしがこの遺詔を重視するのは、聖武みずからの手で嫡系相承の原理を捨て、皇嗣問題に一応の決着をつけようとしたことにある。橘奈良麻呂《ならまろ》が謀反を企てたように（後述）、孝謙天皇を認めようとしない風潮は、すでに臣下が天皇を擁立しかねない状況にまで事態を緊迫させていた。死期の迫った聖武が、最後の決断に踏み切らざるをえなかった理由である。

熟慮の末、聖武がとった措置、それが天武系諸王への皇位継承権の拡大であった（一九九頁系図）。それはその時点でなし得るもっとも有効で、適切な措置であった。そして、またこれが光明子も納得し受け容《い》れた対応であったことはいうまでもない、というより、これ以外の選択肢はなかったのである。

ただし、皇位継承の天武系への拡大は、このときはじめて決意したことではあるまい。聖武のただ一人の皇子安積が亡くなった時点で、おそらく聖武と光明子二人の覚悟するところであったと考える。それを生前に表明しなかったのは、遺詔という形をとることで、最大限にその効力を発揮させるためであった。これも、聖武と光明子が長考の末に下した決断であったろう。

繰り返すことになるが、聖武没後、皇位継承問題は、ひとつ間違えば内乱にまで発展しかねない危険性のあることを、聖武も光明子も十分に承知していた。傍系に移したのも、没後の内訌《ないこう》を避けるためで、それには異例であっても、太上天皇の聖武が立太子の選定をする必要があったのである。

子どもは二人といない

これまでも聖武は、おりあるごとに孝謙天皇に対してその正統性を述べ、言い聞かせている。天平宝字八年（七六四）十月九日、淳仁《じゅんにん》天皇の廃位を命じた孝謙天皇の詔に引かれた聖武の言葉は、孝謙天皇の立場を明確にした点できわめて示唆的である。

天下は朕が子いましに授け給う。事をし云わば、王を奴と成すとも、奴を王と云うとも、汝の為すまにまに、たとい後に帝と立て在《あ》る人い、立の後に汝のために礼无《な》くして従わず、なめく在らん人をば帝の位に置くことは得ざれ。（後略）

（天下は朕〔聖武〕の子の汝〔孝謙〕に授ける。そのことはすなわち、事情によっては汝の意志ひとつで、いったん立てた王〔天皇〕を廃して奴にしてもよいし、奴を天皇にしてもよいということだ。また、たとえ汝の後に天皇となった人でも、無礼であるならば、天皇の位に置いてはいけない）

『続日本紀』にみえるもので、ここで聖武が孝謙天皇に語ったという「王でも奴でも」というのは、あくまでも言葉のアヤであって、天皇を奴婢にするとか、奴婢を天皇にするといったようなことではない。要は孝謙天皇に与えた皇権の生殺与奪権を強調したものであり、それも結局は、孝謙天皇が〃男帝〃と同じ地位・立場にあることを認識させるためであった。のち神護《じんご》景雲《けいうん》三年（七六九）十月一日、宇佐八幡神託事件の直後に孝謙天皇（称徳天皇）が下した宣命にも、聖武が語った言葉として、「朕が立てある人と云とも、汝が心に能《よ》からずと知り、目に見てん人をば、改《か》えて立ん事は心のまにまにせよ」と述べられている。

その一方で聖武は、群臣たちにもたびたび言葉を与えている。右にみた宇佐八幡神託事件後の宣命のなかにも、「朕が子太子に明らかに浄《きよ》く二心无くして奉侍《つかえまつ》れ。朕は子二《ふた》りと云う言《こと》は无し。ただ此の太子一人のみそ朕が子は在る」と述べたとある。自分に子どもは二人といない、ただこの皇太子阿倍内親王（孝謙天皇）一人が自分の子であるから、二心なく仕えよ、と命じた聖武の言葉は、阿倍が嫡子に相当する立場にあることを強調し、阿倍の正統性を訴えたものにほかならない。その語勢には鬼気迫るものがある。

これらは繰り返し聖武の口から語られたものであるが、おそらく聖武が先述の遺詔をしたためたおりにも、ことさら強調して述べられたものであったに違いない。最後まで、孝謙天皇が聖武の正統な後継者であることを示そうとしたものである。

太皇后に仕えよ

孝謙天皇に対する聖武の配慮は、皇后光明子にも受け継がれている。その結果、皇位継承に抱く光明子の意識は、聖武以上に強烈であったとわたくしには思える。孝謙天皇に語ったという、『続日本紀』にみえる次の言葉が光明子の想いを端的に物語っている。

朕（孝謙天皇）が御祖《みおや》太皇后（光明子）の御命《おおみこと》を以て朕に告げたまいしく、岡宮《おかのみや》に御宇《あめのしたしろしめ》しし天皇（草壁皇子）の日継《ひつぎ》は、かくて絶えなんとす。女子の継には在れども嗣《つ》がしめんと宣《の》りたまいて、この政行い給いき。

（朕の母太皇后が朕に言われるのには、草壁皇子の皇統がこのままでは断絶してしまいかねない。それを避けるために、女子ではあるが、あなたを聖武の後継者として即位させるのです、と仰せになり、それを承けて朕は政治を行ったのである）

天平宝字六年（七六二）六月三日、孝謙天皇が五位以上の官人を朝堂に集め、厳しく淳仁天皇を非難して大権を掌握した詔（宣命）のなかで述べられたものである。引き合いに出された、「あなた（孝謙天皇）を草壁皇子の日継＝皇統を絶やさないために即位させるのです」といった光明子の言葉には、聖武の嫡子基王を亡くしたあと、原則を破ってまで立后したにもかかわらず、ついに目的とする皇子を儲けることのできなかった責任感や使命感といったものが、いまぜになっているように思われる。

『続日本紀』によると聖武は没後、孝謙天皇の後見を光明子に託し、「朕に奉侍《つかえまつ》らん諸の臣等、朕を君と念《おも》わん人は、太皇后（光明子）に能く奉侍れ。朕を念いて在るが如く異にな念いそ」

（神護景雲三年〔七六九〕十月一日条）と、これもことあるごとに述べている。かつて聖武の曽祖父、天武天皇が死期を悟り、群臣たちに「悉く皇后と皇太子に啓《もう》せ」と命じた言葉が想起されよう。

一般に、右の光明子が孝謙天皇に与えた言葉から、孝謙天皇の即位は、光明子が聖武をないがしろにし聖武を無視して、みずからの意志によって進めたとみる意見があるが、それはありえない。みずからの責任を果たせなかった光明子だからこそ、いっそう強く望みを孝謙天皇に託したのである。そのことは、やがて明らかとなろう。

聖武は皇嗣問題に一応の決着をつけたうえで、孝謙天皇に最大限の皇権を付与したのであった。同時に、光明子にもそのことを言い聞かせた。しかし結局、こうした聖武の配慮がその後の社会的混乱をもたらすことになるが、むろんこのとき聖武は、そのことを知るよしもなかった。

なすべきことをし終え、愛する光明子と孝謙天皇に見守られながら、聖武は安堵と平安のなかでその生涯を閉じたようにわたくしは思う。

聖武を亡くした光明子が、悲しみと淋しさに沈んだことはいうまでもない。しかし光明子には、やり遂げねばならないことがあった。聖武の遺志を継承していくことであり、それが残された光明子の生涯の課題となっていく。

（4）正倉院御物

国家の珍宝

聖武の初七日（五月八日）、二七日（十五日）には七大寺で誦経《ずきょう》が行われ、三七日（二十二日）は左右京の諸寺、五七日（六月四日。四七日の法会は不詳）は大安寺で僧と沙弥あわせて千余人が参加して設斎《せっさい》（法会に食事を供すること）、六七日（十四日）は薬師寺《やくしじ》で設斎、七七日（二十一日）は興福寺で僧と沙弥千百余人で設斎が盛大に行われている。

その七七日忌（天平勝宝八歳〔七五六〕六月二十一日）にあたり、光明子は聖武の遺品を東大寺の盧舎那仏供養として施入している。添えられた目録（『東大寺献物帳』）のはじめに、「太上天皇の奉為《おおんため》に国家の珍宝等を捨して東大寺に入る願文　皇太后御製」と記していることから、「国家珍宝帳《こっかちんぽうちょう》」と呼んでいる目録がこれである。

巻首に願文が記されているが、その前文で光明子は聖武の遺徳を述べたあと、いつまでも楽しみをともにしたいと思っていたのについに崩御され、しかし時の過ぎるのは早く、もう四十九日を迎えてしまい、悲しみは募るばかりであるといい、そこで、

先帝陛下の奉為に、国家の珍宝たる種々の翫好《がんこう》および御帯・牙笏《げしゃく》・弓箭《きゅうせん》・刀剣、兼ねて

正倉院正倉　もとは東大寺の重要品を納める倉庫。間口33m、奥行9.4m、高さ14mの高床建築

書法・楽器などを喜捨して東大寺に入れ、盧舎那仏およびもろもろの仏・菩薩、一切の賢聖に供養せん。

と記したうえで、

右の件《くだん》のもの皆是れは、先帝翫弄《がんろう》の珍、内司の供擬《ぐぎ》の物なり。疇昔《ちゅうせき》を追感して、目に触るれば崩摧《ほうさい》す。謹んでもって盧舎那仏に献じ奉る。

と述べている。生前聖武の好んだ品々をみるにつけ、ありし日が思い出されて泣き崩れてしまうという言葉に、聖武への深い愛情が感じ取れよう。施入することで悲しみを紛らわせ、仏の加護を仰いだものと思われる。

遺品の施入ということではこれ以前、光明子が東院（法隆寺）造営のさい、聖徳太子の遺品を寄進したことが想起されるが、聖武の遺品についても光明子が急に思い立って施入したとは思えない。願文からは明らかでな

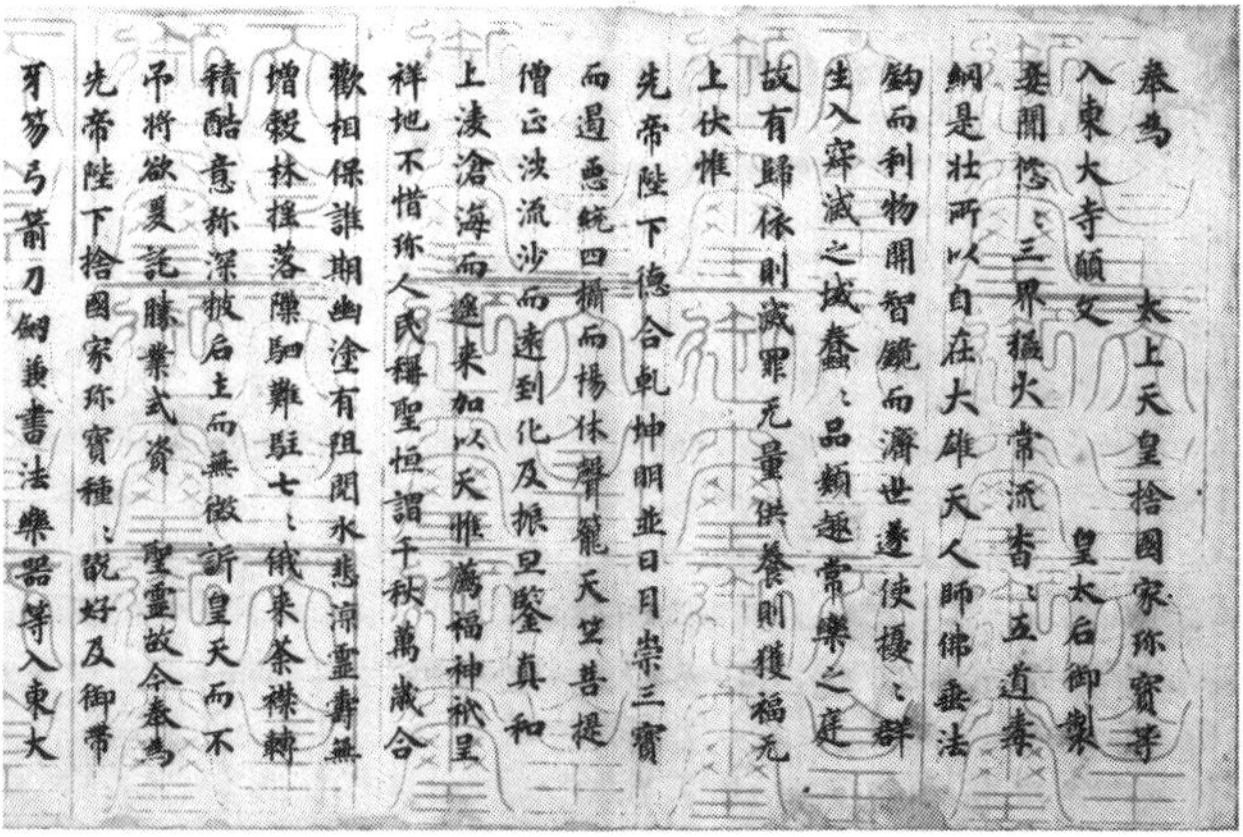
奉為
入東大寺願文　太上天皇捨國家珎寳等
　　　　　　　皇太后御製
妾聞悠々三界猛火常流杳々五道毒
網是壮所以自在大雄天人師佛垂法
鉤而利物開智鏡而濟世遂使擾々群
生入寂滅之域蠢々品類趣常樂之庭
故有歸依則滅罪无量供養則獲福无上
伏惟
先帝陛下徳合乾坤明並日月崇三寳
而遏悪統四攝而揚休聲籠天竺菩提
僧正渉流沙而遠到化及振旦鑒真和
上淩滄海而遂来加以天惟薦福神祇呈
祥地不惜珎人民稱聖恒謂千秋萬歳合
歡相保誰期幽塗有阻閲水悲涼靈壽無
增穀林摧落隙駟難駐七々俄来茶襟轉
積酷意彌深披后土而無徴訴皇天而不
弔將欲冥資聖靈故今奉為
先帝陛下捨國家珎寳種々翫好及御帶
牙笏弓箭刀劒兼書法樂器等入東大

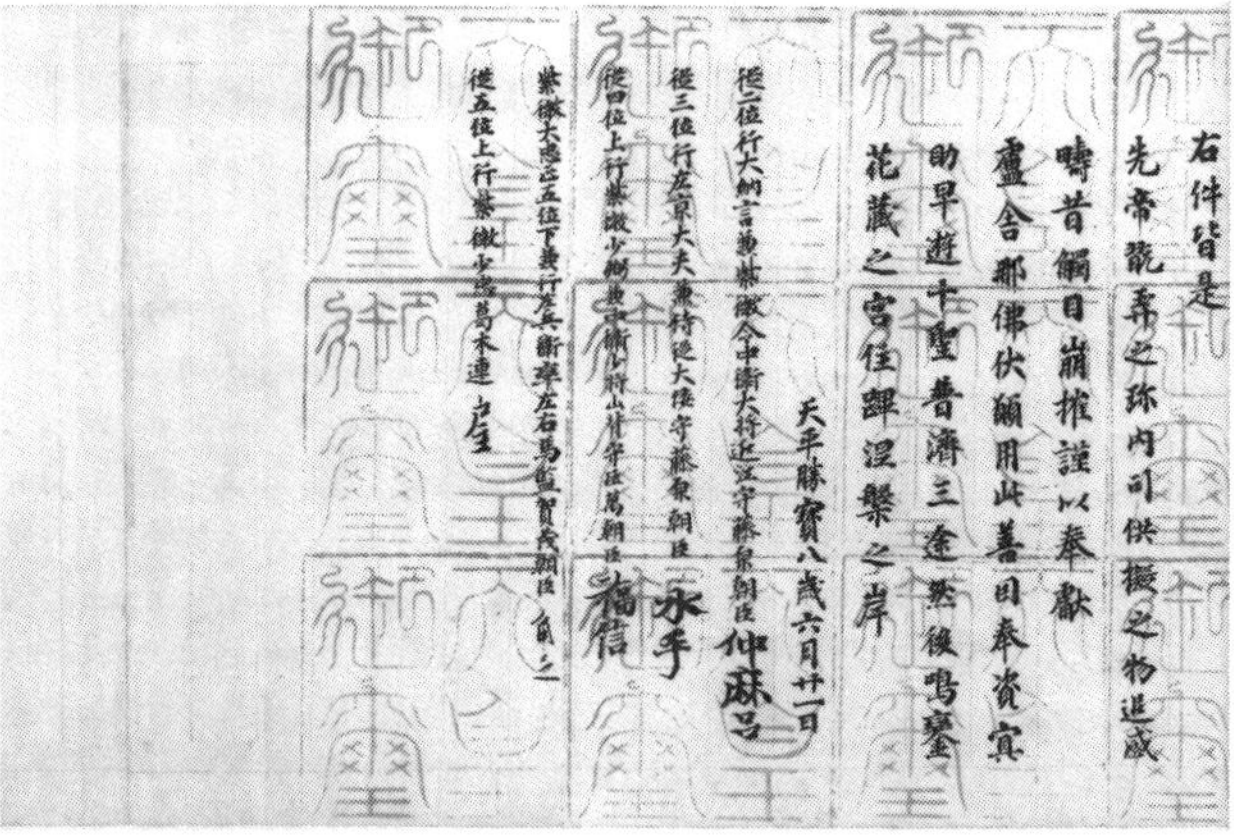
右件皆是
先帝翫弄之珎内司供擬之物追感
疇昔觸目崩摧謹以奉獻
盧舍那佛伏願用此善因奉資冥
助早遊十聖普濟三途然後鳴鑾
花蔵之宮住蹕涅槃之岸
天平勝寳八歳六月廿一日
従二位行大納言兼紫微令中衛大将近江守藤原朝臣仲麻呂
従三位行左京大夫兼侍従大倭守藤原朝臣永手
従四位上行紫微少弼兼中衛少将山背守巨萬朝臣福信
紫微大忠正五位下兼行左兵衛率左右馬監賀茂朝臣角足
従五位上行紫微少忠葛木連戸主

「国家珍宝帳」(『東大寺献物帳』)巻首(上)と巻尾(下)(正倉院宝物)

いが、生前、大仏への献納について聖武から承諾を得ていた可能性が高いとわたくしはみている。施入は、この二人がめざした知識に連なる行為だったからで、その意味で、施入は生前の聖武の意向に添うものであったといってよいと思う。しかし光明子にとってはそれよりも、悲しみを紛らわすことのできる唯一の手段だったということのほうが重要であったろう。

「種々薬帳」

なお光明皇后は「国家珍宝帳」とは別に、「種々薬帳」を添えて、六十種に及ぶ薬物を漆櫃二十一合に収めて東大寺に献納している。願文には、「堂内に安置して盧舎那仏を供養」し、病気で苦しんでいる者があれば、これを与えてその苦しみを救いたいと記されている。当初から持ち出しを認めたうえでの奉献であったことが知られるが、光明子による薬物献納は、このときが最初ではない。四年前、天平勝宝四年（七五二）四月八日付けで六種類の薬物が東大寺大仏に献上されている(8)。大仏開眼会の前日のことで、今回の薬物献納もその一環と考えてよい。いうまでもなくこうした薬物の献納・出蔵は、悲田院・施薬院を設け、病人や孤児など庶民の救済に憂慮する光明皇后の事業に根ざすものであった。

じじつ三櫃に分けて納められた人参《にんじん》（五百三十四斤七両）のうち、五十斤は施入の四ヵ月後、施薬院に送られている。また三櫃に分納されていた桂心《けいしん》（五百六十斤）も、翌年に百斤が施薬院に送られている。桂心がなくなり薬の調合ができず、市でも手に入らないという施薬院から

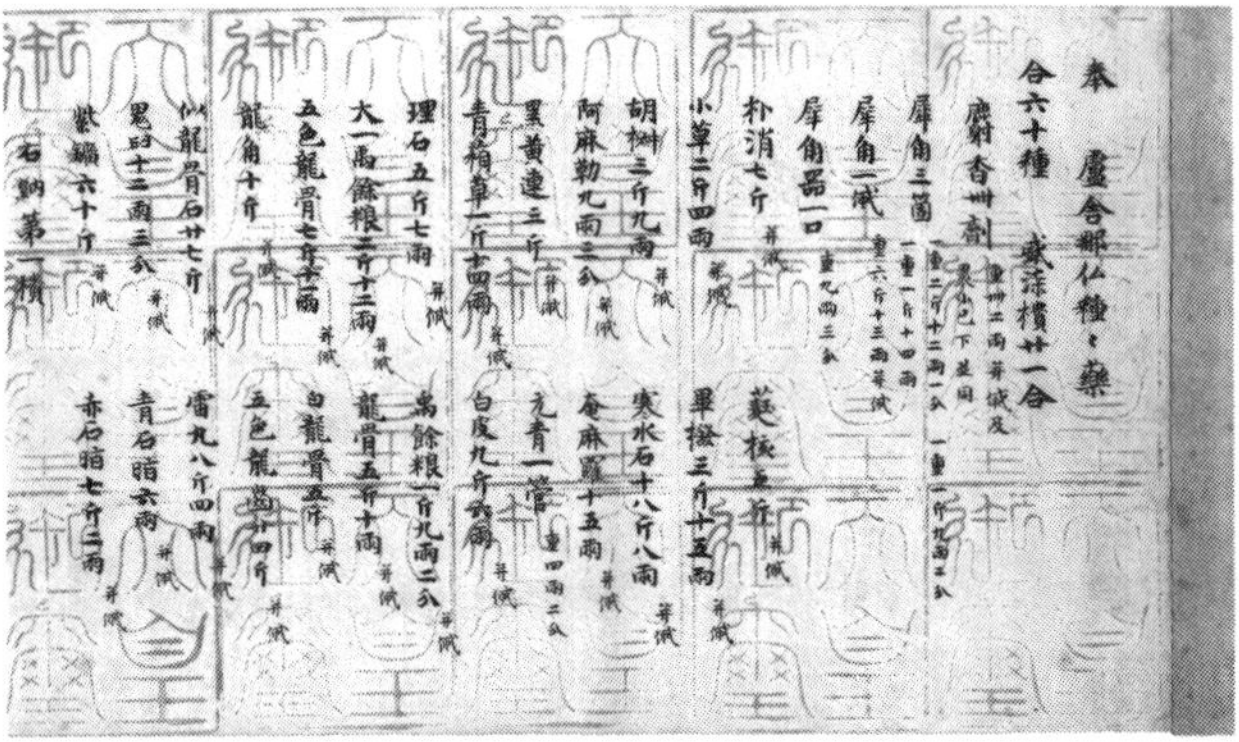
奉　盧舎那仏種々薬
合六十種　盛漆櫃廿一合
麝香卌剤
犀角三箇
犀角一袋
犀角器一口
朴消七斤
蕤核五斤
小草二斤四両
畢撥三斤十五両
胡椒三斤九両
寒水石十八斤八両
阿麻勒九両二分
菴麻羅十五両
黒黄連三斤
元青一管
青葙草一斤十四両
白皮九斤六両
理石五斤七両
禹餘粮一斤九両二分
大一禹餘粮三斤十二両
龍骨五斤十両
五色龍骨七斤十一両
白龍骨五斤
龍角十斤
五色龍歯三斤四両
似龍骨石廿七斤
雷丸八斤四両
鬼臼十二両二分
青石脂六両
紫鉱六十斤
赤石脂七斤二両
右納第一櫃

「種々薬帳」巻首（正倉院宝物）

の申請に応じて送られたものであった。光明子が温室を設けて貧者の垢をみずからが洗い流したという『元亨釈書《げんこうしゃくしょ》』にみえる話も、こうした光明子の篤い信仰心から伝説化されたものであろう。

なお調査によると、人参にしても日本産ではなく、六十種の薬物は大半が遠くペルシャやインド、中国辺境地方の産であるという。当時、最高級の薬物が納められていたのである。

「種々薬帳」の願文には、「国家珍宝帳」に切々と述べられていた「先帝（聖武天皇）云々」との文言がみえないが、病苦の人びとを救う功徳を聖武に重ねることで、その冥福を祈り仏の加護を得ようとしたものであろう。

追加献納

光明皇后は翌月（七月八日）にも、聖武の遺愛品を法隆寺に献上している。御帯一条、御刀子三口、青木《せいもく》香《こう》二十節がそれで、『法隆寺献物帳』の願文には、「先帝翫弄の珍、内司の供擬の物なり。各数種を分かち、謹んで金光明（東大寺）等十八寺に献ず」とあり、「国家珍宝帳」と同じ趣旨が読み取れる。日付けに多少のズレはあるが、聖武ゆかりの品々が東大寺や法隆寺など十八ヵ寺に分与されたのであった。ただし東大寺・法隆寺を除くほかの十六ヵ寺がどこであったのかはわからない。また具体的に何が献納されたのかも明らかでないが、おそらく種類・数量など法隆寺の献納品と大差のないものであったろう。

さて、以上（「国家珍宝帳」「種々薬帳」と通称される献納品目録に記載された品々）が天平勝宝八歳（七五六）六月二十一日、聖武の七七忌に献上されたものであるが、光明皇后は翌七月二十六日、再び東大寺に欧陽詢《おうようじゅん》・王羲之《おうぎし》の屛風《びょうぶ》二具二十四扇をはじめとする宝物を施入している。「屛風花氈等帳《びょうぶかせんとうちょう》」（と通称される献納品目録）によれば、それらは七七忌に献上を行った（国家の珍宝）後、まだ残っていた宝物があったので追加献納したものという。

さらに二年後、天平宝字二年（七五八）六月一日と同十月一日にも、光明子は東大寺に奉納している。

六月一日の献納は、王羲之・献之《けんし》の父子の真跡一巻で、献物帳（献納品目録。通称「大小王真跡帳」）の願文には、「右の書法は、是れ奕世《えきせい》の伝珍なり、先帝の玩好のものなり」とあり、これも聖武の遺愛品であったことがわかる。その後続けて、「遺《のこ》って篋笥《きょうし》にあり。追感瞿然《くぜん》たり。謹んで以て盧舎那仏に奉献す云々」と記している。聖武が大切にしていた遺品を篋笥にみつけ、それを目にし思い出してはまた涙して奉献した、というのである。聖武を追慕する光明子の気持ちが痛いほどに伝わってくる。そうした聖武の遺愛品はすべて盧舎那仏に献納したいというのが、光明子の偽らざる気持ちであったろう。

妾の珍材

ただし十月一日の献納は、それまでとは多少事情が異なる。というのは、この日献上されたのは不比等、すなわち光明子の父の真跡の屛風二帖だったからである。献物帳（通称「藤原公真跡屛風帳」）には、「妾の珍材、此れに過ぐるものなし」とあり、皇后にとってかけがえのない不比等の遺品であったことが知られる。

この献納について、不比等が亡くなったのが三十八年前であることから、不比等の菩提を弔うための献納ではなく、聖武没後、聖武の手元にあったのを光明子が保管していたもので、それをこの日追納したとの理解がある一方、聖武の遺愛品とは無関係のもの、との見方もある。[9]聖武の手元に置いてあったものか、もともと光明子自身が保管していたものか、判断しがたいが、わたくしは願文に「先帝（聖武天皇）云々」の言葉がみえないこと、ことさら「妾の珍材」と述べていることなどから考えて、聖武の遺品ではなかったとみている。[10]

察するに、光明子は父不比等の屛風を、一生の宝物として大事に手元に置いてきた。篋笥に遺っていた最後の聖武の遺品を奉納したとき（六月一日）ですら、それを手放そうとはしなか

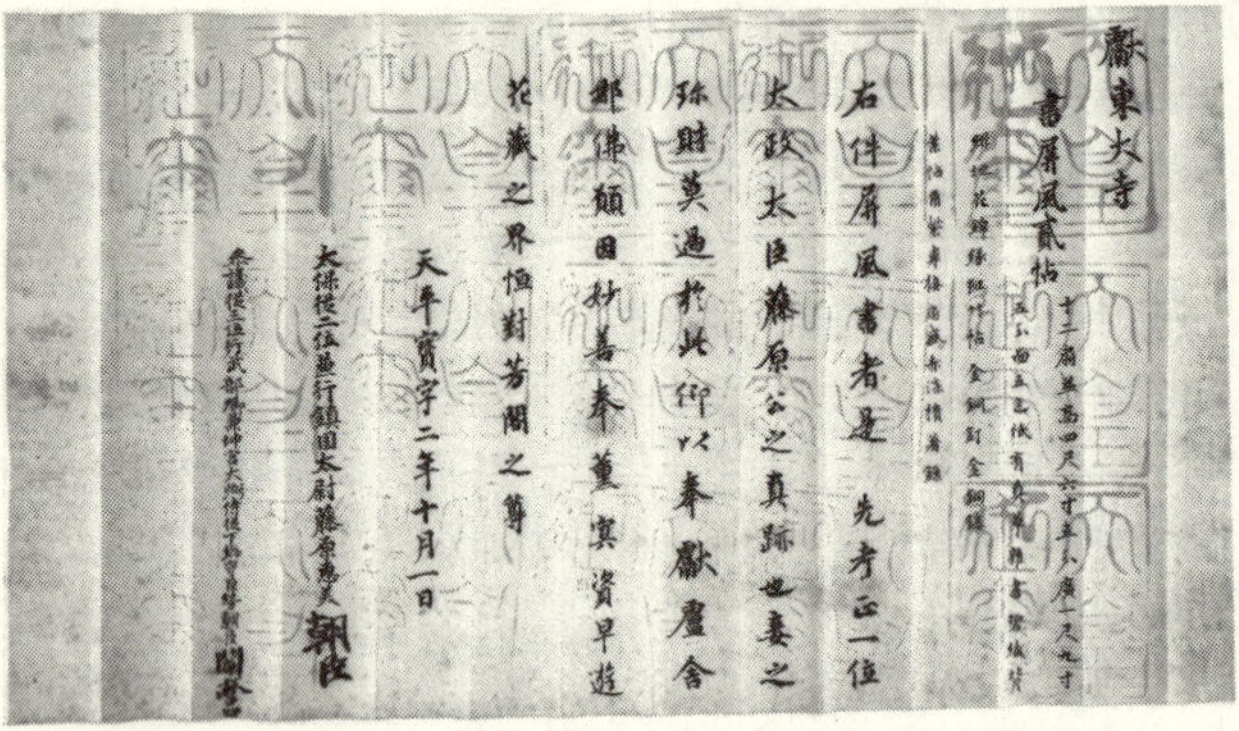

「藤原公真跡屛風帳」（正倉院宝物）

った。それは藤原氏（不比等）の娘であることの証《あか》しでもあったからである。しかし、残された聖武の遺品をすべて奉納し終えたことで、心の整理がついたのではなかろうか。その結果皇后として、聖武から託された役割を改めて強く自覚したというのが真相であろう。

その役割とは、娘孝謙天皇の立場を確かなものとし、安定した治政に導くことであった。譲位後の聖武は、そのためにさまざまな配慮を行ってきた。繰り返し述べてきたように、聖武の配慮は光明子にも受け継がれているが、むしろそれは聖武以上に強烈であったと思う。そんな光明子がいちばん大事な宝物を奉納したのは、娘孝謙天皇の行く末への祈願以外には考えられない。

そのことは、先述の光明皇后の願文（「国家珍宝帳」）において端的に示されている。それは東大寺へ施入する旨を述べたあと、「また願わくば、今帝陛下（孝謙天皇）、寿は法界と同じうし（長生きをし）、福は虚空《こくう》に類《たぐ》いし（福徳はきわまりなく）、劫石《ごうせき》尽きて尽きず（巨大な石はつきることなく)、海水竭《つ》きて竭くることなく、身心永く泰《やす》く、動息《どうそく》常に安く、またすなわち、天成り地平らかに、時康《やす》く俗阜《さか》んにして、万姓無為の化を奉じ、百工有道の風に遵《したが》わんことを」と記していることである。

従来、願文においてこの箇所が注目されることはほとんどなく、不思議でさえあるが、孝謙天皇の延寿とその治政の平安を祈願したもので、短い言葉のなかに孝謙天皇を慮る光明皇后の深遠な思いが滲み出ている。すなわち、東大寺への献納は聖武の加護を祈願するとともに、孝謙天皇の治政の平安を祈請するものでもあったのだ。心の整理がついた今、光明子は改めていちばん大事にしてきた「珍材」を献納し、重ねて孝謙天皇の寿福を祈ったのである。

さらに付け加えていうと、光明子にとって、この大仏への奉納こそ夫聖武とともに追い求めてきた最大の〝知識〟ではなかったか。それはみずからの「珍材」を喜捨してこそ完結する、光明子流の〝知識〟の帰結であったように思う。

ともあれ、光明子は五度にわたって東大寺に献納したのであり、それらが正倉院御物の中心として、今日に伝えられている。ちなみに光明子から盧舎那仏に奉納された宝物は、ほぼ七百点[11]を数えるといわれている。

除物

正倉院御物のなかには大仏開眼会や聖武の母宮子の一周忌法会、聖武崩御時や一周忌法要に用いられた物なども含まれているが、大仏開眼会のおり、聖武をはじめ光明子・孝謙天皇が着用した礼服礼冠が収められているのが興味を引く。このうち聖武の礼冠は仁治《にんじ》三年（一二四二）、後嵯峨《ごさが》天皇の即位用の礼冠を作るさい、「本様《ほんよう》（手本）」とされたというが、返納の途中、落とされたらしく、今日その残闕《ざんけつ》しか伝えられていないのはまことに残念である。

その他、檜《ひのき》の床（ベッド。長さ二七〇センチ、幅一一九センチ）、挟軾《きょうしょく》（脇息《きょうそく》）などからは聖武や光明子の日常生活が偲ばれるようだ。香木、琴や琵琶《びわ》といった楽器、棊局《ぎきょく》（碁盤）や双六局（すごろく盤）などの遊戯具もある。すごろくのサイコロはすり減っていて、何度も使用されたことを物語る。

これらの施入物は香薬類を除いて、原則として貸し出し禁止のはずであるが、光明子在世中にすでに数回出蔵され、とくに光明子没後はその回数が増加している。それにともない、返納されないままなくなってしまった宝物も少なくない。「出入帳」によってその実態はほぼ把握できるが、返納されなかったなかでもっとも多いのが刀・弓・甲などの武器類で、天平宝字八年（七六四）九月、光明子没後に起こった恵美押勝《えみのおしかつ》の乱にさいして大量に持ち出されたといい、乱終結後も返納されなかったようである。藤原仲麻呂が誅殺《ちゅうさつ》された事件であるが、これについては改めて取り上げる。

それはさておき、留意されるのは、「国家珍宝帳」に記載された献納品のなかで、七点の宝物（信幣之物《しんぺいのもの》、犀角奩《さいかくのれん》、陽宝剣《ようほうけん》、陰宝剣《いんほうけん》、横刀、黒作懸佩刀《くろづくりのかけのはいとう》、挂甲《けいこう》）に「除物《じょもつ》」と記す付箋《ふせん》が

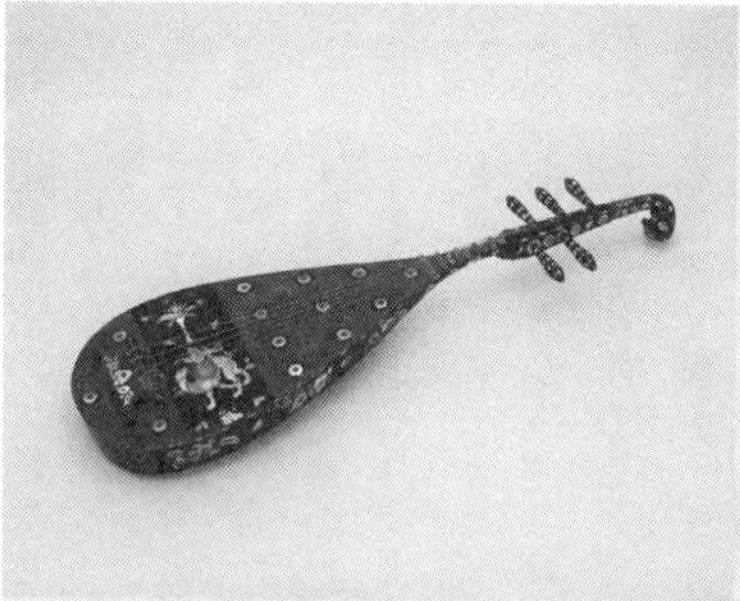

（左上）螺鈿紫檀五絃琵琶
（左中）木画紫檀碁局
（左下）紫檀木画挟軾
（右）螺鈿紫檀琵琶（正倉院宝物）

貼《は》られていることである。
「除物」とは、除かれた物、紛失した物と受け取りがちであるが、米《よね》田《だ》雄介《ゆうすけ》氏によれば、ここにみえる「除物」とは、記載の宝物を「国家珍宝帳」から抹消することを示すもので、献上品から取り下げ目録から除外しておくべきもの[12]、との意味という。すなわち出蔵によって紛失されたので「除物」にするというのではなく、献納の事実そのものを否定したのが「除物」ということになる。ちなみに米田氏によると、七点の「除物」の付箋は一括して、天平宝字八年九月以前に貼付《ちょうふ》された可能性が高いという。

こうした「除物」のなかで想起されるのが「横刀」であろう。かつて不比等邸が新築されたおり、天皇の面前で舞を舞った皇太子時代の聖武に不比等が贈ったものである（二〇頁）。また天平宝字三年十二月に出蔵されたことが知られている陽宝剣と陰宝剣は、明治時代になって大仏の足元からみつかっている。近年のエックス線撮影によって「国家珍宝帳」の陽宝剣と陰宝剣であることが確認され、話題となった。出蔵された天平宝字三年十二月というのは光明子が亡くなる半年前のことで、しかもそれを大仏の足元に納めていることから、これらの奉献は皇位継承に深く関わってのものであるとの見方が強い。このことに関連するのが、同じく「除物」とされる黒作懸佩刀であるが、のちに合わせて詳述したい。

「楽毅論」

さて、「国家珍宝帳」には聖武天皇親筆の「雑集」をはじめ元正天皇の親筆「孝経《こうきょう》」など、中国の古典を書写した作品が数多く記載されているが、光明皇后による「楽毅論《がっきろん》」もそのひとつである。

『楽毅論』とは、中国の戦国時代（紀元前四〇三～前二二一年）の魏《ぎ》の国の人で、燕《えん》の昭王《しょうおう》の

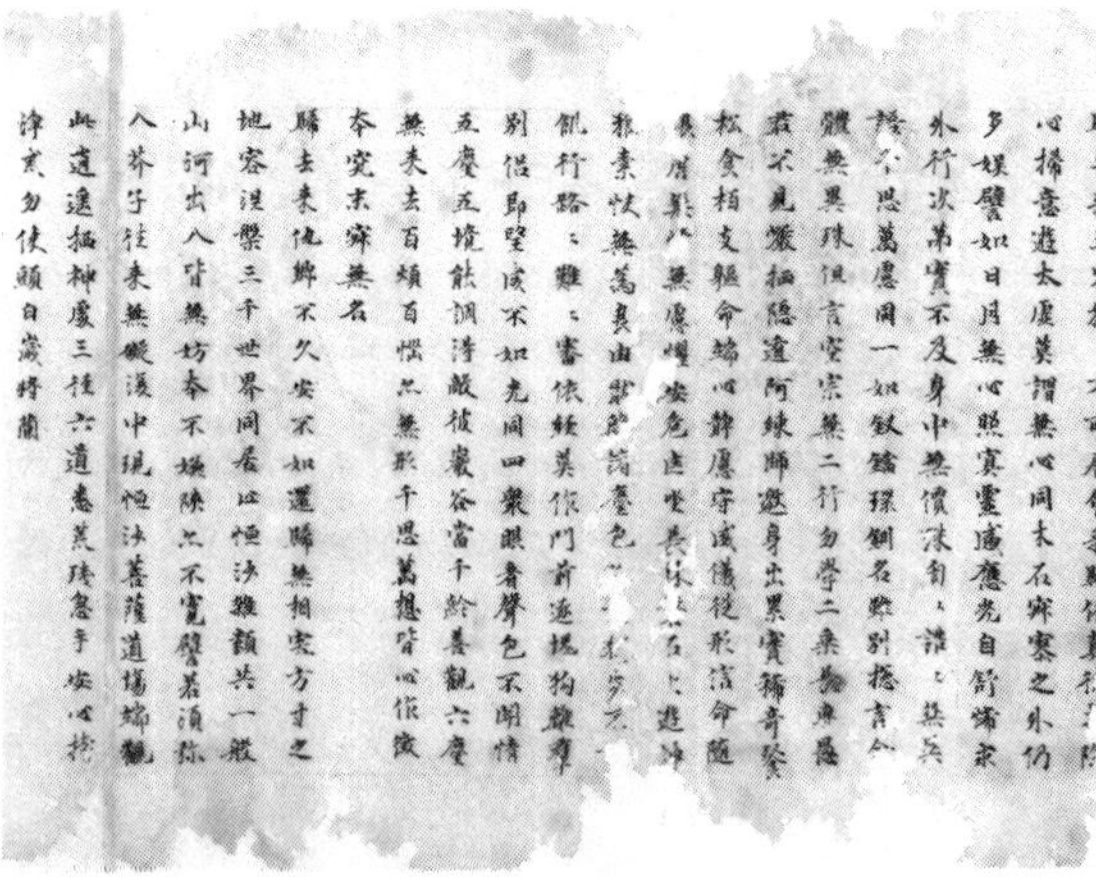

聖武天皇筆「雑集」巻首（正倉院宝物）

将軍となった楽毅についての人物論である。すなわち燕の将軍楽毅は斉《せい》と戦ったさい、七十余りの城を陥落させながら、残る二つの城を攻撃しなかったために、敵に内通していると疑われ、これに対して魏の夏侯玄《かこうげん》が楽毅の真意を述べて弁護したのが『楽毅論』である。この『楽毅論』を東晋《とうしん》（三一七〜四二〇年）の王羲之が書写しており、光明皇后の「楽毅論」はその模本を臨書したものと伝えられている。

「藤三娘」の署名

光明皇后の「楽毅論」の巻末には黄麻紙を継いで、それに「天平十六年（七四四）十月三日藤三娘」という年紀と署名が記されているが、この署名部については従来から不可解とされ問題視されてきた。

理由の一つは、わが国では一般に貴顕《きけん》は署名

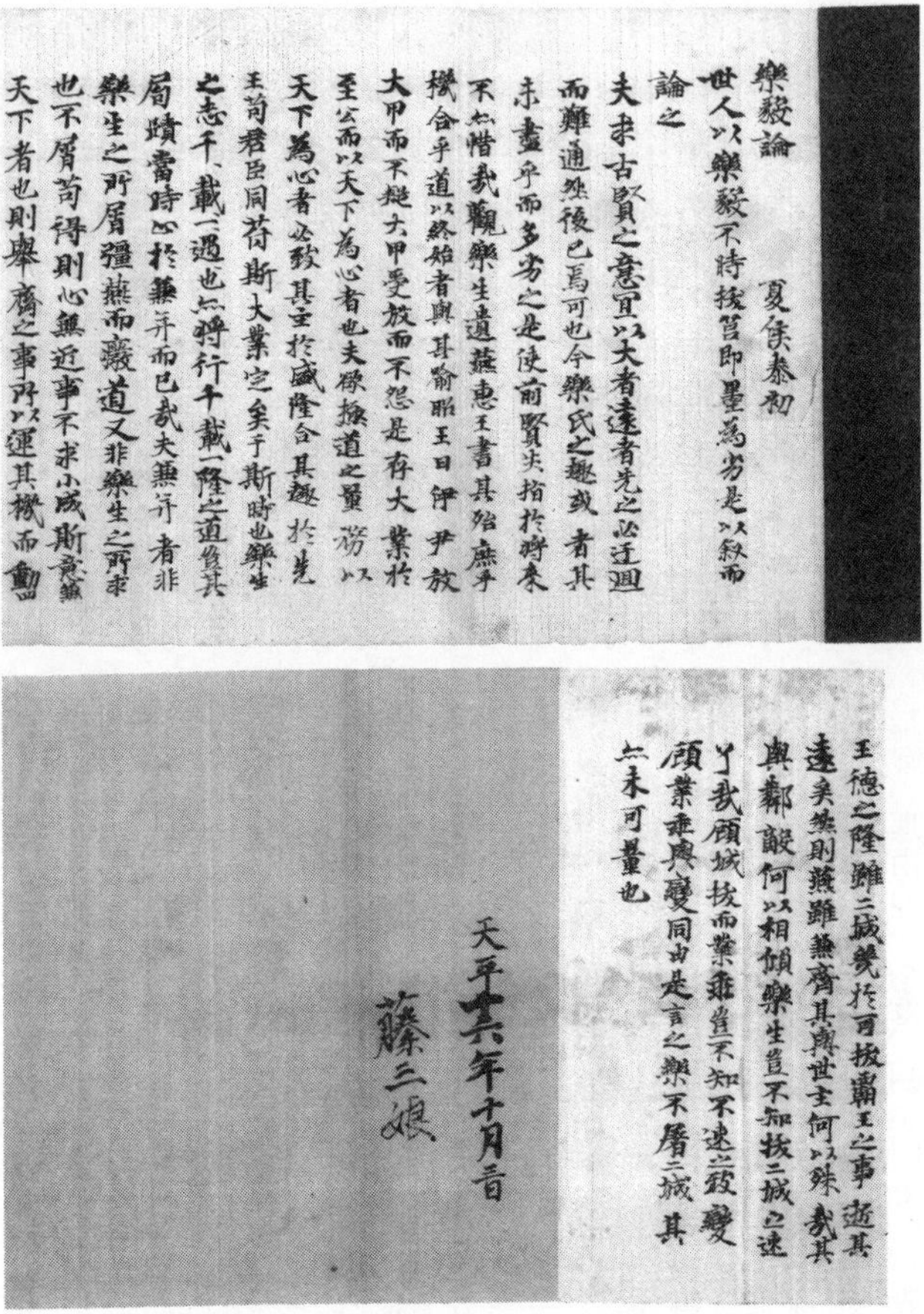

樂毅論　夏侯泰初
世人以樂毅不時拔莒即墨爲劣是以叙而
論之
夫求古賢之意宜以大者遠者先之必迂迴
而難通然後已焉可也今樂氏之趣或者其
未盡乎而多劣之是使前賢失指於將来
不亦惜哉觀樂生遺燕惠王書其殆庶乎
機合乎道以終始者與其喩昭王曰伊尹放
大甲而不疑大甲受放而不怨是存大業於
至公而以天下爲心者也夫欲極道之量務以
天下爲心者必致其主於盛隆合其趣於先
王苟君臣同符斯大業定矣于斯時也樂生
之志千載一遇也亦將行千載一隆之道豈其
局跡當時止於兼并而已哉夫兼并者非
樂生之所屑彊燕而廢道又非樂生之所求
也不屑苟得則心無近事不求小成斯意兼
天下者也則舉齊之事所以運其機而動

王德之隆雖二城幾於可拔霸王之事逝其
遠矣然則燕雖兼齊其與世主何以殊哉其
與鄰敵何以相傾樂生豈不知拔二城之速
了哉顧城拔而業乖豈不知不速之致變
顧業乖與變同由是言之樂不屠二城其
亦未可量也

天平十六年十月三日
藤三娘

光明皇后筆「楽毅論」巻首と「藤三娘」の署名（正倉院宝物）

しないことが慣例となっているにもかかわらず署名をしていること、しかも本紙の末尾ではなく、別紙をついで署名をしていることが、いっそう不可解さを増すというのである。

二つは、署名の「藤三娘」である。いうまでもなく藤原氏（不比等）の三女の意であるが、立后してすでに十五年も経つのに、いまだに藤原氏の娘であるという認識をもち続けていることが理解できないというのである。

三つは、本文と署名とは書風が異なっていて、果たして同一人物が書いたものか疑わしいというのである。

貼り継ぎ紙や書風・書体などについては軽々に判断を下せるものではなく、したがって光明子の自筆かどうかについての断定も難しい。今後のさらなる研究に期待したいと思うが、ただ「藤三娘」の署名についていえば、これは決して不可解なものではない。古代においては藤原不比等・県犬養橘三千代夫妻の例を持ち出すまでもなく、夫婦は別姓であり、女性は婚姻後も実家（父方）の姓を名乗るのが慣例であったからである。立后後、いくら年数を経ようとも光明子の氏姓は藤原であった。ちなみに「楽毅論」の署名の前年、天平十五年の『一切経』の願文には「仏弟子藤三女」、その三年前、天平十二年の願文には「皇后藤原氏光明子」と書かれている。

光明子が、藤原不比等の娘であることを強く意識していたことは確かである。父の真跡の屏風を「妾の珍材」として大事に側に置いていたのが、そのことを示している。しかし署名は、慣例に従って藤原氏の娘であるとしたためたまでのことと理解すべきである。

なお余談になるが、「楽毅論」に記された「藤三娘」の読み方について、興福寺の多川俊映《たがわしゅんえい》貫首《かんす》から、かつてある博物館の館長が「とうさんろう」とはっきりと発音されていたのが、いまでも耳に残っていますが、正確にはなんと読むのですかと、尋ねられたことがある。そういえばわたくしも大学で受けた講義で、ある教授から「とうさんろう」と教えられた記憶がある。「娘」をなぜ「ろう」と読むのか、疑問に思ったことを思い出したが、深く考えることがなかった。返答に窮したわたくしは、たしかに『字源』や諸橋《もろはし》『大漢和辞典』では、「娘」の字に「ろう」という音はないが、つくりの「良」には「リャウ」のほか「ラゥ」の音があり、東大寺の初代別当になった「良弁」などは「ロウベン」と読むから、「娘」も「ろう」と発音したのかもしれませんね、しかし現在は「とうさんじょう」と読んでいます、などといい加減な返事ですませてしまった。

そこで改めて考え直してみた。上代は、若い女子が「郎女《いらつめ》」（男子は郎子《いらつこ》）と呼ばれたように、男女の別なく子どもを「郎」と称した。そのため署名の「娘」を不比等の「郎」（子どもの意味）と解して、「ろう」と読んだというのが真相ではなかったかと思う。それが、先に述べたように前年（天平十五年）の『一切経』では「仏弟子藤三女」、すなわち「とうさんじょ」と書かれている（どちらも藤原不比等の三番目の娘の意味）ことから、それに従い、近年では「娘」を「郎＝ろう」と読まず、本来の「じょう」と読むようになったのではないか、との結論に達したのである。ただし、確証はない。

「天平十六年」の意味

それはともかく、「楽毅論」の署名については、むしろ年紀「天平十六年（七四四）十月三日」に注目したい。「天平十六年」といえば年明け早々、聖武が難波行幸の準備に着手し、出発、その途次ただひとりの息子となっていた安積親王が急死したことは、まだ記憶に新しい。この年紀について、これまでほとんど注目されることがなかったのを不思議に思うが、たとえ署名そのものが偽作もしくは別人による後補であったとしても、この年紀が本文とまったく無関係にしたためられた（あるいは後補された）とは思えないのである。というより、格別の意味があって記された年紀であったとわたくしは考える。そこで、改めて光明子にとって「天平十六年」がもつ意味を振り返ってみたい。

繰り返すことになるが、恭仁京の造営を停止して紫香楽宮の造営に着手することが発表されたのが前年（天平十五年）十二月二十六日、明けて十六年閏正月、難波遷都を強行、その途中で安積親王が亡くなったのであった。その後、聖武は恭仁京の駅鈴や内外印を取り寄せ難波遷都の準備を始め、二月二十六日、難波を皇都とする宣言を出す。しかし聖武自身はその直前、光明子らとともに紫香楽に向かっており、皇都宣言は聖武不在のなかで下されたものであった。聖武の心はただ一点、紫香楽の大仏造立に向けられていたのがこの時期である。安積親王を失ったことが、紫香楽事業に対する聖武の熱意をいっそう高揚させていたように思われる。そして、ようやく十一月十三日、甲賀寺に盧舎那仏の「体骨柱」がはじめて建てられたのであった。儀式において、聖武みずからがその縄を引いたありさまはすでに述べた通りである。

こうした「天平十六年」を考えてみると、光明子は聖武と行動をともにしていたから、皇都宣言が出されたときは難波ではなく紫香楽にいたことになり、「天平十六年十月三日」の署名は（光明子が書いたとすれば）紫香楽で書いたことは間違いない。署名が、「体骨柱」が建てられる一ヵ月前であったことも確かである。

くどいようであるが、平城京を離れて四年、見通しのつかないなかでの恭仁京の放棄と難波遷都、その間、安積親王を失うという衝撃的な出来事もあったが、ようやく「体骨柱」建立にまでたどりついた時期、それが「天平十六年十月三日」であった。しかし、以後の工事が順調に進む保証はどこにもない。それどころか、人びとの不満が募っていたことはすでに感取されていたはずである。また後述するように、この時期、橘諸兄と藤原仲麻呂との確執も表面化しつつあった。

造顕事業だけでなく、このような不穏な政治的状況を考えると、光明子の胸中に複雑な思いが渦巻いていたろうことは想像に難くない。そんなことから、男性の筆跡かとみまごうような力強い署名をみると、大仏造立を祈願しつつも光明子が抱く苦悩が投影されているように思えてくる。「天平十六年」という年紀には、光明子の心中が凝縮されているのではなかろうか。

このときの臨書が「楽毅論」であったのは、王羲之の書が好まれていたという以外に、光明子が置かれた立場や心境から「楽毅論」の内容に共感するところがあったからかもしれない。

ともあれ署名が光明子の自筆でなく、たとえ偽作や後補であったとしても、その年紀は意味があってのことで、決して行き当たりばったりのものではないはずだ。それは天平十六年における光明子を思いやっての年紀である。その意味で「天平十六年」における光明子の心中に思いを馳《は》せることは、問題解決のうえでも決して無駄ではあるまい。

自筆・後補のいずれにせよ、光明子にとって「天平十六年」の「楽毅論」の書写は、重い心の表白であり、自筆・後補のいずれにせよ、年紀と「楽毅論」書写の意味はもっと重視される必要があろう。

正倉院の世界

「国家珍宝帳」に記載される光明皇后の書としては、「楽毅論」のほかに「杜家立成雑書要略《とかりっせいざっしょようりゃく》」（略して「杜家立成」）もよく知られている。

「杜家」とは隋《ずい》末から唐初の人、杜正蔵《とせいぞう》のことで、「立成」は速成（速く成し遂げること）の意、内容は三十六種（七十二編）からなる往復書簡の文例集である。求められれば即座に文を書いたところから名づけられた呼称で、いわば「杜家（杜正蔵）」が編纂した速成書簡文例集であり、巻末と紙背の継ぎ目に「積善藤家《せきぜんとうけ》」の朱印が押されていることでも有名である。

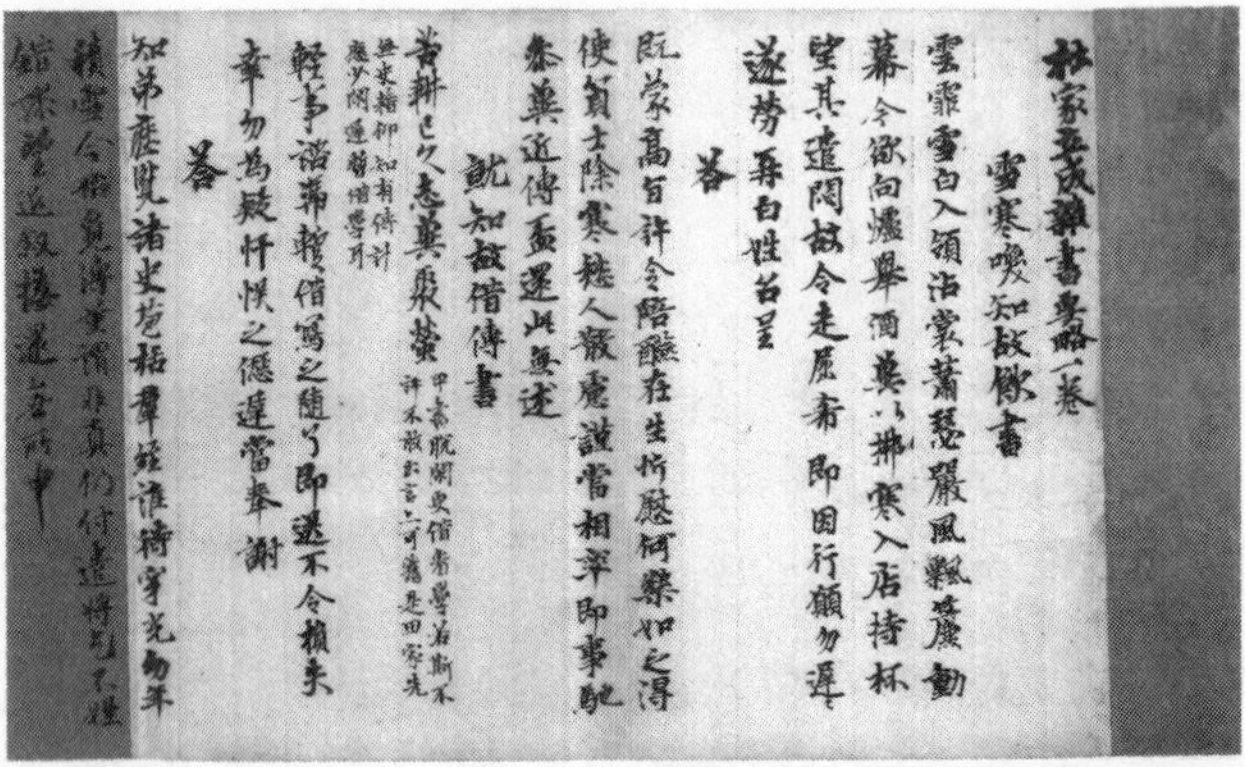

光明皇后筆「杜家立成雑書要略」巻首と「積善藤家」印（正倉院宝物）

ところで、光明子によるこれら東大寺への献納について、近時注目されているひとつに、献納が『梵網経』の思想にもとづくものとの見方がある。すなわち『梵網経』で説く喜捨の考え方に添って、聖武をはじめ光明子の両親などの遺品を奉納したというのである。

わたくしのみるところ、大仏や東大寺への献納（正倉院宝物）と『梵網経』との関わりはすでに早くから注目されている。(13)

そもそも東大寺本尊の盧舎那仏（毘盧遮那仏《びるしゃなぶつ》。智恵の光ですべての世界を照らし輝かす仏身）は『華厳経』にもとづく思想、表現であるが、『梵網経』の教義にも合致するもので、盧舎那仏は『華厳経』にも『梵網経』にも説かれており、この二つがきわめて近い関係にあることが指摘されている。ただし、『華厳経』（全六十巻）の教義は奥深いだけに難解であったのに比して、『梵網経』（二巻）の説く世界は具体的なイメージがわくものであり、聖武が難解であるがゆえに華厳の教義に惹かれたのは当然としても、聖武が現実に築き上げた世界観は『梵網経』の思想によるものであったというのである。それは大仏創建当初のものといわれる台座の蓮弁《れんべん》の線刻に、いまも残されているとも指摘されている。さらに『梵網経』が説く大世界の中心が盧舎那仏であり、各小世界に派遣された釈迦たちが盧舎那仏のもとにつどうのが理想であるが、聖武が東大寺（総国分寺）の本尊として盧舎那仏を仰ぎ、諸国の国分寺に釈迦如来を安置したのは、『梵網経』の宇宙観・世界観にもとづくものであるとも説かれている。

これに対して、大仏蓮坐に線刻されたのは開眼供養より後のことであり、大仏はあくまでも華厳の教義によって造立され、梵網の流行は華厳より後れるといった見方もある。

当時の聖武や光明子が『梵網経』に関心をもっていたことは確かである。『東大寺要録』によれば、たとえば天平勝宝六年（七五四）七月十九日、聖武の生母藤原宮子が亡くなったとき、その月の下旬から東大寺の写経所で、宮子のために『梵網経』百部の書写が始められ、以後、毎年七月十九日には東大寺戒壇院で宮子追善の梵網会が聖武によって催行されている。『梵網経』に対する関心の高さを示す何よりの証左である。

『梵網経』にせよ『華厳経』にせよ、聖武や光明子が多くの学問僧からさまざまな新教義を聞き、学んでいたことは間違いない。聖武・光明子はそうした華厳も梵網も受け容れたうえで、しかしその原点にあったのは「知識」による仏教思想ではなかったろうか。聖武が亡くなる二ヵ月前、無理を承知で難波に行幸し、そのおり聖武・光明子・孝謙の夫婦・親子は往復路に知識寺に立ち寄っている。天武・持統の出発点が吉野であったように、聖武・光明子にとっての原点が知識（寺）だったように思われる。

光明子による東大寺への献納の根本にあったのはこの「知識」の考え方であり、その思想に添う行為にほかならなかった。すべては光明子流の「知識」による奉納ではなかったか、というのがわたくしの考えである。

第七章　娘への遺言

(1)　紫微中台の設置

光明子が恐れたこと

聖武没後、光明子がひそかに恐れていたのは、政治的な重しがなくなって専権化を強める仲麻呂と、父聖武の思いを一身に体して、みずからが聖武のただひとりの正統な後継者と自負する娘孝謙天皇との対立であった。そこで、政界の実力者として君臨する仲麻呂を理解するために、権力を掌握していく過程をまずみておきたい。

時期は聖武の生前に遡る。

仲麻呂は不比等の嫡男武智麻呂の次男である。武智麻呂の嫡男豊成は、武智麻呂没後、橘諸兄が政界のトップに抜擢されたことによって、次席の地位に甘んじていた。次男である仲麻呂には昇進の機会もなければ、活躍の場も皆無であったといってよい。そんな仲麻呂が聖武の目にかなうようになったきっかけは、紫香楽での大仏事業に関わったことである。

そもそも紫香楽での造立事業は、当初諸兄が中心となって進められたものである。それが安積親王の急逝〔天平十六年（七四四）〕を境に推進者が入れ代わる。

恭仁京の留守官であった仲麻呂が、当時紫香楽にいた聖武天皇のもとに呼び寄せられ、聖武に従っていた諸兄が難波京の留守を命じられた。造顕事業から諸兄がはずされ、仲麻呂が起用されたのである。『続日本紀』では、「率性聡敏《そっせいそうびん》にして、ほぼ書記にわたる（性格は聡《さと》く俊敏で、ほとんどの書物は読破していた）」とも、「算を学び、もっともその術に精《くわ》し（算術を学び、とりわけその応用術に精通していた）」とも評された仲麻呂は、陰陽・暦数にも詳しかったといい（天平宝字八年〔七六四〕九月十八日条）、その才覚を建築や土木測量の技術にいかして、聖武の補佐にあたったものと思われる。翌天平十七年正月、紫香楽宮で行われた叙位で、仲麻呂が従四位上から一挙に二階級特進して正四位上となり、同年九月には近江守に任じられているのが何よりの証左で、明らかに造仏事業に関与している。特進はその勧賞であった。

以来、仲麻呂は着々と実績を挙げていく。平城京へ戻って事業が再開された天平末年には、近江守だった立場から、同国より奴婢や財物をしばしば献上したのをはじめ、東大寺へ封戸の施入や寺田の寄進を行うなど、仲麻呂の積極的な関与が目につく。

仲麻呂の存在を強烈に印象づけたのが、孝謙天皇即位当日〔天平勝宝元年（七四九）七月二日）の人事であった。その日、仲麻呂（時に参議）は中納言を経ずに大納言に任命されている。左大臣諸兄・右大臣豊成・大納言巨勢奈弖麻呂《こせのなてまろ》が仲麻呂の上席にいたが、いずれもこれ以前に任官されたもので、仲麻呂の就任した大納言がこの日の最高官であった。明らかに孝謙天皇のブレーンとして抜擢されたもので、聖武や光明子の配慮も多分にあってのことであろう。

紫微令の兼任

大納言就任から一ヵ月後の八月十日、今度は紫微中台の長官である紫微令《しびれい》を兼任する。紫微中台とは、孝謙天皇の即位によって皇太后となった光明子の皇后宮職の機構を拡大し設置したものである。その呼称は唐の玄宗皇帝が中書省《ちゅうしょしょう》を紫微省に改称し、則天武后が尚書省《しょうしょしょう》を中台に改めたのにならったといわれる。この日、仲麻呂（紫微令）以下四等官（令、大弼《だいひつ》・少弼《しょうひつ》、大忠《だいちゅう》・少忠《しょうちゅう》、大疏《だいそ》・少疏《しょうそ》）が任命されている。

九月七日には四等官の相当官位が制定されているが、従来の皇后宮職よりも格式が高く、規模も大きくなっている。任命者の顔ぶれも、大納言の仲麻呂をはじめ参議や式部省・衛府の官人の兼官が多く、単なる改称でないことは明白である。そんなことから一般に、紫微中台は孝謙天皇に代わって、皇太后となった光明子が国政を行うための執政機関として設けたもので、仲麻呂は光明子と手を結び、その長官として権力を掌握したと考えられている。

たしかに紫微中台の呼称は仲麻呂の唐風好みによるものであり、これも光明子というより仲麻呂の建策と考えてよい。しかし聖武をないがしろにして発案したとか、仲麻呂がこれを拠りどころに、ただちに権力を掌握したといった理解には賛成できない。再三指摘したように、この時期、そうした重大事が聖武と無関係に決定され進められるなど、ありえないからである。

仲麻呂が紫微令に任命された当日、宮子の中宮職が中宮省に昇格されている。この場合の中宮職（中宮省）とは皇太后宮子の事務機関であり、『続日本紀』によればこの日、長官である中宮卿をはじめとする宮子付きの官人が任命されている。明らかに紫微中台の改称（体制強化）に対応する措置であり、紫微中台の設置も中宮省への昇格も、仲麻呂の建言によるものであったことは明白である。その意図は、宮子と光明子の顕彰にあった。聖武（宮子の子）や光明子（宮子の妹）に対する仲麻呂の配慮であり、聖武や光明子もそのことを十分に承知していた。ただし、中宮省の少輔に長男の真従《まより》が任命されているが、ここでも仲麻呂のしたたかさがうかがえる。

仲麻呂の真意は、むろん権力の掌握にあった。聖武・光明子は多少の危惧を抱きつつも、のちにこれが権力の温床になるとまで考えてはいなかったろう。少なくともこの時点では、仲麻呂に全幅の信頼を置いていたように思う。

ちなみに紫微中台には、長官の仲麻呂以外に藤原氏が一人も採用されておらず、大伴・石川・阿倍といった伝統的氏族や百済王《くだらのこにきし》・肖奈王《せなのこにきし》ら渡来氏族からも一名ずつが任命されている。『続日本紀』に、「勲賢を妙選して、台司に並び列《つら》ねたり」（功績ある者や賢者を選んで紫微中台の官人に任命した）と記されているように（天平宝字四年〔七六〇〕六月七日条）、氏族のバランスが配慮されている。その点でも仲麻呂の独裁体制というイメージはない。

仲麻呂への信頼

生前聖武は、臣下に対して、自分の亡きあとは光明子に仕えよと命じており、光明子に後事を託す意志があったこと、光明子もまた聖武の期待に応えようとしていたこと、は確かである。皇后宮職の規模の拡大はそのための措置であった。

仲麻呂は聖武や光明子の信頼を巧みに利用し、紫微中台の実現にこぎつけたのである。仲麻呂の政治的才腕には舌を巻く。

仲麻呂は当初、決していわれるような専権を振るってはいない、というより振るえなかった。それほどに聖武の存在には重いものがあった。たとえば、天平勝宝七歳（七年、七五五）十一月、左大臣諸兄に謀反の心ありとの密告があったとき、聖武は優容して咎《とが》めなかったというが、密告が天皇孝謙を差し置いて、太上天皇の聖武に対してなされている。しかも聖武はすでに出家の身であったから、その立場に二重の重みがあったことを示している。この時期の仲麻呂は、権力を掌握しようにも軽々には動けなかったというのが真相である。

そればかりか、この間の紫微令仲麻呂は、開眼供養や東大寺の完成に向けて積極的に協力し、個人的にもたびたび造東大寺司写経所から経典を借りて書写を行うなど、ひたすら仏教活動に邁進している。それは聖武を喜ばせるものであり、これが光明子や孝謙天皇の信頼を勝ち得たいちばんの理由である。

紫微令から紫微内相へ

しかし天平勝宝八歳（八年、七五六）五月に聖武が没すると、仲麻呂は待ちかねたように権力欲をむき出しにする。その最初が七月、授刀舎人と中衛舎人の定員を定め、中衛府の所管としたことである。いずれも宮中警護を任務とするもので、当時仲麻呂が中衛大将（中衛府の長官）であったことを考えると、聖武の死去に乗じてみずからの軍事権の拡大を図ろうとしたものであることは明らかである。

翌年正月、従五位下石津王《いしづ》に藤原朝臣の氏姓を与えて養子にしている。のちに大炊王を亡き息子真従の妻（粟田諸姉《あわたのもろね》）と結婚させて親子関係を作り出したのと同様、皇親と姻戚《いんせき》関係を結び地歩固めを行っている。また三月には藤原部《ふじわらべ》の姓を(1)、藤原氏の名を尊ぶ意図から、久須波良部《くずはらべ》と改めさせている。仲麻呂の野望が次々と、それも露骨に表面化しはじめている。

しかしそうした仲麻呂の行動が、ただちに光明子や孝謙天皇の反感を買わなかったのは、その一方で聖武の追善供養をせっせと行っていたからだと、わたくしは思う。周忌法会に向けて東大寺の完成が急がれていたとき、仲麻呂はその造営料として米や雑菜を出し、大仏殿歩廊《ほろう》の緑青《ろくしょう》も献上している。また先にみた正倉院御物の施入勅書には長官仲麻呂以下、紫微中台の官人の署判が並び、その献納に仲麻呂が尽力したありさまがうかがえる。ここでも光明子や孝謙天皇の泣き所を心得た、仲麻呂の政治手腕がいかんなく発揮されている。

しかし、それも聖武の一周忌までであった。法会の終了後、自邸（田村第。田村宮とも）に孝謙天皇を迎えた仲麻呂は、その日、みずから紫微内相《しびないしょう》に就任している。紫微令を格上げしたうえ、中央・地方の諸軍事を統括する、いわば軍事総監としての立場を合わせ持ち、官位や待遇は大臣に準ずるものであった。それまでの紫微令とは格段の差があり、大納言であった仲麻呂は、待遇上では大臣相当官になったわけである。その結果、仲麻呂は軍事権を全面的に掌握することになる。

ともあれ、聖武の周忌法会は光明子・孝謙天皇母子にとってもひとつの区切りとなったに違いない。五年前、大仏開眼供養の終了後、孝謙天皇は光明子とともに仲麻呂邸に還御しているが、今回も内裏の改修を名目に仲麻呂邸に移っている。仲麻呂が、いかに孝謙天皇の信頼を得ていたかがわかるというものである。

仲麻呂ほど人の心を巧みに捉えて、効果的な施策を打ち出した政治家も少ないのではないか。ちなみに法会から三ヵ月後の八月、人心の一新を図るために天平宝字と改元しているが、そのなかで光明子・孝謙天皇の二人を日と月になぞらえて、その徳を讃えている。同年十一月に下された勅にも、「皇帝（孝謙天皇）・皇太后（光明子）は、日月の照り臨むが如くにして、並に万国を治めたまい」とある。聖武亡きあと孝謙天皇を後見したのは光明子であるが、この母子にとって仲麻呂は大きな支えであった。

光明子は則天武后か

ところで光明子については、孝謙天皇の在位九年間、病気がちの聖武に代わって事実上、執政者の立場にあったとみるのがいまも通説となっている。とくに唐の高宗《こうそう》の皇后であった則天武后にみずからをなぞらえ権力を握ろうとしたのではないか、という見方が強い。

たとえば一年に二回も改元したことである。すなわち天平二十一年（七四九）四月に天平感宝元年と改め、同七月再び天平勝宝元年と改元している。わが国では前例のないことであるが、唐では武后の時代に一年に二回改元を六度も行っている。ただし、こうした事例は中国でも珍しいというが、わが国のそれが武后にならったことは十分に考えられよう。

また右の天平感宝・天平勝宝などの四字年号（孝謙朝から称徳朝まで続く）も、武后時代の天《てん》冊万歳《さくばんざい》（六九五年）・万歳登封《ばんざいとうほう》（六九六年）などに共通するし、天平勝宝七年正月、「年」を「歳」と改め、七歳・八歳などと使用させているのも、武后が「年」を改めて「載」を用いたことに似ているといわれている。こうしたことから、光明子が専権を振るった武后と重ねて理解されることが多い。おそらくこうした武后の治績・事績は、入唐帰朝僧や遣唐使によってもたらされた知見であろう。

しかしこれまでみてきたように、光明子には則天武后のイメージはまったくない。そのイメージは仲麻呂によって作り出されたものであるが、その仲麻呂についても、強権政治を行うようになるのは聖武が亡くなってからのことで、出家していたとはいえ、なお実権を握っていた太上天皇聖武の在世中は独断専行はしていないし、できなかったというのが実情である。

光明皇后が、みずからを則天武后になぞらえようとしたわけでもなければ、権力を握ろうとした形跡もまったくない。

（2）　奈良麻呂の変

大伴古慈斐の左遷

孝謙天皇の在位は九年に及ぶが、そのうち七年の間、聖武が太上天皇として存在している。出家したとはいえ、孝謙天皇以上に政治的な重みをもっていたことはこれまでにも述べてきた。それは、聖武が重態に陥るたびに、不穏な動きが起こっていることに端的に示されている。

その聖武が没し、初七日がすんだ五月十日、案の定、出雲《いずも》守大伴古慈斐《こしび》と内竪《ないじゅ》淡海三船《おうみのみふね》が「朝廷を誹謗《ひぼう》」し、「人臣の礼无《な》し」という罪で逮捕されている。二人は三日後に釈放されるが、三船については何の咎もなかったのに対して、古慈斐はまもなく土佐《とさ》守に左遷されている。古慈斐は壬申の乱で活躍した吹負《ふけい》の孫にあたる。

三船に対する処置が気になるところであるが、事件に関連して、『続日本紀』に記す古慈斐の薨伝（宝亀《ほうき》八年〔七七七〕八月十九日条）に、「勝宝年中、累《しき》りに遷りて従四位上衛門督となり、俄《にわか》に出雲守に遷さる。疎外されてより、意、常に鬱々《うつうつ》とあり。紫微内相藤原仲満（仲麻呂）、誣《し》うるに誹謗を以てし、土佐守に左降せしめ、促して任に之《ゆ》かしむ（勝宝年中には昇進を重ねて従四位上衛門督となったが、突然出雲守に遷された。疎外されて以来、気持ちは常に鬱々として過ごしてきたが、紫微内相藤原仲麻呂の誣告によって陥れられ土佐守に左遷、促されて任地に赴いた）」とみえることが留意される。すでに出雲守就任そのものが左遷であったことを思わせる一方、仲麻呂の誣告、誹謗によって土佐守に左遷され、追放同然の扱いを受けたとある。ちなみに三船は仲麻呂の息子刷雄《よしお》と親交があったというから(2)、事件は三船を使って古慈斐を陥れようとした可能性が高い。三船に何の咎もなかったのは、背後に仲麻呂がいたからである。

なお、このとき大伴氏の長老である家持が詠んだ「族《やから》に喩《さと》す歌」（長歌一首と短歌二首）の左注に、「右は、淡海真人三船が讒言《ざんげん》に縁《よ》りて、出雲守大伴古慈斐宿禰解任さる。是を以て家持此の歌を作る」とあり（『万葉集』巻二十―四四六五〜四四六七）、家持は古慈斐の出雲守解任＝土佐守左遷を三船の讒言とみていたことが知られる。さらにその背後に仲麻呂がいることも承知していた。しかし、家持になす術《すべ》はなかったろう。当時大納言兼紫微令（皇太后宮職の長官）の仲麻呂に楯突《たてつ》くことなどできるはずがなかった。そのためにあえて三船の讒言と表明することで、「族に喩す歌」を詠んだのである。これが、かつて黄金産出のとき、聖武から受けた褒賞の言葉（「内の兵」として忠誠心を失わずに仕えよ）を踏まえて詠んだ歌であり、一族に対して自制を求めたことは、改めて述べるまでもあるまい。

家持の叫び

家持は、大伴氏の軽挙が仲麻呂の思うつぼとなることを見抜いていた。大伴氏の行動は一族の命運だけでなく、政争の行方すら左右しかねない重大なものであったため、なんとしても一族の結束を図らねばならなかった。大伴氏の家名を絶やさぬようにと自重を求め、軽挙妄動を戒めたのは、家持の悲痛な叫びであった。

土佐守に左遷された古慈斐は、せき立てられるように任地に赴くが、翌年（天平勝宝九年〔七五七〕）橘奈良麻呂の変に連座して、そのまま任国である土佐国への流罪となっている。

古慈斐の左遷が大伴氏に対する挑発であったことは明らかであるが、真の標的は橘諸兄の息子奈良麻呂であり、かれを首謀者とするクーデター一派の粉砕にあったとみる。すべては仲麻呂の仕組むところであった。

奈良麻呂の不穏な動きはすでに孝謙天皇の皇太子時代に始まり、決着がつくまでに十二年もの長きに及んでいる。早くからその動きをキャッチしていた仲麻呂は、なんとか証拠をつかもうと躍起となっていた。古慈斐の左遷はそのためにデッチ上げられたものであった。

一方、光明子にとっても、仲麻呂らの動きや奈良麻呂らの行動は見過ごすわけにいかなかったろう。奈良麻呂は光明子の甥にあたる。仲麻呂がその奈良麻呂捕縛に焦っていただけに、なんとか沈静化する方策に苦慮していたに違いない。しかし、光明子の願いは叶《かな》わなかった。

佐伯美濃麻呂の動き

奈良麻呂がはじめて謀反を計画したのは天平十七年（七四五）、聖武が難波で重病に陥ったときである。そのおり奈良麻呂は佐伯全成《またなり》に、「大伴・佐伯の族、此の挙に随わば前に敵無からん」といって計画への参加を誘っている。目標は仲麻呂の誅殺と皇位の奪取であった。

このときは聖武が回復したことで、奈良麻呂らの動きも表沙汰《おもてざた》にはならなかったが、天平勝宝七歳（七五五）十月、聖武がやはり重態に陥ったとき、これに乗じてひそかに仕組まれたと思われる陰謀がある。奈良麻呂の父橘諸兄の近侍者佐味宮守《さみのみやもり》が、諸兄が飲酒の席で無礼な言辞をはき、謀反の心があるようだと密告したのである。諸兄を信任する聖武は不問に付したが、それを知った諸兄は翌年二月、左大臣を辞職している。諸兄はみずからの手で政治生命を絶ったが、明らかに疑獄事件であった。

しかし、政権奪回をめざす息子の奈良麻呂は同年四月、難波行幸中に聖武が再び重態に陥ると、またもや佐伯全成（時に陸奥守）を誘い（この間、孝謙天皇即位直後にも計画を持ちかけたが拒否されている）、クーデターの実行を迫った。だが今回も無道なことであると反対され、実現には至らなかった。

だが、事件はそれで収まったのではなかった。翌月（五月）聖武が没するや、大伴古慈斐らが逮捕されたことはすでに述べたが、相前後して、越前守佐伯美濃麻呂《みのまろ》が再びこれらの事件について尋問されている。美濃麻呂は、自分は何も知らないが、佐伯全成なら知っているだろうと答えているが、じつはこの美濃麻呂という人物、仲麻呂と意を通じた仲であった。謀反の動きをつかんでいたとみられる仲麻呂が、美濃麻呂と仕組んで全成に目星をつけ、全成の勘問を実現した可能性が高いという(3)。

汝らはわが甥、わが族

そこで全成を勘問することになったが、光明子はおそらくこうした情勢を把握していたのであろう、大事に至ることを憂慮し、慇懃《いんぎん》に勘問を中止させている。

『続日本紀』(天平宝字元年〔七五七〕六月二十八日)に、「大后、慇懃に固く請う。是に由《よ》りて事遂《ことつい》に寝《や》みぬ。語《こと》は、田村記(仲麻呂の記録とも、仲麻呂邸にいたことのある淳仁天皇の帝紀とも)に具《つぶさ》なり」と記している。「慇懃に固く請う」とあるから、丁寧に言葉を尽くして尋問の中止を強く要請したのであった。その語気には光明子の確固たる信念が漂っていたのであろう、さすがの仲麻呂もその言葉に従わざるをえなかったのである。しかし、その間にも奈良麻呂が大伴氏を誘って武器を集め、謀反の計画を立てているとの報告が仲麻呂にもたらされている。

密奏はその後も次々と入り、たまりかねた孝謙天皇は七月二日、群臣を前に次のように戒告している。

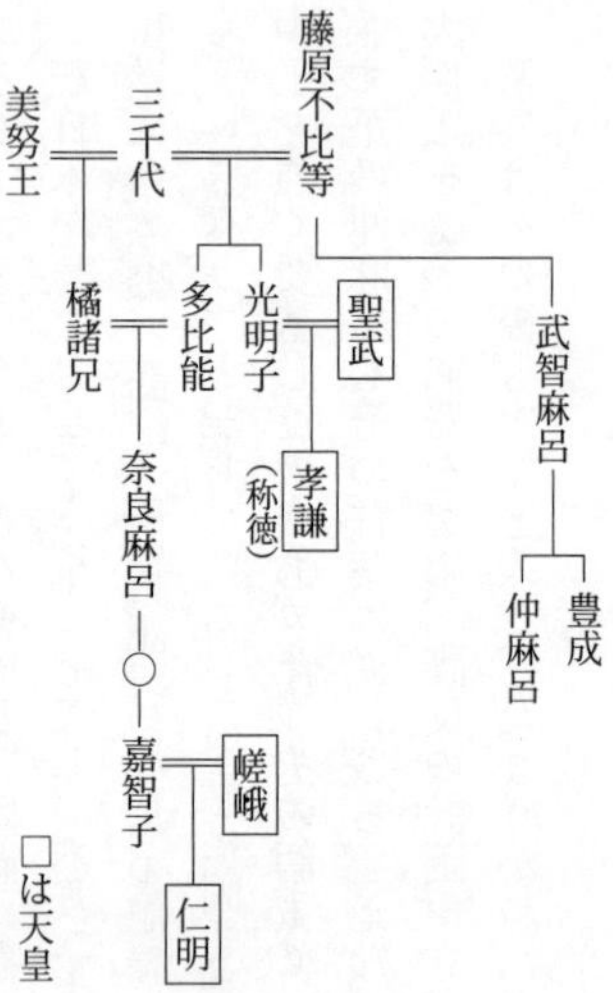

光明子と奈良麻呂

近ごろ諸王臣のなかに謀反を企てる者がいるとの風評を聞くたびに、まさかそんなことはあるまいと思い放置してきたが、それがたび重なると捨ててもおけない。最後まで反省を促したいと思うが、それでも従わないとなると処罰せざるをえない。「己が家々、己が門々、祖《おや》の名失わず」に自重して仕えよ、と。

ついで光明皇太后も右大臣豊成以下の群臣を呼び、お前たちは私の甥である、だから亡き先帝（聖武）も、「朕が後に太后によく仕え奉り助け奉れ」と諭された。とくに大伴・佐伯両氏は古くより「内の兵」として近侍して、護衛にあたってきた。また「大伴宿禰らは、吾《わ》が族にもあ」って、みなが心をひとつにして仕えてくれれば、このような噂が出るはずはないではないか、と語気を強めて戒めている。あからさまに大伴・佐伯二氏の名をあげた光明子には、東大寺の盧舎那仏前で、聖武が両氏にふれたときのことが意識されている。自重を求め結束を訴えたのは、光明子の悲痛な叫びであったろう。

繰り返すまでもなく、仲麻呂らは奈良麻呂らの不穏な動きを早くから察知していた。そのことは、これ以前から集団での行動や、同族の召集を禁じるなど、一種の戒厳令を下していることからも明らかである。光明子と孝謙天皇の詔には、事件を未然に防ぎ穏便に処理しようとした苦悩がうかがえるが、これに対して仲麻呂は、むしろ事件を表沙汰にすることで、一挙に反対派の動きを掣肘《せいちゅう》する機会を狙っていたのである。そして、結局仲麻呂の筋書き通りに事は運ぶことになる。

私の近き人

光明子・孝謙天皇母子が先の詔を下したその日の夕、中衛舎人上道斐太都《かみつみちのひたつ》が仲麻呂に密告してきた。前備前《びぜん》守小野東人《あずまひと》から、クーデターへの参加を誘われたというのである。仲麻呂はただちにこのことを奏上し、小野東人らを逮捕して監禁している。

翌日（七月三日）、東人らの尋問が始まったが、だれも口を割らなかった。そこで光明子は噂にのぼっている首謀者（このときはまだ逮捕されていない）、奈良麻呂ら五人を在所（法華寺か）に呼び、密告があったがお前たちは私の「近き人」であり、それぞれ高官として遇され、何の怨《うら》みもないはずである。だから謀反を起こすようなことはあるまいと信じている。これからも、決してそのようなことをするではないぞ、と再び戒めている。五人は稽首《けいしゅ》して恩を謝したが、この期に及んでもなお穏便に処理しようとする光明子の配慮が知られるのである。すべては孝謙天皇の治政の安穏を願ってのことであり、それが、亡き夫聖武が生前もっとも心を砕いたことでもあったのだ。

しかし、今度は仲麻呂も追及の手をゆるめなかった。よほど拷問が厳しかったのであろう、翌四日、ついに東人は自白したのであった。それは仲麻呂を誅滅《ちゅうめつ》したうえで、孝謙女帝の廃位を目的とするものであった。孝謙天皇を正統な天皇として認めないという考えは、孝謙天皇の皇太子時代以来、奈良麻呂が一貫して主張してきたものである。けだし嫡子は男子に限るという貴族社会の通念がある限り、孝謙天皇を正統天皇として容認するわけにはいかなかったのである。

ちなみに当時、孝謙天皇を唯一権威づける皇権のシンボルである霊璽《れいじ》が、内裏ではなく、光明皇太后の宮に保持されていた。また先の二度にわたる光明子の命令が令旨《りょうじ》（法令では、皇太后の命令は皇太子と同様令旨と規定されている）ではなく、詔として下されていることから、天皇権の実質が光明子にあり、光明子は大権を振るっていたとの見方が強い。しかし、わたくしはそうは思わない。そうしたことは光明子の意志というより、仲麻呂が仕向けたものと考える。仲麻呂は自身の権力の基盤である紫微中台を盤石なものとするために、光明子の権威が必要不可欠だったのである。仲麻呂の行動や発言は、光明子の権威を背景にしてこそ威力を発揮したのである。

これまで述べた事件の経緯から知られるように、光明子と仲麻呂の考え方は決して同じではない。

光明子の配慮にもかかわらず、東人の自白によってクーデターの全貌《ぜんぼう》が明らかとなり、奈良麻呂らが逮捕され、勘問・拷問が加えられた。その結果、全員みな死罪に相当するが、一等を減じて姓名を貶《おとし》められたうえ、遠流《おんる》とされた。ただし『続日本紀』に、張本人の奈良麻呂の処罰について記されていないのが奇異であるが、のち橘嘉智子が嵯峨天皇の皇后に立てられ、息子仁明《にんみょう》天皇が即位するに及んで、獄中での奈良麻呂の記述が抹消されたものと思われる。嘉智子が奈良麻呂の孫にあたることからの推察である。おそらく奈良麻呂も拷問にあって獄死したのであろう。

苦渋の選択

十数年にわたって燻《くすぶ》り続けた奈良麻呂の変からうかがえるのは、孝謙女帝の立場の弱さである。孝謙天皇がどれほど長期にわたって在位しても、皇位継承のうえで何の解決にもならないことを、聖武や光明子は痛いほどに承知していた。そこで死期の迫った聖武は、遺詔によって道祖王を孝謙朝の皇太子に定めたのであった（前述）。

繰り返していうと、これによって皇統上で草壁皇子の嫡系相承が終わり、文武天皇以後、はじめて皇位が天武天皇の傍系に移ることになった。聖武によるこの立太子は、むろん没後の社会的混乱を避けるためであったが、聖武みずからの手で嫡系継承の原理を捨て、皇嗣問題に一応の決着をつけたことの意味は大きい。

『続日本紀』天平宝字元年(七五七)七月四日条によれば、謀反を企てた奈良麻呂が、「今、天下乱れて、人の心定まること無し」といい、もし他氏が王を立てるようなことがあれば、吾が一族は滅びるであろう。その前に大伴・佐伯両氏と力を合わせて黄文王《きぶみ》(長屋王の子。母が不比等の娘長娥子であったことから死を免れた)を立て、天下の基礎を築きたい、と語っているように、孝謙天皇を認めようとしない風潮は、臣下が天皇を擁立しかねない状況にまで事態を緊迫させていた。

このことに関連する話が『日本霊異記』(下—第三十八)に収められている。

聖武が仲麻呂を呼んでいうには、阿倍内親王(孝謙女帝)と道祖王の二人で天下を治めさせようと思うがどうか、と尋ねたところ、仲麻呂は大いに賛成した。そこで仲麻呂に酒を飲ませてそのことを誓わせ、「もし朕が遺せる勅に失《たが》わんには、天地相憎み、大きなる厲《とが》を被《こうむ》らん。汝、今誓うべし」との詔を下したというものである。むろん真偽は定かでないが、皇嗣問題に関する聖武と仲麻呂との考え方に、齟齬《そご》が生じていたことを物語っている。その意味で聖武のとった措置、すなわち天武系王族への継承権の拡大は、その時点でなし得るもっとも有効・適切な措置であったし、遺詔という形をとることで最大限にその効力を発揮させようとしたのである。それが、光明子も同意したうえでの措置であったことは、改めていうまでもない。

しかし、すべては裏目に出た。

道祖王の廃太子

聖武が没して十ヵ月後の天平宝字元年（七五七）三月二十九日、孝謙天皇は聖武の立てた道祖王を廃太子する。「身、諒闇《りょうあん》に居《おり》て、志《こころざし》、淫縦《いんしょう》に在り。教勅を加うと雖《いえど》もかつて改め悔ゆることなし」というのが理由である。服喪中にもかかわらず侍童《じどう》に通じ、民間に機密のことを漏らし、素行が修まらないということであったようだ。道祖王に落ち度がなかったともいいきれないが、真相は明らかでない。孝謙天皇から、「先帝（聖武）の遺詔を示」して廃太子の当否を問われた右大臣豊成たちも、「あえて顧命《こめい》（遺詔）の旨に乖《そむ》き違《たが》わじ」と述べるにとどまっている。聖武が生前孝謙天皇に対して、いったん立てた王であっても生殺与奪権はすべて汝にあるのだ、と言い聞かせた言葉を持ち出したものと思われる。

聖武の遺詔を示された以上、豊成たちも孝謙天皇の措置に従わざるをえなかったろう。遺詔の重みが改めて知られる。

代わって皇太子に立てられたのが大炊王である。舎人親王の子である。大炊王はこれより先、仲麻呂が、亡くなった息子真従の妻粟田諸姉を娶《めと》らせて田村第に住まわせていたことを考えると、道祖王の廃太子を含めて、すべてが仲麻呂の仕業であったことは明白である。時に大炊王は二十五歳であった。

このとき、光明子でさえ仲麻呂の陰謀を見抜いていたとは思えない。廃太子劇は、聖武の遺訓を金科玉条とする光明子、そして孝謙天皇母子の純粋さに仲麻呂がつけいったものと考える。

ちなみに四月四日、大炊王の選定について孝謙天皇は群臣たちを前に、大炊王はまだ年齢は若いが、悪評を聞いたことがないから皇太子に立てたいと思うが、どうか、と問うたところ、豊成たちは「ただ勅命、これ聴《き》かん」と答えただけで、だれひとり反対しなかったという。そしてこの日、ただちに大炊王は田村第から内裏に迎えられ、立太子が実現している。

(3) 淳仁天皇との対立

譲位の引き金

天平宝字二年(七五八)八月一日、孝謙天皇は大炊王こと淳仁天皇に譲位し、太上天皇となった。譲位の理由について『続日本紀』には、長年在位したがその荷が重く、堪えられなくなってきた。それだけでなく、人の子として母の光明皇太后に孝養を尽くさねばと思い、皇太子に位を授けたいとある。荷が重いというのは、譲位の宣命にみえる常套《じょうとう》文句であるから、母への孝養が主な理由であったと思われる。

じじつこの時期、光明子は病の床にあった。『続日本紀』によれば一ヵ月ほど前から病床に伏し、すでに「旬日(十日ほど)」も経過していた。七月四日には勅を下して殺生の禁断、猪《いのしし》・鹿の献上を禁止するとともに、官奴婢や紫微中台奴婢の解放も命じており、病状のただならぬことが察知される。

光明子の容体の悪化が譲位の引き金になったことは、確かと思われる。容体の回復への兆しがみえないなか、おそらく仲麻呂の勧めもあったに違いない。仲麻呂は、新たに親族となった大炊王を即位させることで、光明子に代わる権力基盤を築こうとしていた。貴族社会において正統天皇として認められない孝謙天皇には、さほど期待していなかったということである。

しかし、孝謙天皇にとってこの譲位、というより淳仁天皇の即位は、必ずしも納得したうえでのものでなかったのではあるまいか。大炊王が立太子してから即位までわずか一年四ヵ月しか経っていない。即位が待ち望まれた聖武の場合でも皇太子期間は十年、孝謙自身も即位は十一年後である。大炊王の場合、当時としては異例の早さであり、孝謙天皇は即位がこれほど早く現実のものになるとは予想していなかったように思われる。仲麻呂に対する不信感が芽生えたのはこのころからである。

改元の拒否

そんな淳仁天皇の即位には、不自然なことが少なくない。なかでも最大のものが、即位後の代始め改元が行われていないことである。

わが国では即位と改元は不可分のものであり、ことに譲位による禅譲の場合、即位と同日に改元されるのが通例であった。ところが淳仁天皇だけは、孝謙天皇時代の「天平宝字」をそのまま継承している。これを一年前（天平勝宝九歳〔九年、七五七〕八月十八日に天平宝字と改元）

に改元されたばかりだったからとみる向きもあるが、天平感宝と改元された（天平二十一年〔七四九〕四月十四日）三ヵ月後に即位した孝謙天皇でさえ、即位当日（七月二日）天平勝宝と改元しているから、正しい理解ではない。しかも淳仁天皇の場合、六年の在位中、一度として改元されてはいない。

これは、孝謙天皇が意図的に改元を拒んだ結果としか考えられない。納得したうえでの譲位でなかったことを示している。

これまで述べたように、聖武の譲位後における仲麻呂の権勢の拠りどころは、皇太后光明子の紫微中台にあった。しかし、その光明子もすでに五十八歳、病気がちであったとなれば、仲麻呂の権力基盤も揺るがざるをえない。仲麻呂にとって淳仁天皇の即位は、紫微中台に代わる新たな権力の基盤づくりであった。しかも淳仁天皇（大炊王）は仲麻呂の養子であったから、光明子（仲麻呂の叔母）や孝謙天皇（仲麻呂の従妹）よりも身近な関係にあった。孝謙天皇の譲位は光明子の病気に乗じて、仲麻呂が強引に推し進めた可能性が大きかったように思われる。

譲位は納得したうえであったことは確かであろうが、さりとて淳仁天皇の即位を完全に了解したものでもなかったのである。天皇即位の表徴である代始めの改元を認めなかったのは、仲麻呂に対する不信感を表した、孝謙天皇が抜いた伝家の宝刀であった。

孝謙天皇の不満を知った仲麻呂も、さすがにそれを強《し》いることはできなかったのである。

天平応真仁正皇太后

思わぬ孝謙天皇の出方に驚いた仲麻呂は、孝謙天皇の歓心を買うために、淳仁天皇即位の当日から、矢継ぎ早に孝謙天皇の血縁者に対する顕彰につとめている。

『続日本紀』によればこの日（八月一日）、まず孝謙天皇と光明子の治績・事績を誉め称え、それぞれに尊号を献上している。孝謙天皇に対しては「宝字称徳孝謙皇帝」、光明皇太后には「天平応真仁正《おうしんにんしょう》皇太后」という尊号である。それぞれ「宝字が出現してその徳を称えた、孝と謙譲の徳を兼ね備えた皇帝」、「天が平らかになって、究極の真理に到達したことに応えた、仁と公正の徳を兼ね備えた皇太后」の意である。(4) これまで天皇没後、日本風の諡を贈ることはあっても、存命中に、しかもこのような中国風の尊号を贈るのははじめてのことで、例がない。唐風好みの仲麻呂らしく、唐の例を真似《まね》たものであるが、それが淳仁天皇の即位当日になされているのは、明らかに太上天皇となった孝謙天皇に対する配慮とみてよい。

ついで八日後の八月九日には、二年前に亡くなっていた聖武天皇にも「勝宝感神聖武皇帝」と尊称し、天璽国押開豊桜彦尊《あめしるしくにおしはらきとよさくらひこのみこと》という諡号を贈っている。このとき聖武の祖父（文武天皇の父）草壁皇子（日並知皇子命《ひなみしのみこのみこと》）にも岡宮御宇天皇《おかのみやにあめのしたしろしめししすめらみこと》との尊称が追贈されている。聖武は生前に出家していたため諡号をもたなかったという事情もあるが、即位せずに没した草壁皇子に対してまで天皇の称号を贈っている。孝謙天皇としても不愉快なはずはなかったろう。

もっとも尊号の撰進《せんしん》は、仲麻呂自身の勲功に対する伏線でもあった。八月二十五日、紫微内相から、太保《たいほ》と改称された右大臣に任じられたうえ、同日、恵美押勝《えみのおしかつ》という尊号が与えられ、「恵美家印」を公印として使用することが許されている。また「尚舅《しょうきゅう》」との字《あざな》も与えられた。擬制的ではあるが、淳仁天皇の舅《しゅうと》（養父）にあたるからである。〝天皇の父〟となった仲麻呂は、光明子（皇太后）や聖武・孝謙（太上天皇）と並ぶ地位となったことになる。

孝謙天皇関係者に対する一連の尊号の撰進は、仲麻呂自身の顕彰と裏腹のものであったが、いずれにせよ仲麻呂がもっとも腐心したのが、孝謙天皇との妥協にあったことは間違いない。

皇太后の勧め

聖武没後、孝謙天皇と仲麻呂（・淳仁天皇）との関係にもっとも腐心してきたのが光明子であったことは、これまでにも述べてきたが、光明子がなかでも心を砕いたのは、淳仁天皇の父舎人親王への尊称問題ではなかったろうか。

淳仁天皇が即位した翌年、天平宝字三年（七五九）六月十六日のことである。この日淳仁天皇は父舎人親王に崇道尽敬皇帝《すどうじんきょうこうてい》の諡号を贈って天皇として遇すること、母を大夫人、兄弟姉妹を親王（内親王）として扱うことを表明している。しかし先にみたように、即位早々、孝謙天皇や光明子をはじめ聖武・草壁皇子ら孝謙天皇関係者に尊号が献上されたのに比して、淳仁天皇関係者のそれは、即位から十ヵ月も経っている。じつは、ここにも孝謙天皇の反対があったのである。

この日淳仁天皇が下した詔に、そのことが示されている。『続日本紀』に記す詔は長文ではあるが、その大意を記しておこう。

光明皇太后が私（淳仁天皇）にいわれた。これまで（橘奈良麻呂事件などで）世の中が落ち着かなかったために吾子（あなた）が即位してから時機をみていおうと思い、控えてきたことがある（それはあなたの家族のことであるが）、いまようやく天下も治まった、だからあなたの父舎人親王を追尊して天皇と称し、また母の当麻《たいま》夫人を大夫人とし、兄弟姉妹を親王（内親王）と称しなさい、と。私はそれを承り、大変嬉しくもあり、また恐縮もして、孝謙太上天皇にこの旨を申し上げたところ、太上天皇は、光明皇太后に申し上げなさい、といって次のようなことを私に教え諭された。私（淳仁天皇）を天皇として即位させて下さった御恩ですら在世中には報いることができませんのに、私の父母兄弟姉妹にまで恩恵を受けますことは恐れ多くて、お受けできません、と。また（太上天皇にいわれて）私自身思いますのに、私を「前聖武天皇の皇太子」と定めていただき、即位させて下さった（だけでもありがたいのに）、両親や兄弟にまで恩恵をいただくとは……。お受けしていいのか、辞退すべきなのか、わかりません、と光明皇太后に申し上げた。しかし、皇太后がたび重ねて私に教えて下さった。（このことは）私がいわなければ、いったいだれが勧めましょうか。子どもが幸福を願うのは親のためでもあるのです。天皇となった大福を父舎人親王に捧げなさい、と。私はこの皇太后の命をお受けすることに決めました。これからは父舎人親王に崇道尽敬皇帝の諡号を贈って天皇として遇し、また母の当麻夫人を大夫人、兄弟姉妹をみな親王(内親王)と称することにします。

ここで明らかなように、舎人親王の尊称問題については孝謙天皇が反対したのである。それが光明皇太后の強い勧めによって実現をみたという。淳仁天皇関係者への尊称がひときわ遅れたのは、孝謙天皇の反対があったからだった。

反対し続ける孝謙天皇をみて、光明子は痺《しび》れを切らし、「吾がかく申さず成りなば、敢えて申す人は在らじ」と、強く勧めたのである。それは、娘孝謙天皇に対して仲麻呂や淳仁天皇との対立を避けることを諭した、光明子の教えでもあったろう。

ただし、この問題をめぐって母子の間に対立があった形跡はない。結局は母の意見に従っている。それどころか、孝謙天皇が仲麻呂に対して格別の配慮をしているのも、光明子の影響ではなかったか。

たとえば半年後の天平宝字四年正月、孝謙天皇は口勅で、この日従一位となった太保(右大臣)仲麻呂を大師《たいし》、すなわち太政大臣に任命し、近くに召して随身契《ずいじんけい》(参内のとき身につける特別の割り符)を与えている。臣下で生前ついたことのない太政大臣の地位に、左大臣を経ずに、しかもそれを孝謙天皇みずからが与えているところに、不満を抱きながらも仲麻呂に迎合せざるをえなかった孝謙天皇の立場が反映されている。母光明子の配慮を、孝謙天皇も痛いほどに承知していたのであろう。

(4) 草壁皇子の佩刀

聖武天皇の「皇太子」

それにしても、先の淳仁天皇の言葉でみずからを「前聖武天皇の皇太子」に立てられたとしているのは、ある意味では孝謙天皇の立場を否定するものであった。逆にいえば、淳仁天皇は孝謙天皇の皇太子にならなかったということである。

舎人親王の子である大炊王は天武天皇の傍系であり、聖武(草壁系)とは直接血縁的なつながりをもってはいない。したがって仲麻呂が大炊王を擁立するうえで必要だったのは、聖武の皇統、いわゆる草壁皇統に連なる後継者に仕立てることだった。それは、「聖武天皇の皇太子」という形に特化すること以外に手段はなかった。それが、擬制的にせよ大炊王を聖武の嫡子に仕立てること、すなわち「聖武天皇の皇太子」に立てることであった。

女帝は正統ではないという社会通念が存在する限り、淳仁天皇が正統天皇として即位するには、聖武から皇位を継承する必要があった。それが「前聖武天皇の皇太子」に立てられたと主張した理由である。むろん、これも仲麻呂の発想であったことはいうまでもない。

孝謙天皇にしてみれば、尊号についての自分の意見が退けられただけでなく、皇統についても自分を飛び越えて聖武から継承したと主張されることにより、その立場は二重に否定されたことになる。孝謙天皇のプライドが、深く傷つけられたことはいうまでもない。

孝謙天皇は、皇権継受のなかではまったく無視されてしまう存在であった。女子ではありながら立太子したうえで即位したからには、〝男帝〟と同じ立場となったはずである。そうした孝謙天皇の立場や正統性は聖武から繰り返し述べられ、それは皇后光明子にも受け継がれている。というより、皇位継承に抱く光明子の嫡系意識は、聖武以上に強烈であったとわたくしには思える。

皇位継承の呪縛

しかしこれまで述べてきたように、配偶者も子どももいない孝謙天皇の在位は、いかに聖武の嫡系であっても皇位継承のうえで何の解決にもならず、わずかの年数の先送りにすぎないことは、光明子も十分に承知していた。聖武が皇嗣問題に一応の決着をつけて亡くなってからは、さすがにその苦しみからも解放されたようである。道祖王の廃太子劇では大炊王（淳仁天皇）の擁立を図ろうとする仲麻呂に同調している。もっともこのことは、遺詔によって道祖王を立太子させた聖武の立場と相反するようであるが、決して仲麻呂とともに政界を牛耳ろうとしたのでもなければ、仲麻呂の専恣《せんし》に光明子が巻き込まれたのでもない。

聖武没後、光明子がもっとも恐れたのは、繰り返し述べてきたように、仲麻呂と孝謙天皇との対立であった。大炊王の立太子すなわち道祖王の廃太子は、実際には聖武から生殺与奪権を与えられた孝謙天皇の命令という形で進められ実現したが、その背後には右にみたように、光明子の配慮が大きく働いていたと考える。また孝謙天皇が譲位してからの光明子は、皇位継承の呪縛《じゅばく》から孝謙天皇を解放することを、みずからの役割としていたように思われる。

淳仁天皇の尊号一件について、「私がいわなければいったいだれが進めるのか」といって孝謙天皇の反対を抑えそれを実現させたのも、暗に孝謙天皇への戒諭ではなかったか。くどいようであるが、聖武が遺詔によって道祖王を立太子したのは、それによって草壁皇統（嫡系）継承を断念したことであり、孝謙天皇を最後に草壁皇統が断絶することもやむなしと了承したことの証しである。聖武の意志は、傍系であっても、それにより没後の皇位継承をめぐる内訌を回避することにあった。聖武の遺志を受け継ぐ光明子は、だからこそ大炊王の立太子と即位に同調したのである。

しかし、両親から繰り返し教えられ、異常なまでに嫡系意識をもった孝謙天皇が、その使命をおいそれと捨てきれるはずはなかった。自分こそが唯一、聖武の正統な継承者とする嫡系意識は、孝謙天皇のなかでは光明子が考える以上に強烈なものになっていたのである。

渡さなかった佩刀

こうした孝謙天皇の立場に対する聖武なり光明子の考え方を端的に示すのが、草壁皇子の佩刀（黒作懸佩刀）である。先に述べた「国家珍宝帳」に記される「除物」のひとつで、現物はない。ただし由緒書は残されており、言葉を補ってそれを要約すると、

「黒作懸佩刀」は日並《ひなみし》皇子（草壁皇子）がつねに身につけていたものであり、皇子没後、母の持統が太政大臣不比等に与えた。不比等は、文武天皇が即位したときにこれを献上したが、文武天皇はその死にさいして、再びこれを不比等に与えた。そして不比等は亡くなるときに、これを聖武天皇に献上した。

と記している。

この由緒書によって、草壁皇子の佩刀は、草壁→不比等→文武→不比等→聖武へと授受されたあと、聖武の七七日忌に東大寺へ献納された事情が知られるのである。しかも、草壁皇統のシンボルともいうべき佩刀の授受に不比等（藤原氏）が介在していることは、藤原氏が天皇家を輔弼《ほひつ》し、草壁皇統の継承を後見してきたことを示している。ただし光明子は、その佩刀を孝謙天皇に授けずに東大寺に献納し、継受に終止符を打ったのである。

光明子の思いは奈辺にあったのか。また草壁皇統の継承者として、あれだけ期待する言葉を

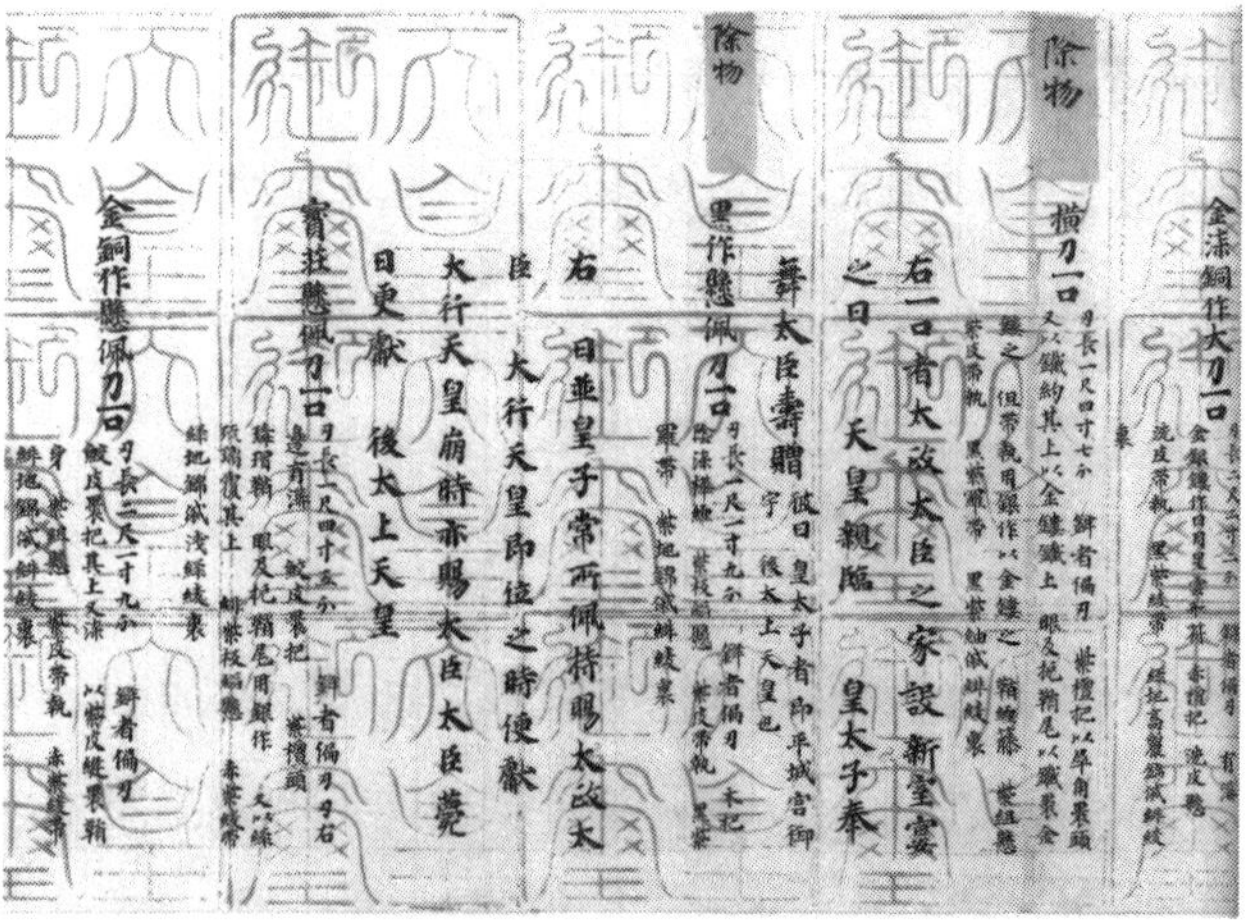
金漆銅作大刀一口
除物
横刀一口
右一口者太政太臣之家設新室宴
之日 天皇親臨 皇太子奉
除物
黒作懸佩刀一口
舞太臣壽贈
右 日並皇子常所佩持賜太政太
臣 大行天皇即位之時便獻
大行天皇崩時亦賜太臣太臣薨
日更獻 後太上天皇
寶荘懸佩刀一口
金銅作懸佩刀一口

「除物」の付箋がある横刀・黒作懸佩刀（「国家珍宝帳」）（正倉院宝物）

与えながら、佩刀を授けなかった孝謙天皇の存在をどのように考えていたのか。

結局のところ、孝謙天皇（＝女帝）を正統な皇統の継承者とは認めない社会通念を、覆せなかったということである。

孝謙天皇への佩刀の継受の断念は、おそらく早くから聖武と光明子の考えるところであったように思う。社会通念からすれば矛盾した存在である女帝孝謙を生み出したのは、ほかならぬ聖武と光明子であった。それは二人の責任であり、そのために聖武は生前、みずからの手で草壁皇統を断念し、その矛盾を解決しようとしたのであった。それは、この佩刀の継受を断ち切ることによって完結する。それが、二人が出した最後の結論であったと、わたくしは考えている。佩刀は聖武で打ち切り、孝謙天皇には継受しないというのが、聖武との間に交わされた約ようであったろう。東大寺へ奉納したのは、そうした聖武との約束、意志を汲《く》んでの決断であったように思われる。生前の聖武の身の回り品をみるにつけ、ありし日が思い出されて涙がこぼれるという光明子の言葉と重ね合わせると、草壁皇子の佩刀を献納した光明子の思いには、格別のものがあったに違いない。

こうしてみると聖武没後の光明子は冷静かつ客観的に判断し、行動している。光明子は聖武の良き理解者であり、もっとも忠実な継承者であったと考える。

最後の責務

なお、ひとつだけ付け加えておきたいのが、草壁皇子の佩刀（黒作懸佩刀）が出蔵された時期のことである。

佩刀に、いつ「除物」の付箋が貼られたのかは明らかでないが、「除物」七点のうち、四点（封箱・犀角匳・陽宝剣・陰宝剣）がいずれも天平宝字三年（七五九）十二月二十六日に出蔵されていることが確認されている。米田氏によれば、残る三点についても、付箋の筆跡が同一であり一括して貼付されているところから、断定はできないものの、出蔵は同じ天平宝字三年十二月二十六日であった可能性がきわめて高いという（二一六頁）。

氏のこの推測が正しいとすれば、佩刀の出蔵はきわめて重要な意味をもつことになる。というのも天平宝字三年は、その年六月、光明子の勧めによって淳仁天皇（前年に即位）の父舎人親王に尊称が追贈され、淳仁天皇が群臣たちに、自分こそが「聖武天皇の皇太子」に立てられたのだと公言したときだからである。正統天皇は孝謙天皇ではなく、淳仁天皇であることを表明したのであった。

光明子はすでにこのころから病床に伏し（後述）、死期が迫っているのを感じていたのであろう。孝謙天皇の反対を承知で舎人親王への尊称追贈を勧めているのは、自身没後の孝謙天皇の立場を案じてのことであった。尊称追贈は、淳仁天皇の即位に、光明子自身がお墨付きを与えたことを意味する。聖武が亡くなる直前、皇嗣問題に一応の決着をつけたように、孝謙天皇を皇位継承の呪縛から解放することを責務と考えていた光明子も、皇嗣問題だけはなんとしてもケリをつけておかねばならなかったからである。

しかし、最大の問題は淳仁天皇の正統性であった。いかに淳仁天皇が「聖武天皇の皇太子」に立てられたと公言しようとも、それは擬制的なものであり建前でしかなかった。正統天皇であることの証しはただひとつ、「黒作懸佩刀」（草壁皇子の佩刀）の継受だけである。

その佩刀が淳仁天皇の公言から半年後に出蔵されたという。ならば、持ち出したのはだれか。それはほかならぬ光明子（もしくは光明子の意を受けた仲麻呂）以外には考えられない。

前述したように、草壁皇統のシンボルともいうべき佩刀は聖武で継受を打ち切り、それを東大寺に奉納したのであった。孝謙天皇には継承させないというのが、聖武と光明子が熟慮の末に出した結論であった。それを、献納を取り消してまで出蔵したのは、光明子にとって痛苦の決断であったに違いない。しかし、すべては孝謙天皇が固執する嫡系意識を断ち切るためであり、それには佩刀を淳仁天皇に継受させる以外に手段はなかったろう。

光明子が佩刀を持ち出したと考える理由は、以上につきる。亡くなる半年前のことである。

埋納された陽宝剣・陰宝剣

出蔵した黒作懸佩刀と関連して興味深いのが、同じく「除物」の付箋が貼られている陽宝剣と陰宝剣である。この二振の宝剣は天平宝字三年(七五九)十二月二十六日に出蔵されたことが確認される四点のうちの二点であるが、数奇な運命をたどっている。

二振は光明子が亡くなる半年前(天平宝字三年十二月二十六日)に持ち出されて以来、行方がわからなくなっていた。それが明治四十年(一九〇七)から翌年にかけての調査で、大刀や水晶玉などとともに大仏の足元から発見され、国宝指定されていたのであった。しかも近年、保存修理中に実施したエックス線調査で、刀身から「陽剣」「陰剣」の象眼銘文が発見され、「除物」の付箋が貼られた陽宝剣・陰宝剣であることが確認されたのである。

陰陽の宝剣が皇位継承に関わりあるものかどうか、わからない。また黒作懸佩刀との関係も定かではないが、「国家珍宝帳」では武器類の項目の最初に並んで記されており、重要な宝物であったことは間違いない。黒作懸佩刀とともに出蔵して、そのうえで大仏に埋納するという行為はただごとではない。また、だれにでもできるというわけでもない。そんなことから憶測すれば、大仏に埋納したのも光明子ではなかったかと思われてくる。

むろん、陰陽の宝剣も皇位継承に関係あるものとみての推測であるが、黒作懸佩刀を淳仁天皇に与えた光明子は、もうひとつの大事な宝剣（陽宝剣と陰宝剣）を大仏の足元、すなわち大仏の体のもっとも近いところに奉納（埋納）することによって、孝謙天皇の将来を祈願したのではなかろうか。そう考えるのは東大寺へ献納した光明皇后の願文に、孝謙天皇の寿福を祈る思いが切々と訴えられているからである（前述）。孝謙天皇の行く末を聖武から託された光明子は、その責任感と使命感を最後まで忠実に守り抜こうとしたのであった。

その意味で陰陽の宝剣の埋納は、孝謙天皇に対する贖罪《しょくざい》でもあったように、わたくしには思われる。

（5）浄土への旅立ち

皇太后の病・崩御

天平宝字四年（七六〇）正月の人事で恵美押勝（仲麻呂）は従一位を授けられ、大師に任ぜられた。また随身契も与えられている。前述したように、光明子の憂慮を察した孝謙天皇の配慮であった。

しかし、光明子はこの年の春ごろから病床に伏していた。三月十三日、回復を祈って諸国の神社で祈禱、大神宮の禰宜《ねぎ》以下諸社の祝部《はふり》に至るまですべてに爵一級を賜った。一方、このころと思われるが、光明子は『一切経』の書写を始めさせている。

閏四月二十三日には『大般若経』を宮中で転読、二十八日使者を五大寺に派遣して寺ごとに雑薬や蜜《みつ》（蜂蜜《はちみつ》）を施入、光明子の病気平癒を祈願している。ついで五月十八日、平城京六大寺で法会が営まれている。

しかしその甲斐もなく、六月七日、ついに光明子は亡くなった。夫の聖武が没して四年後のこと、六十年の生涯であった。

この年は全国的に疫病が流行し、とくに近畿を中心に西日本がひどかったようで、政府はしばしば国司に賑恤《しんじゅつ》（食料の供給や医療など救急措置を取ること）を命じている。都でも多数の死者が出たといい、聖武の夫人であった房前の娘が亡くなった（二月）他、『続日本紀』には死亡記事が目につく。光明子もこの疫病にかかったのではないかとも考えられている。

父不比等の死にはじまり、息子の基王、母三千代、四兄弟、安積親王、姉宮子、そして夫聖武の死と、次々と身内の不幸に見舞われた光明子であったが、静かにその生涯を閉じたのであった。即日、装束司が任命された。その顔ぶれは、三品船《ふね》親王、従三位藤原永手《ながて》以下十二人の貴族と六位以下の官人十三人の合わせて二十五人という大人数であった。また山作司についても三品池田《いけだ》親王以下十二人の貴族と六位以下の官人十三人が任命されている。

遺体は夫の眠る佐保山南陵のかたわらに、寄り添うような形で葬られている。佐保山東陵という。

忌日法会

光明子の七七日忌にあたる七月二十六日、東大寺をはじめ平城京の小寺に至るまで、それぞれ寺院で斎会が営まれ、全国の国分寺でも一斉に礼拝供養の法要が行われている。諸国では国ごとに「阿弥陀浄土の画像」（極楽浄土を描いた画像）が造られ、国中の僧尼を総動員して「称《しょう》讃浄土教《さんじょうどきょう》」（『阿弥陀経』の異訳本の一種、称讃浄土仏摂受教《ぶっしょうじゅきょう》）を書写させ、それぞれの国分寺での法会の供養としたのである。

なお十二月十二日、光明子（皇太后）の墓は、六年前に亡くなった宮子（太皇太后）の墓とともに「山陵」と称し、国忌とすることが定められている。いうまでもなく山陵とは天皇や皇后の墓をいうが、当時は天皇のみに用いられていた。それを山陵と称し、それぞれの命日も国忌として、国を挙げて追善供養・斎会を行う例に入れたのである。

藤原氏出身であった光明子と宮子は、こうして没後、天皇に准じた扱いを受けることになった。おそらくこれも仲麻呂から提案された施策であったと考える。

天平宝字五年（七六一）六月七日、光明子の一周忌法会が阿弥陀浄土院（後述）で盛大に行われた。また全国の国分寺には、この日のために阿弥陀丈六像一軀・脇侍《わきじ》菩薩像二軀を造顕させている。翌八日、平城京南の田四十町を山階寺に、十町を法華寺に施入している。毎年の光明子の忌日に、山階寺では『梵網経』を講ぜしめ、法華寺では阿弥陀浄土院で忌日から七日間、僧十人を請《しょう》じて阿弥陀仏を礼拝供養させるための費用であった。

法会が終わって二十日ほど後、六月二十六日、一周忌法会に従事した人びとを昇叙している。正四位下文室大市《ふんやのおおち》ら中下級官人らに対する褒賞であったが、国中公麻呂もその一人であった。聖武の生前、盧舎那仏の鋳造に関わった人物である。法会においては法華寺諸物の製作にあたったといわれており、その褒賞であった。また二十八日は、各種工人の将領らにもそれぞれの働きに応じて位階を与え、勤務評定の対象にするとしている。国家挙げての法要が営まれたのであった。光明子の存在の重さが改めて知られよう。

ちなみに藤原氏の氏寺である興福寺においても、追善供養が催行されている。『延暦記』(『興福寺流記』に引用される延暦年間の資財帳)に記すところでは、光明子が亡くなった翌年(天平宝字五年)二月、恵美押勝が追善供養のために檜皮葺《ひわだぶき》の東院(一宇)を建立し、観世音菩薩立像を安置している。またその年十月には、聖武太上天皇のために刺繡《ししゅう》の補陀落山《ほだらくさん》浄土図を、光明子のために阿弥陀浄土図を作ってこの東院に安置している。

仲麻呂にとっても叔母にあたる光明子の存在は、その役割が重く、また関係が密接であっただけに大きな衝撃であったに違いない。

阿弥陀浄土院

さて、光明子の周忌法会が行われた阿弥陀浄土院については『続日本紀』天平宝字五年（七六一）六月七日条に、「その院は法華寺の内、西南隅に在り。忌斎を設けるために造る所なり」と記している。こうした記載から、阿弥陀浄土院は光明子の没後、その周忌法会を行うために造営されたとみる向きもあるが、そうではなく、光明子生前から造営に着手されていたとする福山敏男《ふくやまとしお》氏の意見(5)が一般的となっている。

すなわち光明子が病床に伏しがちであった天平宝字三年夏ごろ、法華寺境内の西南隅の地域で阿弥陀浄土院の建立に着手したという。造営を担当したのは「造金堂所」（造東大寺司に所属）で、別当安都雄足《あとのおたり》以下、画師・仏工など多数の職員や工人が従事し、述べ七万五千人が動員、総工費三千五百貫をかけた大規模なものであったようだ。ところが光明子はその完成をみずに工事開始から一年後、亡くなってしまったので、急遽《きゅうきょ》、一周忌法要の場として完成を急がせたのである。右の「忌斎を設けるために造る所」との記載は『続日本紀』編者の解釈として、以上のように理解してよいものと考える。

光明子が発願したという天平宝字三年夏といえば、淳仁天皇の尊号一件が想起されよう。光明子の勧めで、淳仁天皇の父舎人親王をはじめ兄弟姉妹に尊称を与えることになったのが、その年六月であった。阿弥陀浄土院の発願建立が、ちょうどその一件が落着した時期であったのは、みずからの使命を終えたことへの安堵感の表れであったと、わたくしには思えて仕方がない。さらにいえば、黒作懸佩刀と陽宝剣・陰宝剣を光明子みずからが出蔵したのがその年十二月であったのは、まことに意味深い。出蔵は、おそらくその死が遠くないことを悟った光明子が、淳仁天皇と孝謙天皇に発した最後のメッセージだったのではなかろうか。

阿弥陀浄土院（金堂）の本尊は丈六阿弥陀仏と脇侍（観音・勢至《せいし》）が安置され、装飾が荘厳

（上）光明皇后陵への道　道は聖武陵とつながっている
（下）光明皇后陵（佐保山東陵）　天平の皇后、ここに眠る

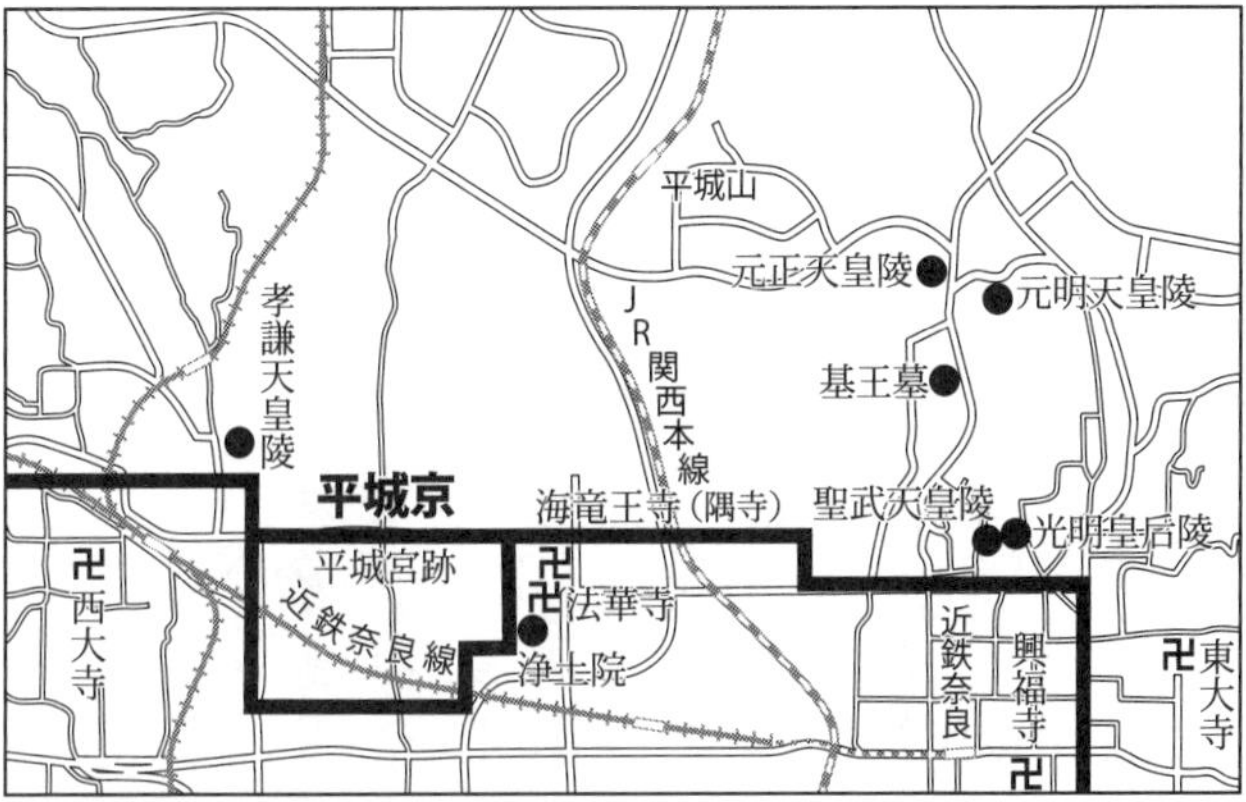

光明皇后一家の陵墓

を極めたであろうことは、想像に難くない。現在、建物は残っていないが、発掘調査（二〇〇〇年）によって金堂跡と思われる掘立柱塀・溝などが検出されている。なかでも園池の遺構は仏堂と一体として造営されている点で注目されている。

こうしたことから、光明子の思想や信仰心については数多くの解釈がなされているが、さまざまな信仰とその教えに心の拠りどころを求めていたように思われる。

孝謙天皇に対する将来への不安がなかったとはいいきれないが、それでも聖武との約束を果たし、なすべきことをし終えた光明子に思い残すことはなかったろう。自身の来し方に思いを馳せ、その滅罪と浄土への往生を願い、安堵のうちに聖武のもとへ旅立っていったと思いたい。

あとがき

古代史研究において、それまで正面から取り上げられることのほとんどなかった孝謙＝称徳女帝についてまとめたのが平成十年だから、もう二十年近くも前のことになる。その後平成十二年に機会をえて、孝謙の父聖武天皇についても論じたが、それからでも十七年が経つ。そのたびに痛感させられたのは、孝謙にとっても聖武にとっても、光明皇后の存在がいかに大きかったかということである。その意味では、光明皇后を論じなければ聖武天皇論も孝謙女帝論も終わらないし、奈良朝から平安朝への移行の検討も、その考察なしには不可能といってよい。本書は、そうした長年の課題を解決するために取り組んだものである。

執筆に際しては、いつも心がけているように、先入観にとらわれないことを念頭に考察につとめた。またこのたびも、限られた資料を丹念に読み込むことに意を用いたが、本書が肉親の死という従来には試みられなかった視点から切り込んだこともあって、通説とはまったく別の光明子像が明らかとなり、新たな奈良時代の諸相を究めることができたのではないかと思っている。

ただ本書の性格上、光明皇后没後の様相については、あえて述べることを避けた。しかし、両親によって生涯を決定づけられた孝謙天皇の行く末とその後の社会情勢については、光明皇后の生き様を確認するためにも、最小限度、見届けておく必要があろう。

すなわちひと言でいえば、孝謙＝称徳女帝の存在は奈良時代を終焉させ、良きにつけ悪しきにつけ、それによって平安時代への歴史が方向づけられたということにつきる。

孝謙は、光明皇后没後、道鏡というパートナーをえたことで藤原仲麻呂・淳仁天皇を追放・誅殺し、重祚に踏み切った。称徳女帝である。重祚は両親が想像すらしなかった行為であるが、孝謙にとっては、みずからが聖武天皇の正統な継承者であることを天下に表明するための手段だったのである。孝謙がめざしたのは、道鏡を宗教界の〝天皇〟である法王に任命し、女帝自身と法王道鏡とによる、いわば聖俗にわたる共治体制であった。俗界の天皇称徳を、法王という立場から宗教界の道鏡が権威づけて後見する、いわゆる神仏習合政治である。それは、大仏造立によって国家の安寧を願った父聖武の思想を継承したものであった。

その過程において、道鏡を天皇にすれば天下が安泰になるという託宣、いわゆる宇佐八幡神託事件が起こり社会を混乱させるが、孝謙は、道鏡を法王にはしても天皇にする気持ちは毛頭なかったといってよい。その証拠に、死期を悟った孝謙はみずから道鏡を遠ざけ、白壁王《しらかべ》（のちの光仁天皇）を皇太子に任命している。白壁王は聖武の娘井上内親王（母は県犬養広刀自）をキサキとしており、その間に他戸《おさべ》親王を儲けていたからである。他戸は藤原系ではないが、母の井上を通して聖武の血脈を受け継いだ皇子であり、孝謙が白壁王を擁立したのも、聖武系の血脈を存続させるためであった。白壁王の擁立は、いわば他戸への橋渡しだったのである。

皇位継承に関して、聖武は天武嫡系にこだわりつつもそれを断念し、傍系王族へ拡大した。孝謙が未婚だったからである。それを、聖武系（天武嫡系）への継承を復活させようとした孝謙は、両親の教えを最後まで忠実に守り、天皇としての矜持を保ったといえよう。

しかし、他戸親王は立太子後間もなく廃太子される。藤原氏の陰謀であった。その他戸に代わって擁立されたのが、天智天皇の血脈である山部《やまべ》親王こと桓武天皇である。そして、天武系の都であった平城京はその桓武天皇によって棄てられ、都としての平城京の歴史は終焉する。以後、歴史の舞台は長岡《ながおか》京・平安京に移ることになるが、むろん、孝謙はそれを知るよしもなかった。その意味では、責務を果たしたと信じて死を迎えた孝謙もまた、安らぎの中で生涯を閉じたに違いない。

本書の刊行を中公新書にご紹介下さったのは、奈良県立図書情報館長の千田稔先生である。光明皇后論をまとめてみたいと、何気なしにお話し申し上げたところ、即座に連絡をとって下さり、出版の運びとなった。千田先生のお心遣いに御礼を申し上げるとともに、年譜を作成していただいた京都女子大学非常勤講師木本久子氏にも感謝したい。

瀧浪 貞子

二〇一七年八月十四日

(12) 米田雄介、註(10)前掲書
(13) 青木和夫『奈良の都』

第七章

(1) 藤原部の姓は、允恭天皇が衣通郎姫のために設けた藤原の殿屋の名を後世に伝えるために設けた藤原部にちなむ(『日本書紀』允恭11年3月条)。その後天武12年(683)9月、藤原部造に連が賜姓され、藤原部連となる。
(2) 岸俊男『藤原仲麻呂』
(3) 岸俊男、註(2)前掲書
(4) 解釈は、新日本古典文学大系『続日本紀』(岩波書店)による。
(5) 福山敏男『日本建築史の研究』

(13) 東野治之、註（10）前掲論文
(14) 東野治之、註（10）前掲論文、若井敏明、註（11）前掲論文
(15) 東野治之、註（10）前掲論文
(16) 瀧浪「嗣位すでに空し」（『女性天皇』）
(17)『元亨釈書』18
(18) 笹山晴生『古代国家と軍隊』
(19) 八重樫直比古「宣命と仏教――『続日本紀』神護景雲十月乙未朔条の一考察」（『日本思想史学』20）

第五章
（1）栂尾高山寺所蔵『宿曜占文抄』
（2）亀田隆之「律令貴族の改名に関する覚書」（『人文学論究』42―4）
（3）瀧浪「女帝幻想」（『女性天皇』）
（4）瀧浪「聖武天皇『彷徨五年の軌跡』」（『日本古代宮廷社会の研究』）
（5）外山軍治『則天武后』、氣賀澤保規『則天武后』
（6）横田健一「安積親王の死とその前後」（『白鳳天平の世界』）
（7）瀧浪、註（4）前掲論文
（8）直木孝次郎「天平十六年の難波遷都をめぐって――元正太上天皇と光明皇后」（『飛鳥奈良時代の研究』）

第六章
（1）『万葉集』巻17―3922題詞
（2）渡辺晃宏『平城京と木簡の世紀』
（3）奈良国立文化財研究所編『平城京左京二条二坊・三条二坊発掘調査報告』
（4）『法華寺縁起』や『七大寺巡礼記』など。
（5）『興福寺濫觴記』
（6）鈴木麻里子「『続日本紀』神亀五年十一月三日条にみえる『山房』について」（『続日本紀研究』289）
（7）『正倉院文書』「東大寺写経所解」
（8）正倉院「宝物出入関係文書」
（9）林陸朗『光明皇后』
(10) 米田雄介『正倉院と日本文化』
(11) 米田雄介、註（10）前掲書

（5）瀧浪「北家のシンボル、興福寺南円堂」（『藤原良房・基経』）
（6）野村忠夫『律令政治の諸様相』
（7）瀧浪「女帝と『万葉集』——草壁「皇統」の創出」（『史窓』68）
（8）瀧浪「皇位継承法を変えた女帝」（『女性天皇』）
（9）瀧浪「宮子の称号」（『帝王聖武』）

第三章
（1）栄原永遠男「藤原光明子と大般若経書写——『写経料紙帳』について」（『奈良時代の写経と内裏』）
（2）根本誠二『奈良時代の僧侶と社会』
（3）新川登亀男「奈良時代の道教と仏教」（『論集日本仏教史』2）
（4）根本誠二、註（2）前掲書
（5）井上薫「道慈」（『日本古代の政治と宗教』）
（6）瀧浪「武智麻呂政権の成立」（『日本古代宮廷社会の研究』）
（7）岸俊男「光明子立后の史的意義」（『日本古代政治史研究』）
（8）瀧浪「光明子立后の破綻」、註（6）前掲書

第四章
（1）瀧浪「参議論の再検討」（『日本古代宮廷社会の研究』）
（2）『続日本紀』に記す聖武天皇の吉野行幸は、神亀元年（724）3月1日（～5日）と天平8年（736）6月27日（～7月13日）の2回だけである。なお、『万葉集』（巻3—315）の題詞に、「暮春の月、吉野の離宮に幸せる時」とあり、行幸が確かめられるが、何年の3月のことかは不明。
（3）義江明子『県犬養橘三千代』。ただし、「道代」から「三千代」への改名にはどういう意味があったのか、といった点については述べられておらず、知りたいところではある。
（4）『尊卑分脈』（「不比等伝」）
（5）『大鏡』（「藤原氏物語」）
（6）高島正人『藤原不比等』
（7）瀧浪「首という名前」（『帝王聖武』）
（8）福山敏男『日本建築史の研究』
（9）金子啓明『仏像のかたちと心——白鳳から天平へ』
（10）東野治之「初期の太子信仰と上宮王院」（『聖徳太子事典』）
（11）若井敏明「法隆寺と古代寺院政策」（『続日本紀研究』288）
（12）義江明子、註（3）前掲書

註

第一章

（1）『東大寺要録』（巻一所収「延暦僧録」）
（2）岸俊男「県犬養橘宿禰三千代をめぐる臆説」（『宮都と木簡』）
（3）『尊卑分脈』（「不比等伝」）
（4）井上辰夫「藤原不比等一族と田辺氏」（『史境』18）
（5）『懐風藻』。ただし『公卿補任』などに記す没年から逆算すると、斉明天皇5年（659）生まれとなる。
（6）たとえば『公卿補任』や『尊卑分脈』など。
（7）『尊卑分脈』による。ただし『新撰姓氏録』では曽孫（三世王）とするが、本書では玄孫（四世王）と理解しておきたい（義江明子『県犬養橘三千代』）。
（8）吉田孝『日本の誕生』
（9）『尊卑分脈』では慶雲2年（705）とする。
（10）『尊卑分脈』では「宮城東第」と記している。
（11）林陸朗「平城遷都の事情」（『国史学』81）
（12）関口裕子「日本古代の豪貴族層における家族の特質について」（『古代家族史の研究』下）
（13）瀧浪「帝王教育」（『帝王聖武』）
（14）瀧浪「藤原氏と県犬養氏」（『最後の女帝 孝謙天皇』）
（15）瀧浪、註（14）前掲書
（16）山中智恵子『斎宮志』

第二章

（1）村井康彦「王権の継受——不改常典をめぐって」（『日本研究』1）
（2）桑田王については、室町期に成立した『本朝皇胤紹運録』に「母石川虫丸の娘」という注記があり、また長屋王邸から「石川夫人」との木簡も出土していることから、吉備内親王の子ではないとする見方もある。しかし長屋王が自害したその日、吉備内親王とともに桑田王を含む4人の子どもが自殺していることを重視すれば、吉備の子どもとみていいのではなかろうか。
（3）寺崎保広『長屋王』
（4）『延喜諸陵式』には大和十市郡の「多武峯墓」を不比等の墓と記している。

参考文献

東野治之『遣唐使船』朝日選書、1999年
中川収『奈良朝政治史の研究』高科書店、1991年
野村忠夫『律令政治の諸様相』塙書房、1968年
林陸朗『光明皇后』吉川弘文館、1961年
森本公誠『聖武天皇　責めはわれ一人にあり』講談社、2010年
義江明子『県犬養橘三千代』吉川弘文館、2009年
吉村武彦『聖徳太子』岩波新書、2002年
米田雄介『正倉院と日本文化』吉川弘文館、1998年

光明皇后会編『光明皇后御伝』1953年
興福寺監修『阿修羅を究める』小学館、2001年

参考文献

紙数の関係で単行本に限った。論文・発掘調査・報告書などについては、註として掲載したが、これも割愛せざるをえなかったものが少なくない。あわせてお許しを願いたい。なお全章に関わるものについては、註とともに再度掲載しているが、いずれも基本的な書が多いので、あえて各章に分けずに列挙することにした。

上田正昭『藤原不比等』朝日選書、1975年
大山誠一『聖徳太子と日本人』風媒社、2001年
岸俊男『藤原仲麻呂』吉川弘文館、1969年
木本好信『藤原仲麻呂』ミネルヴァ書房、2011年
木本好信『藤原四子』ミネルヴァ書房、2013年
栄原永遠男『天平の時代（日本の歴史４）』集英社、1991年
栄原永遠男『奈良時代の写経と内裏』塙書房、2000年
佐藤文子『筆跡の𪚲（てつ）――正倉院宝物『楽毅論』の真の筆写は誰か』冬花社、2015年
杉本一樹『正倉院――歴史と宝物』中公新書、2008年
千田稔『天平の僧 行基――異能僧をめぐる土地と人々』中公新書、1994年
千田稔『平城京の風景』文英堂、2005年
高島正人『藤原不比等』吉川弘文館、1997年
高田良信『世界文化遺産　法隆寺』吉川弘文館、1996年
多川俊映『奈良興福寺』小学館、1990年
瀧浪貞子『日本古代宮廷社会の研究』思文閣出版、1991年
瀧浪貞子『最後の女帝 孝謙天皇』吉川弘文館、1998年
瀧浪貞子『帝王聖武 天平の勁（つよ）き皇帝』講談社選書メチエ、2000年
瀧浪貞子『女性天皇』集英社新書、2004年
瀧浪貞子『奈良朝の政変と道鏡（敗者の日本史２）』吉川弘文館、2013年
辰巳正明『悲劇の宰相長屋王』講談社選書メチエ、1994年
田辺征夫『平城京街とくらし』東京堂出版、1997年
土橋寛『持統天皇と藤原不比等』中公新書、1994年
寺崎保広『長屋王』吉川弘文館、1999年

略年譜

天皇	太上天皇（上皇）	年 和暦	年 西暦	光明皇后	年齢	関係者・その他（太字は聖武・阿倍内親王〔孝謙〕関係）
文武	持統	大宝元	七〇一	この年、藤原安宿媛（光明子）誕生（父は藤原不比等・母は県犬養橘三千代）	1	**この年、首皇子（聖武天皇）誕生（母は不比等の娘宮子）** 8月　大宝律令完成
		大宝二	七〇二		2	12月　持統太上天皇崩御（58歳）
		慶雲四	七〇七		7	6月　文武天皇崩御（25歳） 7月　元明天皇即位
元明		和銅元	七〇八		8	3月　不比等、任右大臣 11月　三千代、橘宿禰を賜姓される
		和銅三	七一〇		10	3月　平城京遷都
		和銅七	七一四		14	**6月　首皇子立太子、元服**
		霊亀元	七一五		15	**正月　皇太子初めて拝朝** 9月　元正天皇即位
元正	元明	霊亀二	七一六	6月　皇太子妃となる	16	
		養老元	七一七		17	3月　吉備真備・玄昉・阿倍仲麻呂ら唐に渡る 10月　不比等の子息房前、任参議

元正	元明	養老二	七一八	この年、阿倍内親王（孝謙）を生む	18	この年、養老律令編纂開始
元正	元明	養老三	七一九		19	6月 皇太子初めて朝政を聴く
元正	元明	養老四	七二〇		20	5月 『日本書紀』完成 8月 不比等没（63歳）
元正	元明	養老五	七二一		21	正月 長屋王、任右大臣 不比等の子息武智麻呂、任中納言 10月 元明太上天皇、遺詔して房前を内臣とする 12月 元明太上天皇崩御（61歳）
元正		養老七	七二三		23	4月 三世一身法発布 この年、興福寺に施薬院・悲田院を置く
聖武	元正	神亀元	七二四		24	2月 聖武天皇即位、藤原宮子を皇太夫人とする 長屋王、任左大臣
聖武	元正	神亀四	七二七	閏9月 皇子を生む 11月 食封一千戸を賜る	27	11月 皇子（基王）を皇太子とする
聖武	元正	神亀五	七二八		28	9月 皇太子薨去 12月 金光明経を諸国に頒つ この年、安積親王誕生（母は県犬養広刀自）

天皇	上皇	年号	西暦	事項	年齢	関連事項
聖武	元正	天平元	七二九	8月 立后	29	2月 長屋王の変 3月 武智麻呂、任大納言
		天平二	七三〇	4月 皇后宮職に施薬院・悲田院を置く 興福寺に五重塔を建立	30	
		天平三	七三一	7月 海竜王寺（隅寺）を建立	31	8月 不比等の子息宇合・麻呂、任参議
		天平五	七三三	5月 病気 この年、法隆寺に「阿弥陀仏分」を奉納	33	正月 三千代没 3月 興福寺維摩会復興
		天平六	七三四	正月 興福寺西金堂を建立、母三千代の一周忌供養を行う	34	正月 武智麻呂、任右大臣
		天平七	七三五	2・3月 法隆寺に「丈六分」の仏具奉納	35	4月 吉備真備・玄昉帰朝 9月 新田部親王薨去 11月 舎人親王薨去 この年、疫病流行
		天平八	七三六	2月 姉牟漏女王とともに聖徳太子命日に「丈六分」の鏡等を法隆寺に奉納 9月 一切経書写を始める	36	11月 葛城王、橘宿禰諸兄と姓名を改める
		天平九	七三七	2月 「上宮聖徳法王御持物」経典を上宮王院に奉納 この年、法隆寺に経函四合を奉納	37	4月 房前没（57歳） 7月 麻呂没（43歳） 武智麻呂没（58歳） 8月 宇合没（44歳）

聖武				
元正				
				12月 聖武、母宮子とはじめて対面 この年、疫病が大流行する
天平一〇	七三八		38	**正月 阿倍内親王立太子** 橘諸兄、任右大臣
天平一一	七三九	2月 病気	39	
天平一二	七四〇	2月 聖武とともに河内国大県郡知識寺盧舎那仏を拝す 3月8日 発願大宝積経の日付け 5月1日 発願一切経の日付け。「光明子」の名前が記される最初	40	6月 各国に法華経十部を写し七重塔を建立させる 9月 藤原広嗣の乱 **10月 聖武、東国行幸に出立** 12月 恭仁京遷都
天平一三	七四一		41	正月 不比等の封戸三千戸を国分寺へ施入 2月 国分寺建立の詔
天平一四	七四二		42	10月 塩焼王、伊豆国へ配流
天平一五	七四三	5月11日 発願一切経の日付け	43	**5月 阿倍内親王五節舞を献ず** 橘諸兄、任左大臣 10月 盧舎那仏鋳造の詔 12月 紫香楽宮造営
天平一六	七四四	10月3日「楽毅論」奥書の日付け	44	閏正月 安積親王薨去（17歳） 2月 難波宮遷都 11月 紫香楽宮甲賀寺に大仏の体骨柱を建てる

聖武	元正	天平一七	七四五	5月 旧皇后宮を宮寺とする（法華寺）	45	5月 平城還都 **9月 聖武病気**
		天平一八	七四六	10月 元正・聖武とともに金鐘寺に参拝	46	
		天平一九	七四七	3月 新薬師寺を建立し七仏薬師像を造る	47	**正月 聖武病気** **3月 聖武病気** 12月 元正病気
		天平二〇	七四八		48	4月 元正太上天皇崩御（69歳） 6月 藤原夫人（武智麻呂の娘）没
孝謙	聖武	天平勝宝元	七四九	4月 聖武とともに東大寺礼仏 8月 皇后宮職を紫微中台と改める	49	2月 行基没（82歳） 4月 「三宝の奴」の詔 **7月 孝謙天皇即位** 8月 光明子の甥仲麻呂が紫微令となる
		天平勝宝二	七五〇		50	正月 吉備真備を筑紫に左遷
		天平勝宝三	七五一		51	**10月 聖武病気** 11月 吉備真備を遣唐副使とする
		天平勝宝四	七五二	4月 聖武・孝謙とともに東大寺盧舎那仏開眼法要に参列	52	**正月 聖武病気**
		天平勝宝五	七五三	4月 病気	53	
		天平勝宝六	七五四		54	正月 鑑真来朝 7月 太皇太后宮子崩御
		天平勝宝七	七五五		55	**10月 聖武病気**

天皇	上皇	年号	西暦	事項	年齢	一般事項
孝謙	聖武	天平勝宝八	七五六	6月 聖武の遺品を東大寺に献納 7月 聖武の遺品を法隆寺など十八ヵ寺に献納	56	2月 左大臣橘諸兄致仕 **5月 聖武太上天皇崩御（56歳）** 遺詔により、道祖王を立太子
孝謙		天平宝字元	七五七		57	正月 橘諸兄薨去 3月 皇太子道祖王を廃す 4月 大炊王立太子 5月 紫微令を紫微内相に改める 養老律令施行 7月 橘奈良麻呂の変
淳仁	孝謙	天平宝字二	七五八	7月 病気 8月 天平応真仁正皇太后と尊称される 10月 「藤原公真跡屏風」を東大寺盧舎那仏に献納	58	8月 淳仁天皇即位 仲麻呂、太保（右大臣）となり恵美押勝の名を賜る
淳仁	孝謙	天平宝字三	七五九	12月 正倉院宝物から「黒作懸佩刀」等を除去	59	この年、『維城典訓』を官吏の必読書とする
淳仁	孝謙	天平宝字四	七六〇	正月 母三千代の命日に写経発願 6月7日 崩御	60	正月 恵美押勝、大師となる 藤原夫人（房前の娘）没 8月 不比等に淡海公を贈り、武智麻呂・房前に太政大臣を贈る
淳仁	孝謙	天平宝字五	七六一	6月7日 一周忌。阿弥陀浄土院で斎会が行われる		

瀧浪貞子（たきなみ・さだこ）

1947年，大阪府生まれ．1973年，京都女子大学大学院文学研究科修士課程修了．京都女子大学文学部講師等を経て，1994年，同大学文学部教授．現在，京都女子大学名誉教授．文学博士（筑波大学）．専攻・日本古代史（飛鳥・奈良・平安時代）．

著書『聖武天皇・光明皇后（古代を創った人びと）』（奈良県，2017）
『藤原良房・基経』（ミネルヴァ書房，2017）
『奈良朝の政変と道鏡（敗者の日本史２）』（吉川弘文館，2013）
『王朝文学と斎宮・斎院』（共著，竹林社，2009）
『源氏物語を読む』（編著，吉川弘文館，2008）
『女性天皇』（集英社新書，2004）
『帝王聖武 天平の勁き皇帝』（講談社選書メチエ，2000）
『最後の女帝 孝謙天皇』（吉川弘文館歴史文化ライブラリー，1998）
『宮城図・解説』（共著，思文閣出版，1996）
『日本古代宮廷社会の研究』（思文閣出版，1991）
『平安建都（日本の歴史５）』（集英社，1991）
『古代を考える 平安の都』（共著，吉川弘文館，1991）ほか

光明皇后《こうみょうこうごう》
中公新書 *2457*

2017年10月25日発行

著　者　瀧浪貞子
発行者　大橋善光

本文印刷　三晃印刷
カバー印刷　大熊整美堂
製　　本　小泉製本

発行所　中央公論新社
〒100-8152
東京都千代田区大手町 1-7-1
電話　販売 03-5299-1730
　　　編集 03-5299-1830
URL http://www.chuko.co.jp/

定価はカバーに表示してあります．落丁本・乱丁本はお手数ですが小社販売部宛にお送りください．送料小社負担にてお取り替えいたします．

本書の無断複製（コピー）は著作権法上での例外を除き禁じられています．また，代行業者等に依頼してスキャンやデジタル化することは，たとえ個人や家庭内の利用を目的とする場合でも著作権法違反です．

©2017 Sadako TAKINAMI

Published by CHUOKORON-SHINSHA, INC.
Printed in Japan　ISBN978-4-12-102457-2 C1221

中公新書

日本史

d1

2189 歴史の愉しみ方 磯田道史
2295 天災から日本史を読みなおす 磯田道史
2389 通貨の日本史 高木久史
2321 道路の日本史 武部健一
2299 日本史の森をゆく 東京大学史料編纂所編
1617 歴代天皇総覧 笠原英彦
2302 日本人にとって聖なるものとは何か 上野誠
1928 物語 京都の歴史 脇田修・脇田晴子
2345 京都の神社と祭り 本多健一
482 倭国 岡田英弘
147 騎馬民族国家(改版) 江上波夫
2164 魏志倭人伝の謎を解く 渡邉義浩
1085 古代朝鮮と倭族 鳥越憲三郎
1878 古事記の起源 工藤隆
2157 古事記誕生 工藤隆

2095 『古事記』神話の謎を解く 西條勉
804 蝦夷(えみし) 高橋崇
1041 蝦夷《えみし》の末裔 高橋崇
1622 奥州藤原氏 高橋崇
1293 壬申の乱 遠山美都男
1568 天皇誕生 遠山美都男
1779 伊勢神宮―東アジアのアマテラス 千田稔
1607 飛鳥―水の王朝 千田稔
2371 カラー版 古代飛鳥を歩く 千田稔
2168 飛鳥の木簡―古代史の新たな解明 市大樹
2353 蘇我氏―古代豪族の興亡 倉本一宏
291 神々の体系 上山春平
2362 六国史《りっこくし》―日本書紀に始まる古代の「正史」 遠藤慶太
1502 日本書紀の謎を解く 森博達
1802 古代出雲への旅 関和彦
1967 正倉院 杉本一樹
2054 正倉院文書の世界 丸山裕美子

2452 斎宮―伊勢斎王たちの生きた古代史 榎村寛之
2441 大伴家持 藤井一二
1240 平安朝の女と男 服藤早苗
1867 院政 美川圭
2281 怨霊とは何か 山田雄司
608
613 中世の風景(上下) 阿部謹也・網野善彦・石井進・樺山紘一
1503 古文書返却の旅 網野善彦
1392 中世都市鎌倉を歩く 松尾剛次
2127 河内源氏 元木泰雄
2336 源頼政と木曽義仲 永井晋
2455 日本史の内幕 磯田道史
2457 光明皇后 瀧浪貞子